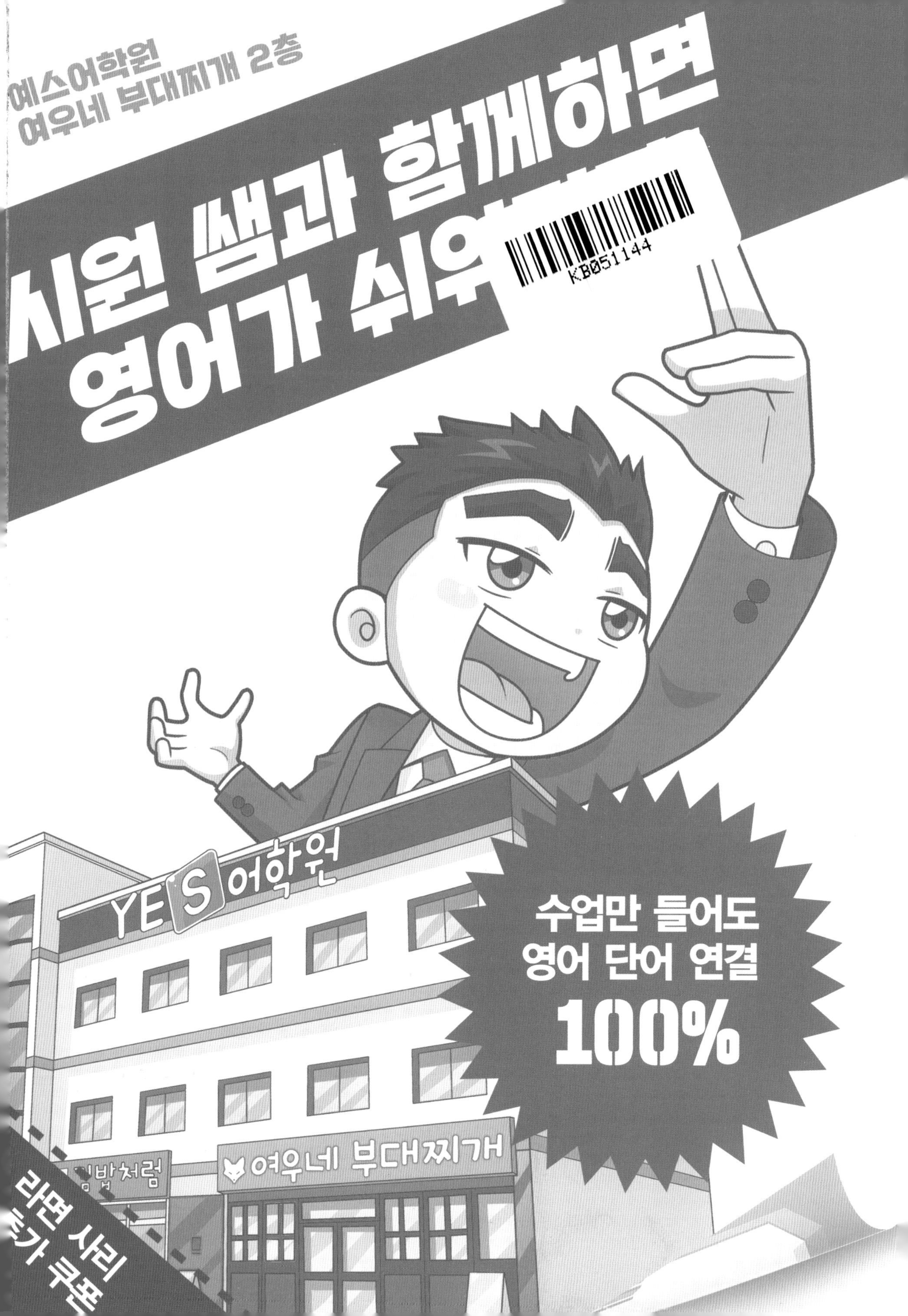
예스어학원
여우네 부대찌개 2층
시원 쌤과 함께하면
영어가 쉬
KB051144
수업만 들어도
영어 단어 연결
100%
YES어학원
여우네 부대찌개
라면 사리

예스잉글리시 신입 단원 모집

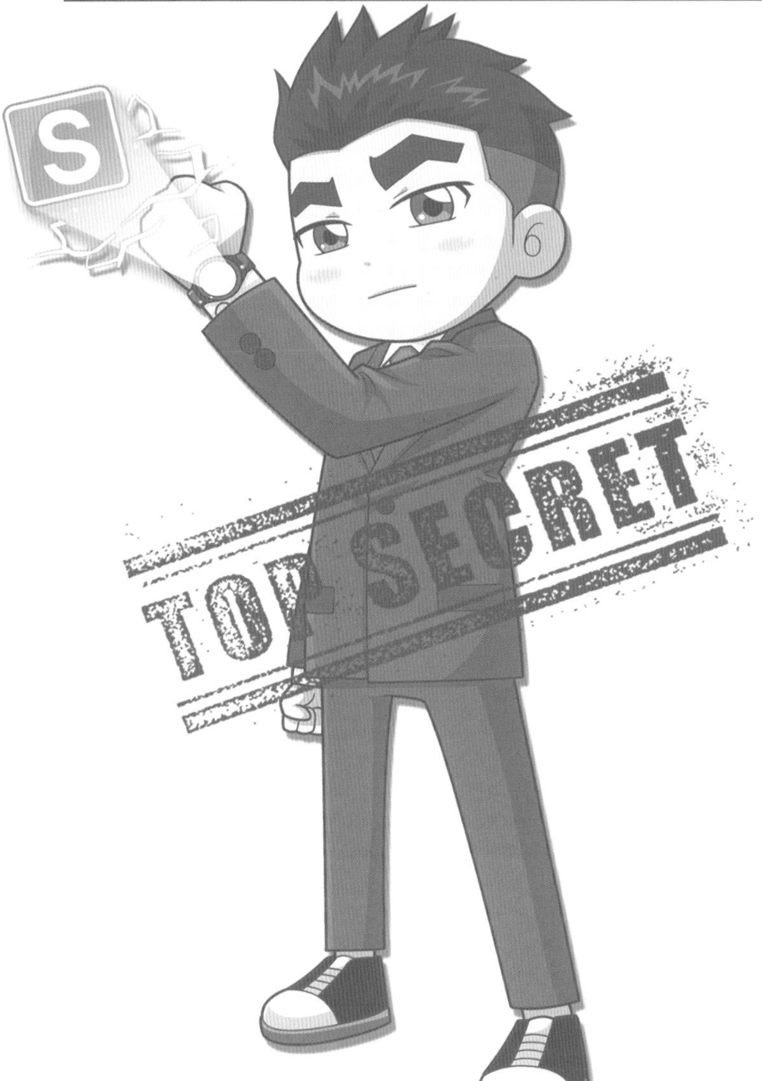
S
TOP SECRET

코드 네임 : 에스원 요원과 영어 유니버스를 구하라!

English Adventure

이시원의 영어 대모험

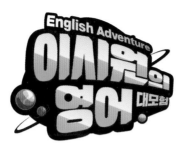

일러두기

이 책의 만화에 나오는 영어 문장 중 일부는 이야기의 자연스러운 이해를 위해 의역했습니다.
그 외의 영어 문장은 학습적인 이해를 돕기 위해 직역했습니다.

이시원의 영어 대모험 ⑬
명령문과 청유문

기획 시원스쿨 | **글** 박시연 | **그림** 이태영

1판 1쇄 인쇄 | 2022년 1월 7일
1판 1쇄 발행 | 2022년 1월 19일

펴낸이 | 김영곤
이사 | 은지영
키즈스토리본부장 | 김지은
키즈스토리2팀장 | 윤지윤 **기획개발** | 고아라
아동마케팅영업본부장 | 변유경
아동마케팅팀 | 김영남 원정아 이규림 고아라 이해림 최예술 황혜선
아동영업1팀 | 이도경 오다은 김소연 **아동영업2팀** | 한충희 오은희
디자인 | 리처드파커 이미지웍스 **윤문** | 이선지

펴낸곳 | (주)북이십일 아울북
등록번호 | 제406-2003-061호
등록일자 | 2000년 5월 6일
주소 | 경기도 파주시 회동길 201(문발동) (우 10881)
전화 | 031-955-2155(기획개발), 031-955-2100(마케팅·영업·독자문의)
브랜드 사업 문의 | license21@book21.co.kr
팩시밀리 | 031-955-2177
홈페이지 | www.book21.com

ISBN 978-89-509-8504-2
ISBN 978-89-509-8491-5(세트)

• 잘못 만들어진 책은 **구입하신 서점**에서 교환해 드립니다.
• 가격은 책 뒤표지에 있습니다.
⚠ 주의 1. 책 모서리가 날카로워 다칠 수 있으니 사람을 향해 던지거나 떨어뜨리지 마십시오.
       2. 보관 시 직사광선이나 습기 찬 곳을 피해 주십시오.

• 제조자명 : (주)북이십일
• 주소 및 전화번호 : 경기도 파주시 회동길 201(문발동) / 031-955-2100
• 제조연월 : 2022.1.19
• 제조국명 : 대한민국
• 사용연령 : 3세 이상 어린이 제품

만화로 시작하는 이시원표 초등영어

English Adventure 이시원의 영어 대모험 13

기획 시원스쿨
글 박시연
그림 이태영

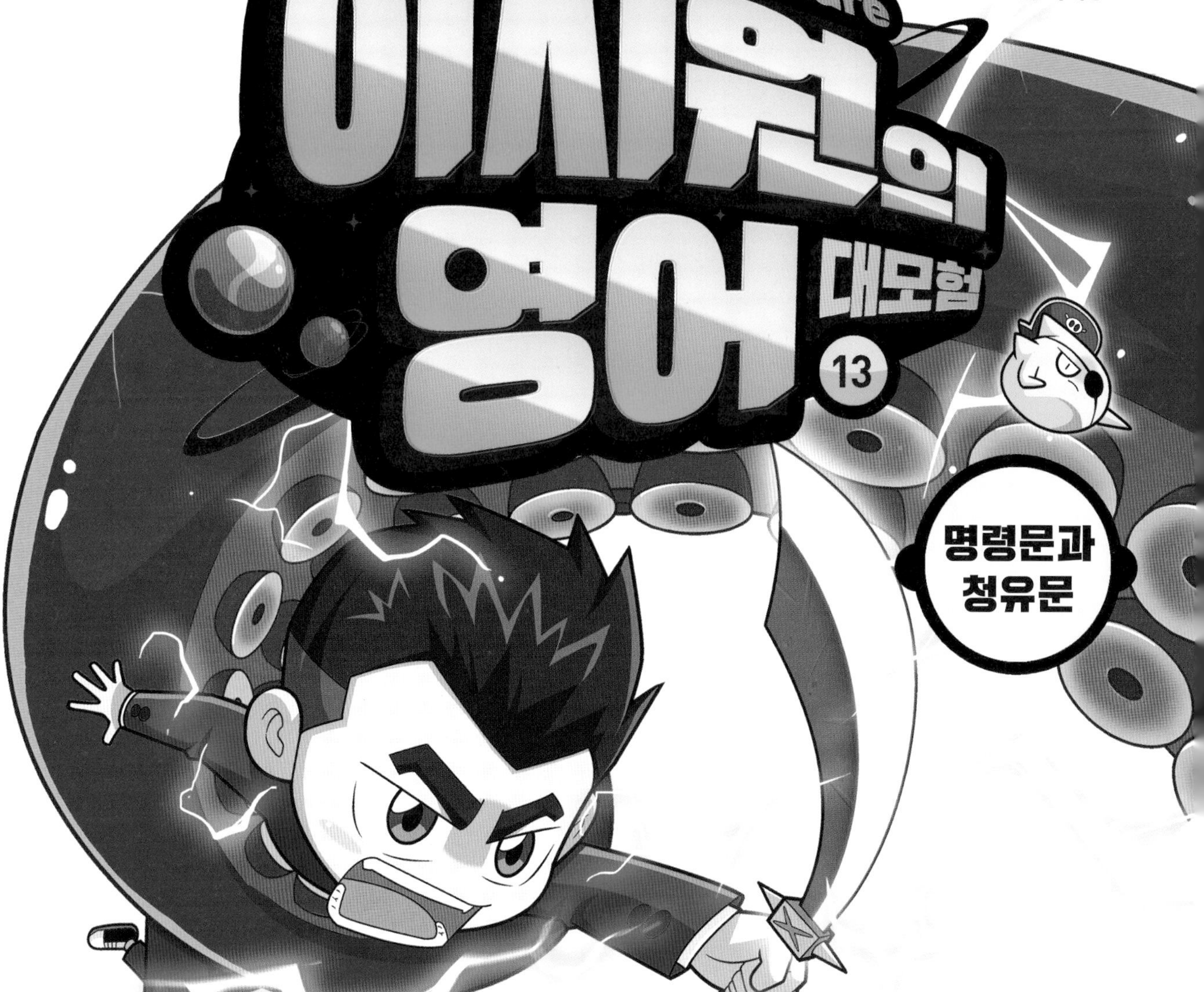

명령문과 청유문

아울북 × 시원스쿨닷컴

작가의 말

안녕하세요? 시원스쿨 대표 강사 이시원 선생님이에요. 여러분은 영어를 좋아하나요? 아니면 영어가 어렵고 두려운가요? 혹시 영어만 생각하면 속이 울렁거리고 머리가 아프진 않나요? 만약 그렇다면 지금부터 선생님이 영어와 친해지는 방법을 가르쳐 줄게요.

하나, 지금까지 배운 방식과 지식을 모두 지워요!

보기만 해도 스트레스를 받고, 나를 힘들게 만드는 영어는 이제 잊어버려요. 선생님과 함께 새로운 마음으로 영어를 다시 시작해 봐요.

둘, 하나를 배우더라도 정확하게 습득해 나가요!

눈으로만 배우고 지나가는 영어는 급할 때 절대로 입에서 나오지 않아요. 하나를 배우더라도 완벽하게 습득해야 어디서든 자신 있게 영어로 말할 수 있어요.

셋, 생활 속에서 자주 쓰이는 표현을 배워요!

우리 생활에서 쓸 일이 별로 없는 단어를 오래 기억할 수 있을까요? 자주 사용하는 단어 위주로 영어를 배워야 쓰기도 쉽고 잊어버리지도 않겠죠? 자연스럽게 영어가 튀어나올 수 있도록 여러 번 말하고, 써 보면서 잊지 않게 하는 것이 중요해요.

이 세 가지만 지키면 어느새 영어가 정말 쉽고, 재밌게 느껴질 거예요. 그리고 이 세 가지를 충족시키는 힘이 바로 이 책에 숨어 있어요. 여러분이 〈이시원의 영어 대모험〉을 읽는 것만으로도 최소한 영어 한 문장을 습득할 수 있어요.

단어와 단어를 연결하는 방법도 자연스럽게 익히게 될 거예요. 게다가 영어에 관련된 흥미로운 이야기들을 알게 되면 영어가 좀 더 친숙하고 재미있게 다가올 거라 믿어요!

자, 그럼 만화 속 '시원 쌤'과 신나는 영어 훈련을 하면서 모두 함께 영어의 세계로 떠나 볼까요?

시원스쿨 기초영어 대표 강사 **이시원**

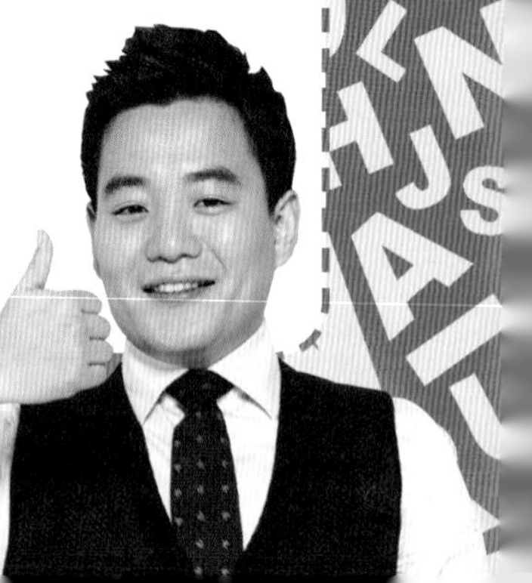

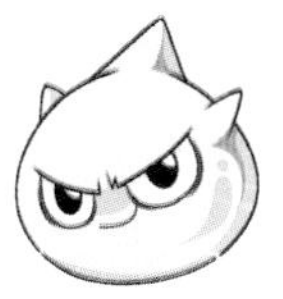

영어와 친해지는 영어학습만화

영어는 이 자리에 오기까지 수많은 경쟁과 위험을 물리쳤답니다. 영어에는 다른 언어와 부딪치고 합쳐지며 발전해 나간 강력한 힘이 숨겨져 있어요. 섬나라인 영국 땅에서 시작된 이 언어가 어느 나라에서든 통하는 세계 공용어가 되기까지는 마치 멋진 히어로의 성장 과정처럼 드라마틱하고 매력적인 모험담이 있었답니다. 이 모험담을 듣게 되는 것만으로도 우리 어린이들은 영어를 좀 더 좋아하게 될지도 몰라요.

영어는 이렇듯 강력하고 매력적인 언어지만 친해지기는 쉽지 않아요. 우리 어린이들에게 영어는 어렵고 힘든 시험 문제를 연상시키지요. 영어를 잘하면 장점이 많다는 것은 알지만 영어를 공부하는 과정은 어렵고 힘들어요. 이 책에서 시원 쌤은 우리 어린이 주인공들과 영어 유니버스라는 새로운 세계로 신나는 모험을 떠난답니다.

여러분도 엄청난 비밀을 지닌 시원 쌤과 미지의 영어 유니버스로 모험을 떠나 보지 않을래요? 영어 유니버스의 어디에선가 영어를 좋아하게 된 자신의 모습을 발견하게 될지도 몰라요.

글 작가 **박시연**

영어의 세계에 빠져드는 만화

영어 공부를 시작하는 어린이들은 모두 자기만의 목표를 가지고 있을 거예요. 영어를 잘해서 선생님께 칭찬받는 모습부터 외국 친구들과 자유롭게 영어로 소통하는 모습, 세계적인 유명인이 되어서 영어로 멋지게 인터뷰하는 꿈까지도요.

이 책에서는 어린이들이 공감할 수 있도록 영어를 배우며 느끼는 기분, 상상한 모습들을 귀엽고 발랄한 만화로 표현했어요. 이 책을 손에 든 어린이들은 만화 속 인물들에게 무한히 공감하며 이야기에 빠져들 수 있을 거예요. 마치 내가 시원 쌤과 함께 멋진 모험을 떠나는 것 같은 기분을 느낄 수 있도록요.

보는 재미와 읽는 재미를 함께 느낄 수 있는 만화를 통해 영어의 재미도 발견하기를 바라요!

그림 작가 **이태영**

차례

Chapter 1 해적**으로** 변신 · 12

Chapter 2 드레이크 해적단 · 34

Chapter 3 **수상한** 점술가 · 52

Chapter 4 선상**에서** 생긴 일 · 72

Chapter 5 대왕 문어**의** 등장 · 94

Chapter 6 형제들**의** 화해 · 120

Good job!

예스어학원 수업 시간 · 140

1교시 **단어** Vocabulary 🔊

2교시 **문법 1, 2, 3** Grammar 1, 2, 3 ▶

3교시 **게임** Recess

4교시 **읽고 쓰기** Reading & Writing

5교시 **유니버스 이야기** Story

6교시 **말하기** Speaking

7교시 **쪽지 시험** Quiz

등장인물

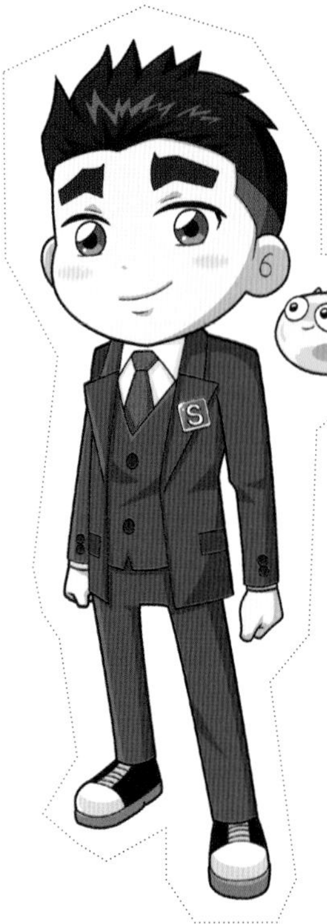
영어를 싫어하는 자,
모두 나에게로 오라!
굿 잡!

시원 쌤

비밀 요원명 에스원(S1)
직업 영어 선생님
좋아하는 것 영어, 늦잠, 힙합
싫어하는 것 노잉글리시단
취미 영어 강의하기
특기 운동, 옛날이야기 하기
성격 귀차니스트 같지만 완벽주의자
좌우명 영어는 내 인생!

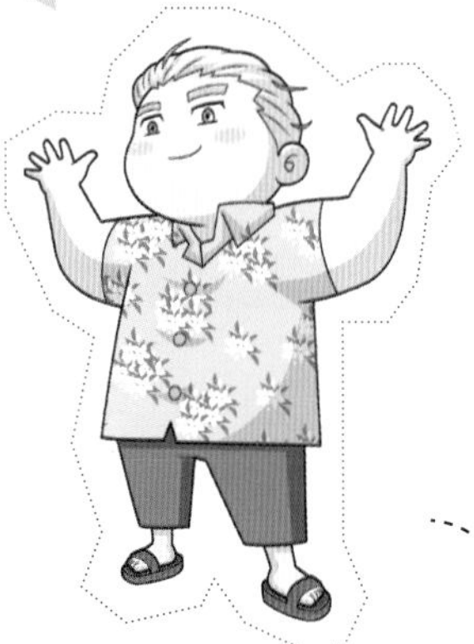
부대찌개 먹으러
우리 가게에 와용.
오케이?

폭스

비밀 요원명 에프원(F1)
직업 여우네 부대찌개 사장님

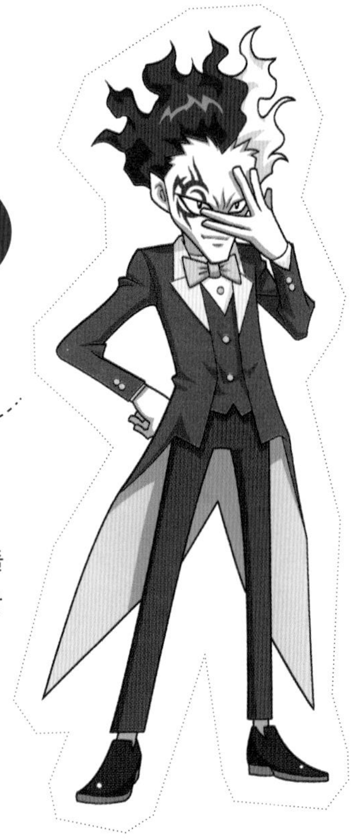
영어가 싫다고?!
내가 더더더 싫어지게
만들어 주마!

트릭커

직업 한두 개가 아님
좋아하는 것 영어 싫어하는 아이들
싫어하는 것 영어, 예스잉글리시단
취미 속임수 쓰기
특기 이간질하기, 변장하기
성격 우기기 대마왕
좌우명 영어 없는 세상을 위하여!

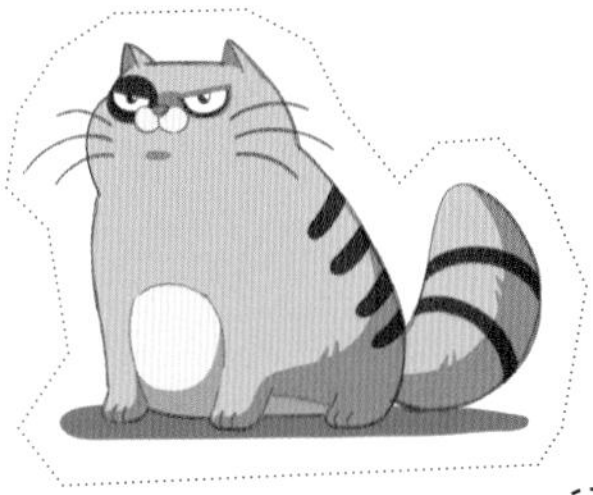
냥냥라이드에 태워 줄 테니
쭈루 하나만 줄래냥~!

빅캣

좋아하는 것 쭈루, 고양이 어묵 꼬치
싫어하는 것 예스잉글리시단

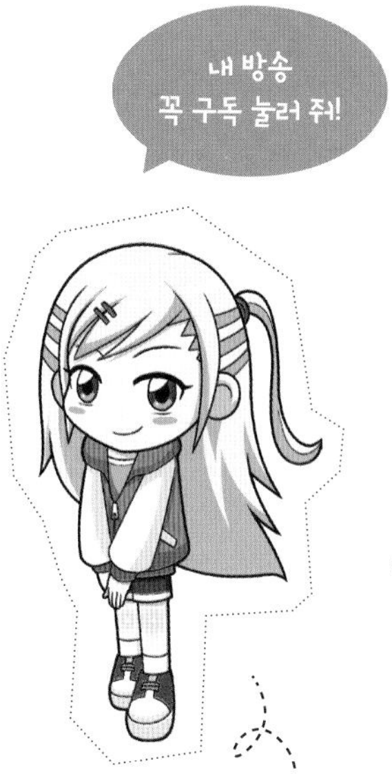

내 방송
꼭 구독 눌러 줘!

루시

좋아하는 것 너튜브 방송
싫어하는 것 운동
좌우명 일단 찍고 보자!

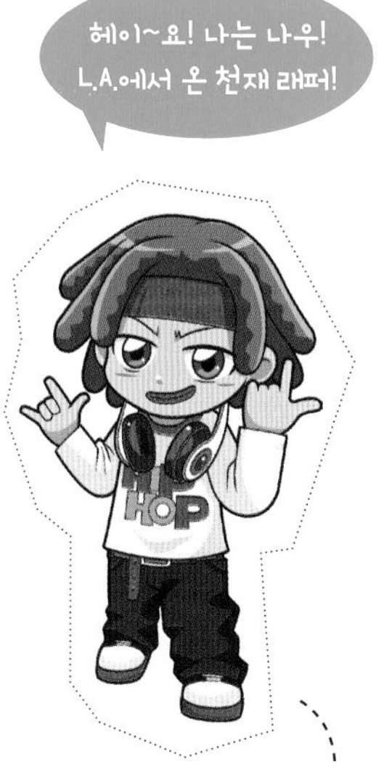

헤이~요! 나는 나우!
L.A.에서 온 천재 래퍼!

나우

좋아하는 것 랩, 힙합, 동물
싫어하는 것 영어로 말하기, 혼자 놀기
좌우명 인생은 오로지 힙합!

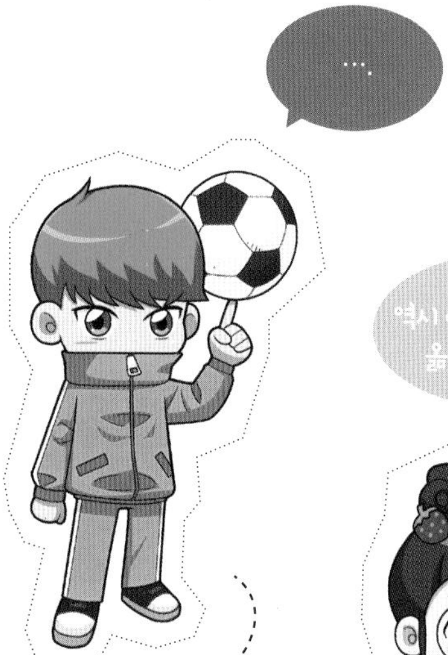

….

후

좋아하는 것 축구
싫어하는 것 말하기
좌우명 침묵은 금이다!

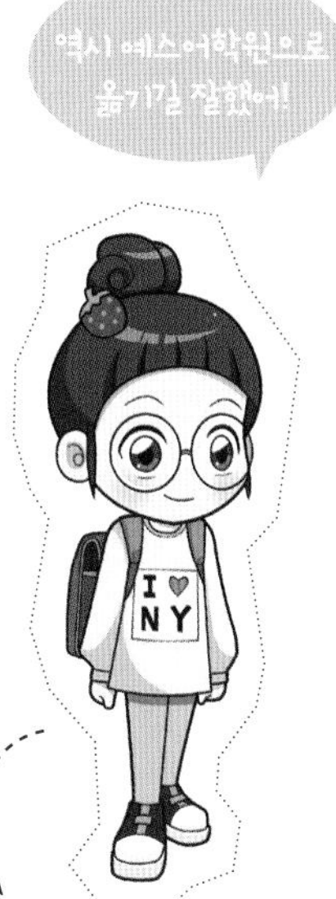

역시 에스어학원으로
옮기길 잘했어!

리아

좋아하는 것 시원 쌤 응원하기
싫어하는 것 빅캣 타임
좌우명 최선을 다하자!

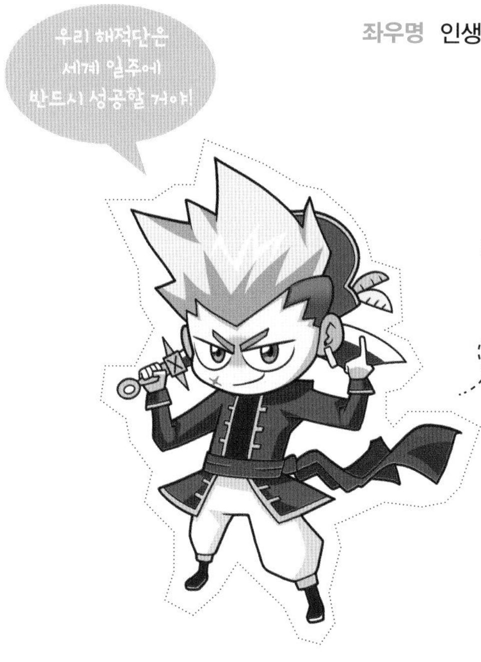

우리 해적단은
세계 일주에
반드시 성공할 거야!

드레이크

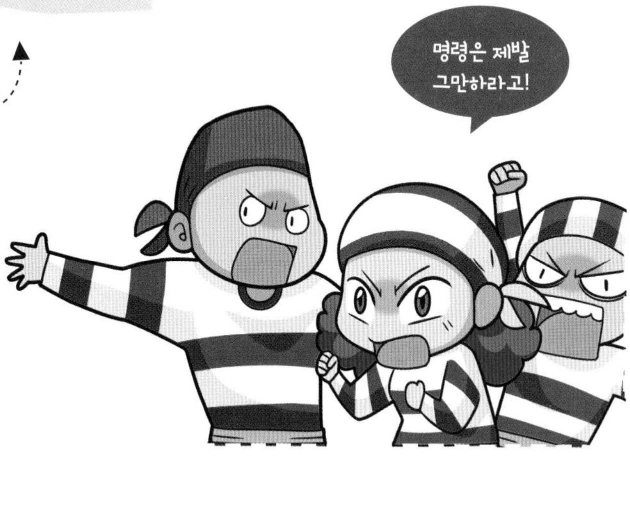

명령은 제발
그만하라고!

Chapter 1

해적으로 변신

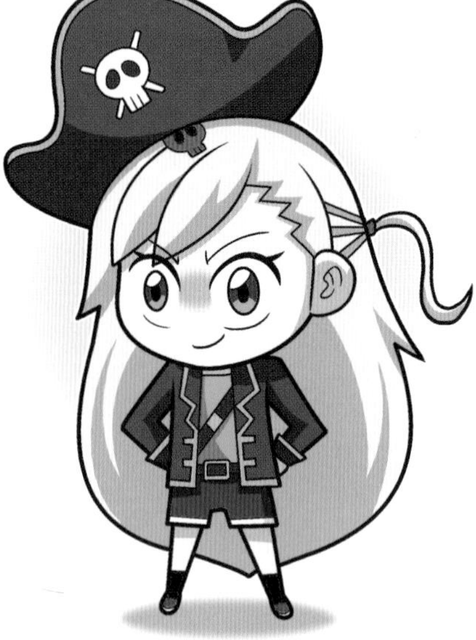

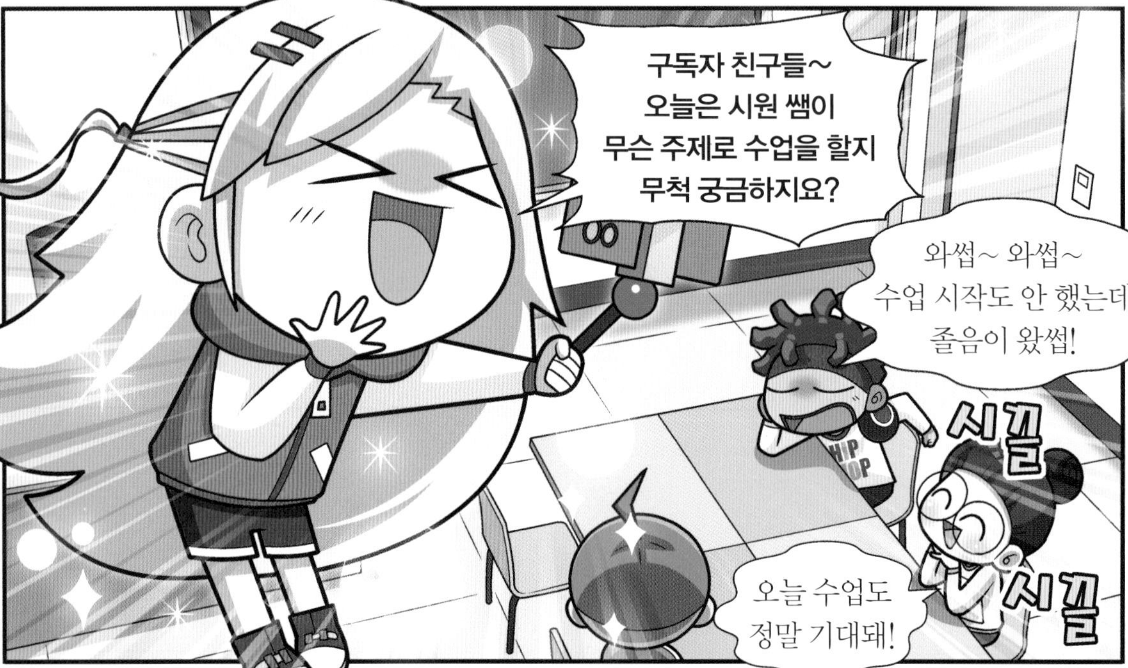
구독자 친구들~
오늘은 시원 쌤이
무슨 주제로 수업을 할지
무척 궁금하지요?
와썹~ 와썹~
수업 시작도 안 했는데
졸음이 왔썹!
시끌
시끌
오늘 수업도
정말 기대돼!

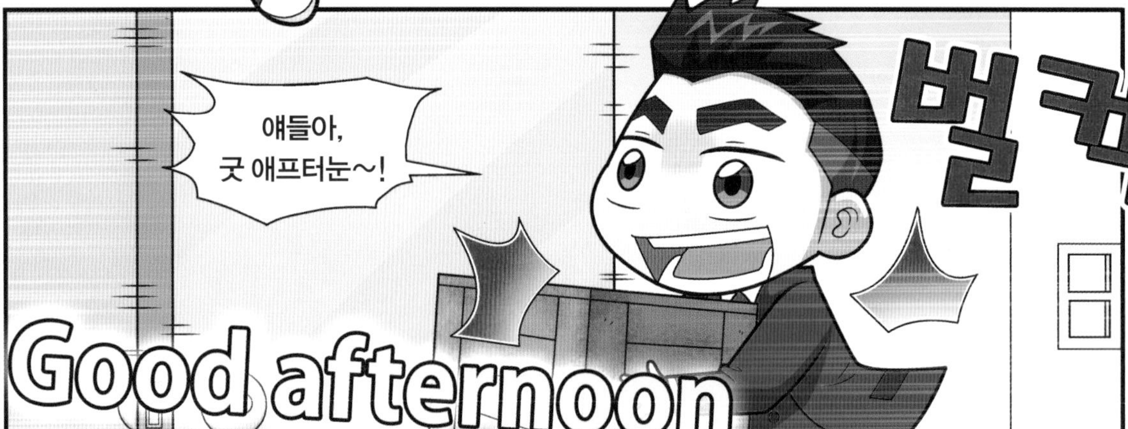
얘들아,
굿 애프터눈~!
벌컥
Good afternoon

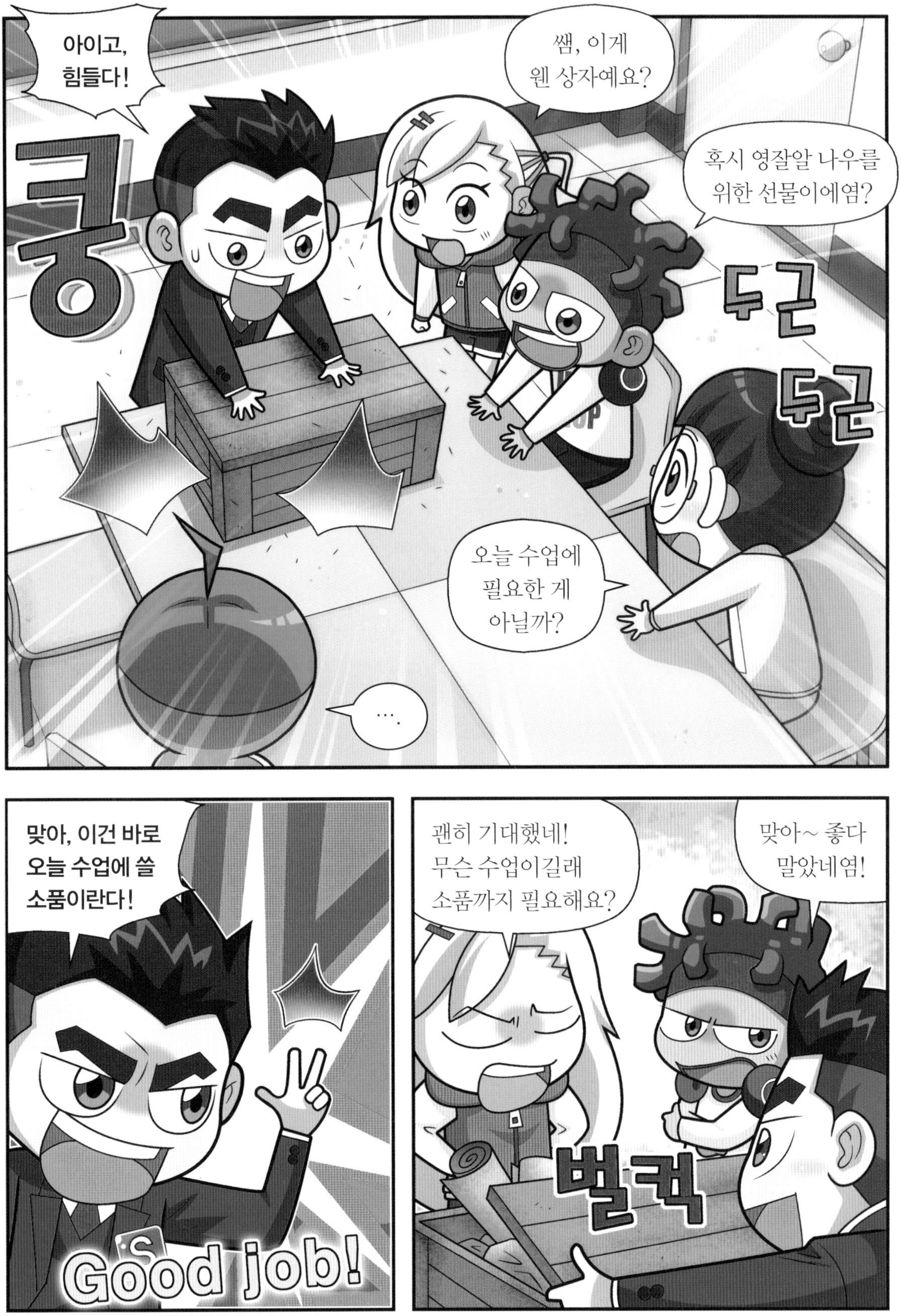

아이고,
힘들다!
쿵
쌤, 이게
웬 상자예요?
혹시 영잘알 나우를
위한 선물이에염?
두근
두근
오늘 수업에
필요한 게
아닐까?
….
맞아, 이건 바로
오늘 수업에 쓸
소품이란다!
Good job!
괜히 기대했네!
무슨 수업이길래
소품까지 필요해요?
맞아~ 좋다
말았네염!
벌컥

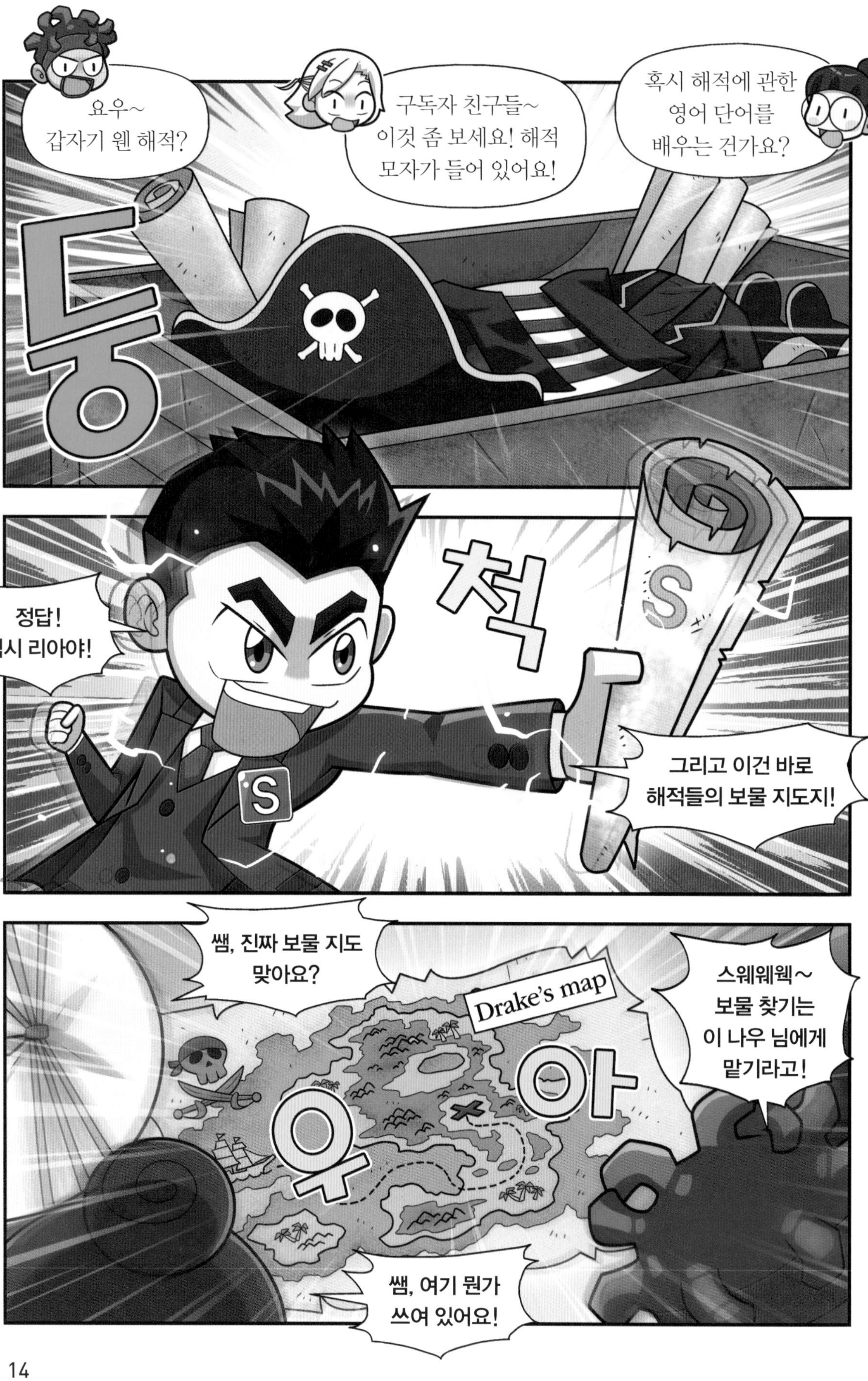
요우~
갑자기 웬 해적?
구독자 친구들~
이것 좀 보세요! 해적
모자가 들어 있어요!
혹시 해적에 관한
영어 단어를
배우는 건가요?
둥
정답!
역시 리아야!
척
그리고 이건 바로
해적들의 보물 지도지!
쌤, 진짜 보물 지도
맞아요?
스웨웨웩~
보물 찾기는
이 나우 님에게
맡기라고!
Drake's map
우
아
쌤, 여기 뭔가
쓰여 있어요!

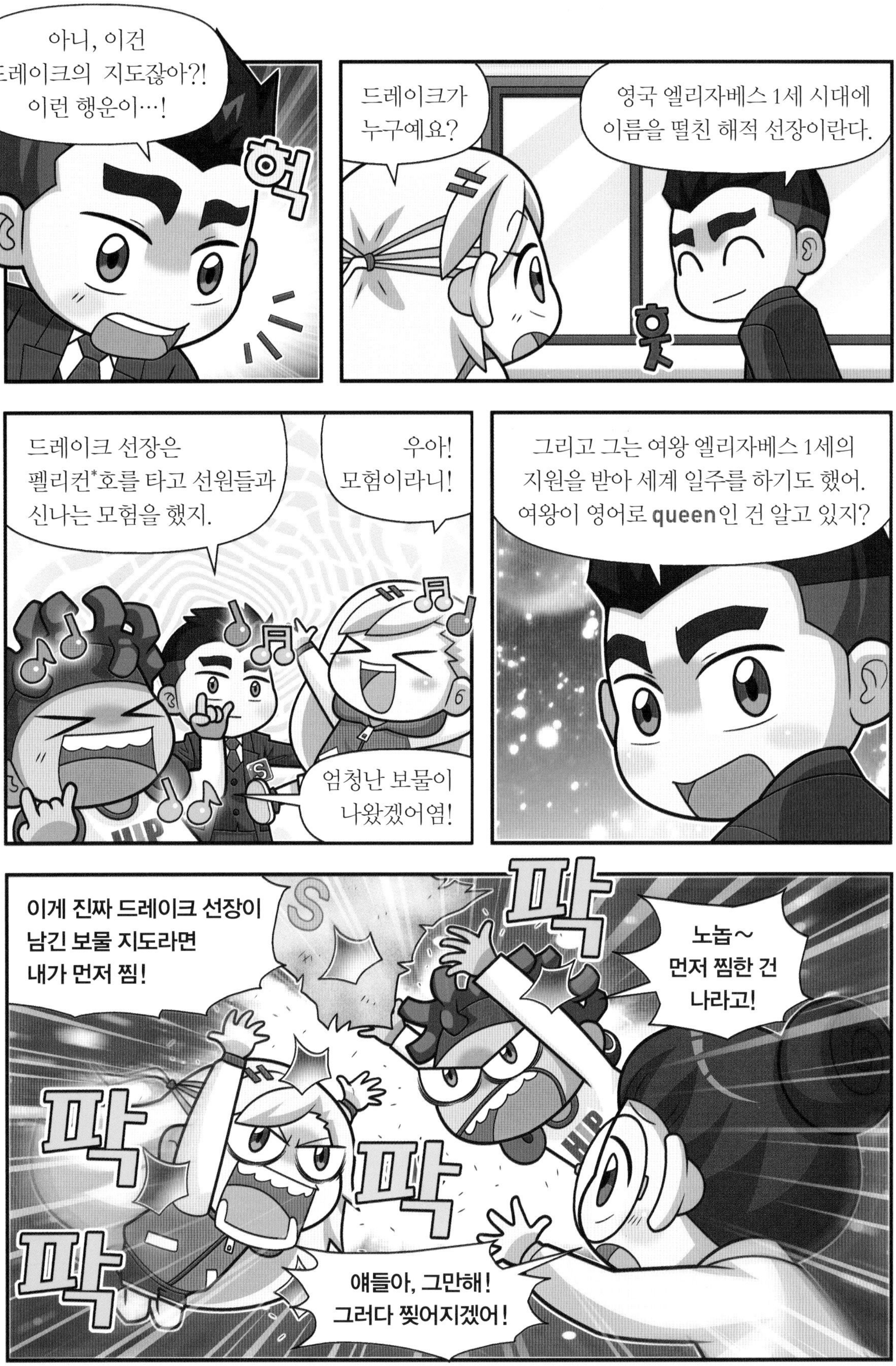

아니, 이건 드레이크의 지도잖아?! 이런 행운이…!
헉
드레이크가 누구예요?
영국 엘리자베스 1세 시대에 이름을 떨친 해적 선장이란다.
훗
드레이크 선장은 펠리컨*호를 타고 선원들과 신나는 모험을 했지.
우아! 모험이라니!
엄청난 보물이 나왔겠어염!
그리고 그는 여왕 엘리자베스 1세의 지원을 받아 세계 일주를 하기도 했어. 여왕이 영어로 queen인 건 알고 있지?
이게 진짜 드레이크 선장이 남긴 보물 지도라면 내가 먼저 찜!
팍
노놉~ 먼저 찜한 건 나라고!
팍
팍
팍
얘들아, 그만해! 그러다 찢어지겠어!

* Pelican['pelɪkən]: 프랜시스 드레이크가 세계 일주를 할 때 사용한 배의 이름으로, 훗날 골든하인드호로 이름이 바뀜.

* 분홍색 단어의 발음이 궁금하다면 143쪽을 펼쳐 보세요.

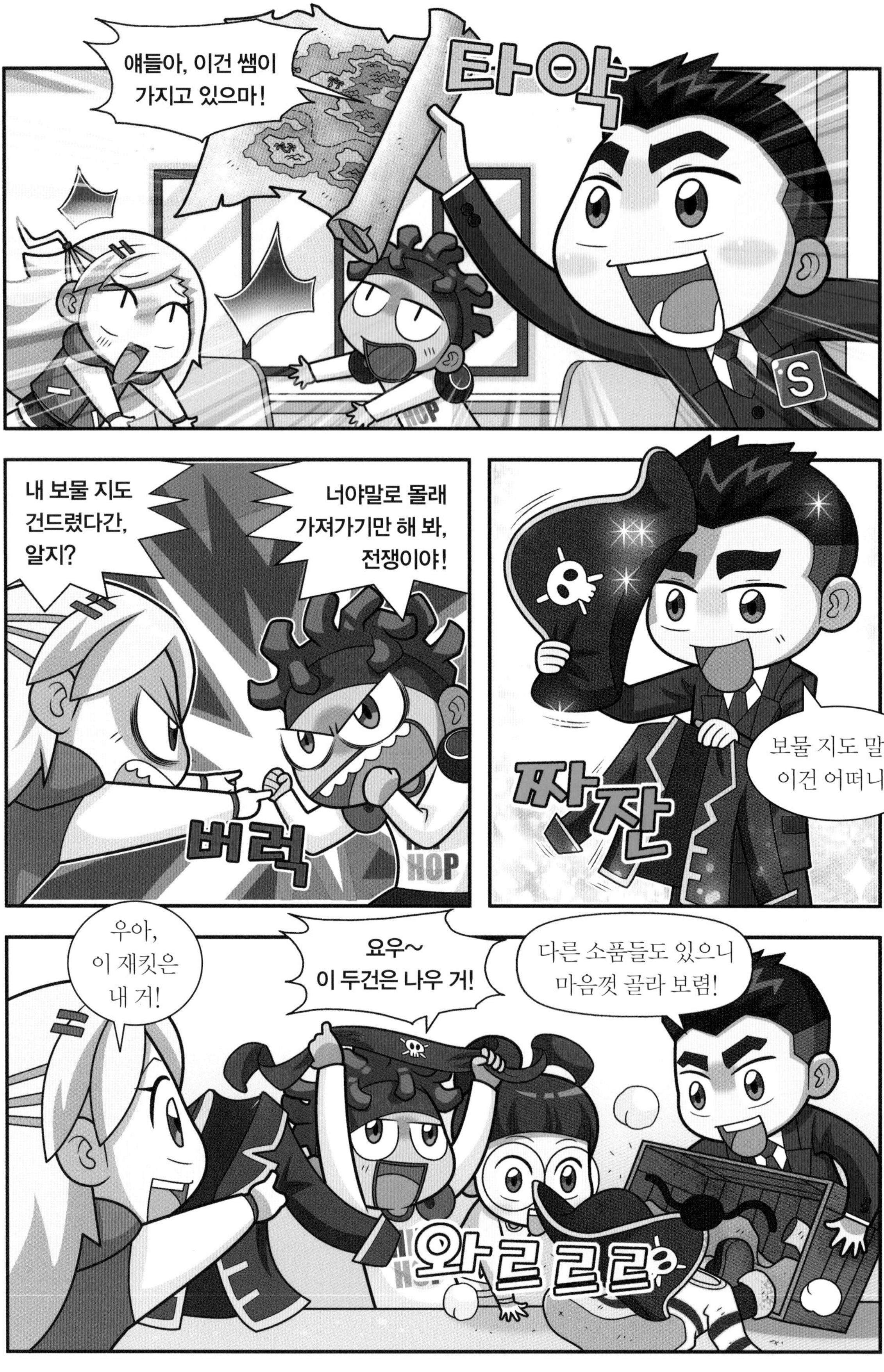

얘들아, 이건 쌤이 가지고 있으마!
타악
내 보물 지도 건드렸다간, 알지?
너야말로 몰래 가져가기만 해 봐, 전쟁이야!
버럭
짜잔
보물 지도 말고 이건 어떠니?
우아, 이 재킷은 내 거!
요우~ 이 두건은 나우 거!
다른 소품들도 있으니 마음껏 골라 보렴!
와르르르

English Adventure
이시원의 영어 대모험
코드 네임 영어 딱지

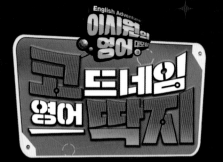

자율안전확인신고필증번호 CB061H088-9007
품목 완구
모델명 코드 네임 영어 딱지
신고기관명 한국건설생활환경시험연구원
신고일 2019년 12월 30일

품질경영 및 공산품안전관리법에 의한 표시
품명 코드 네임 영어 딱지 제조자명 ㈜북이십일
주소 경기도 파주시 회동길 201(문발동)
전화번호 031-955-2100 제조연월 2022년 1월
제조국명 대한민국 사용연령 3세 이상
주의사항 3세 미만 영·유아는 보호자의 지도가 필요합니다.

공격력 ★ 2977
방어력 ★ 2885
pirate
[ˈpaɪrət]
명사 해적

공격력 ★ 2999
방어력 ★ 2887
captain
[ˈkæptɪn]
명사 선장

공격력 ★ 2101
방어력 ★ 2303
queen
[kwiːn]
명사 여왕, 왕비

공격력 ★ 2652
방어력 ★ 1808
king
[kɪŋ]
명사 왕

공격력 ★ 1022
방어력 ★ 2140
hat
[hæt]
명사 모자

공격력 ★ 2772
방어력 ★ 1050
shoe
[ʃuː]
명사 신발, 구두(한 짝)

공격력 ★ 2500
방어력 ★ 2966
stop
[stɑːp]
동사 멈추다, 그만하다

공격력 ★ 1035
방어력 ★ 2034
let
[let]
동사 ~하게 하다

공격력 ★ 2244
방어력 ★ 2357
me
[mi]
대명사 나를, 나에게

애들아, 재미있는 딱지 놀이를 해 보자! 굿 잡!

이건 보통 딱지가 아니야. 영어 단어를 확실하게 외울 수 있는 스페셜 딱지란다. 이 딱지들을 결합하면 영어 문장까지 자유롭게 만들 수 있지. 앞으로 영어를 지키는 예스잉글리시단 단원이 되려면 이 딱지가 큰 도움이 될 테니깐 이 딱지는 무조건 다 모은다, 실시!

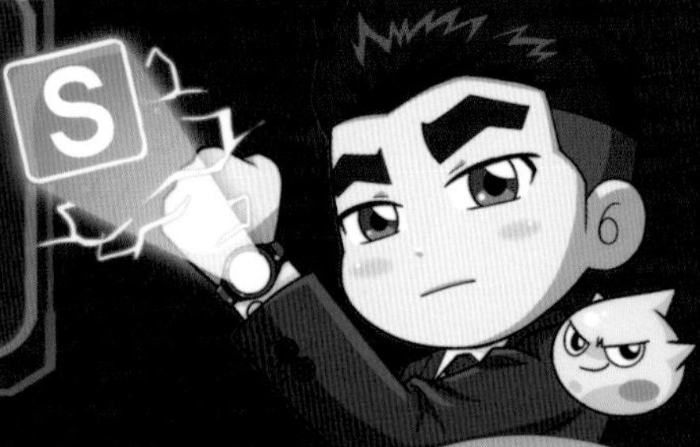

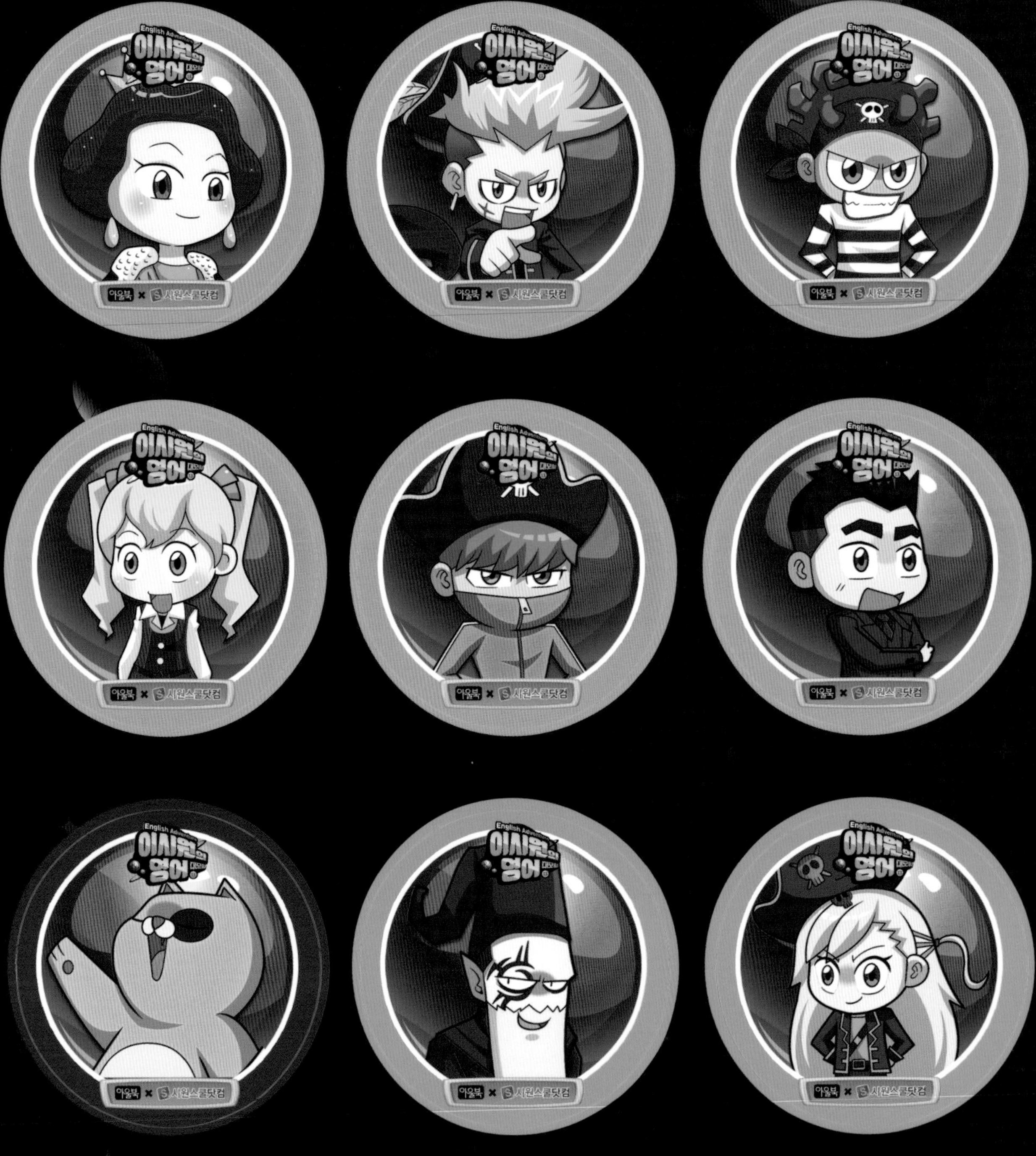

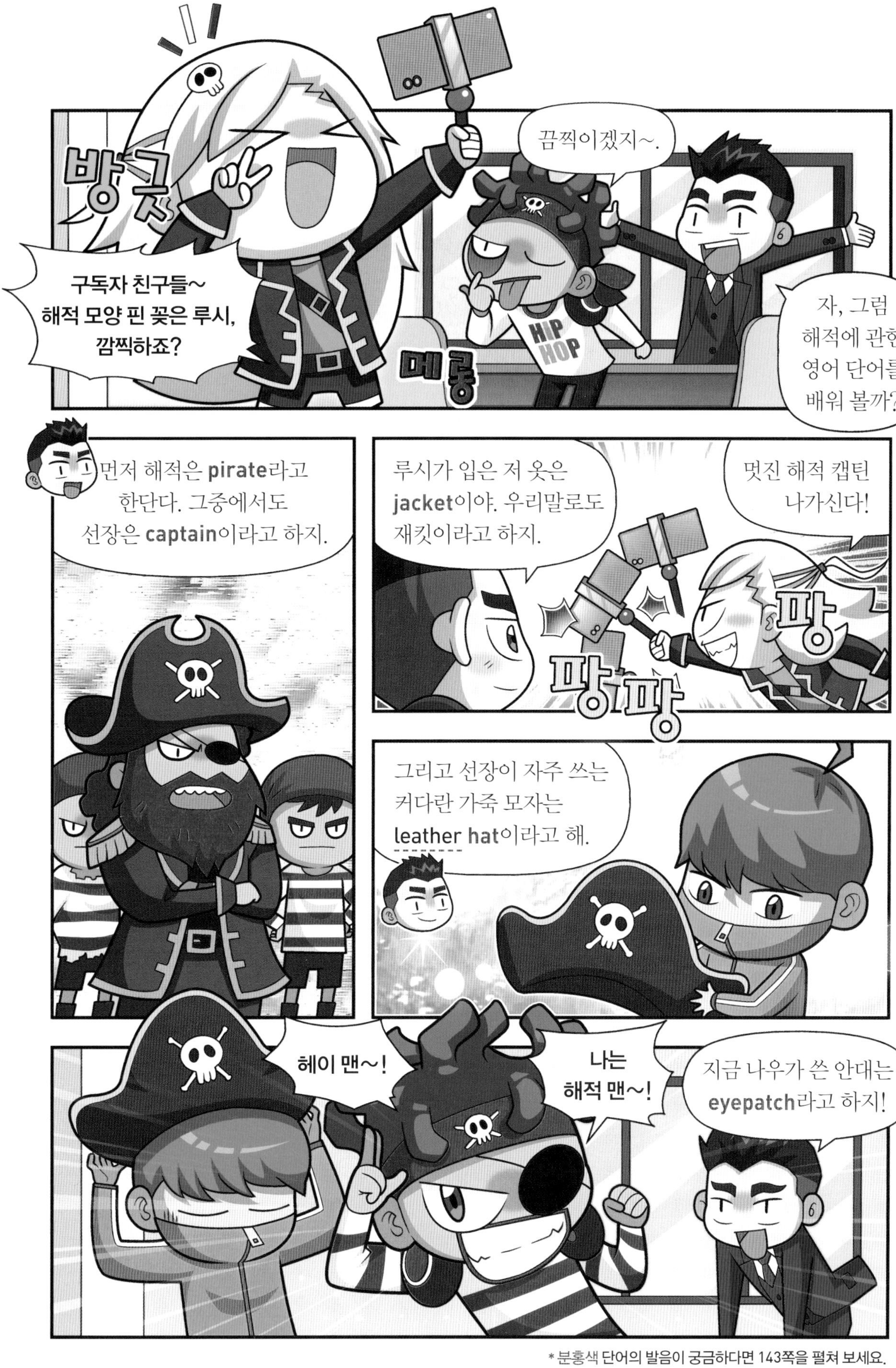
방긋
구독자 친구들~ 해적 모양 핀 꽂은 루시, 깜짝하죠?
메롱
끔찍이겠지~.
자, 그럼 해적에 관한 영어 단어를 배워 볼까?
먼저 해적은 pirate라고 한단다. 그중에서도 선장은 captain이라고 하지.
루시가 입은 저 옷은 jacket이야. 우리말로도 재킷이라고 하지.
멋진 해적 캡틴 나가신다!
팡
팡팡
그리고 선장이 자주 쓰는 커다란 가죽 모자는 leather hat이라고 해.
헤이 맨~!
나는 해적 맨~!
지금 나우가 쓴 안대는 eyepatch라고 하지!

* 분홍색 단어의 발음이 궁금하다면 143쪽을 펼쳐 보세요.

이렇게 생긴 칼은 cutlass*라고 하는데, 해적들이 많이 가지고 다녔다고 해.

리아가 입은 조끼는 vest! 나우가 머리에 두른 두건은 bandana라고 해.

pirate   captain
jacket   hat
eyepatch cutlass
vest   bandana

마지막으로 리아가 신고 있는 건,

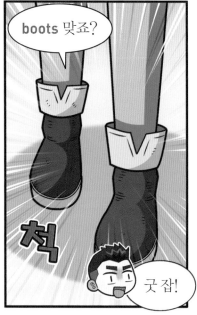

boots 맞죠?

굿 잡!

Ahoy**! 어어이! 이건 해적들이 서로를 부르는 소리야.

어어이!

* cutlass[ˈkʌtləs]: 과거 선원이나 해적들이 쓰던 단검.
* 분홍색 단어의 발음이 궁금하다면 143쪽을 펼쳐 보세요.
** ahoy[əˈhɔɪ]: 배에 타고 있는 사람들이 주의를 끌려고 외치는 소리.

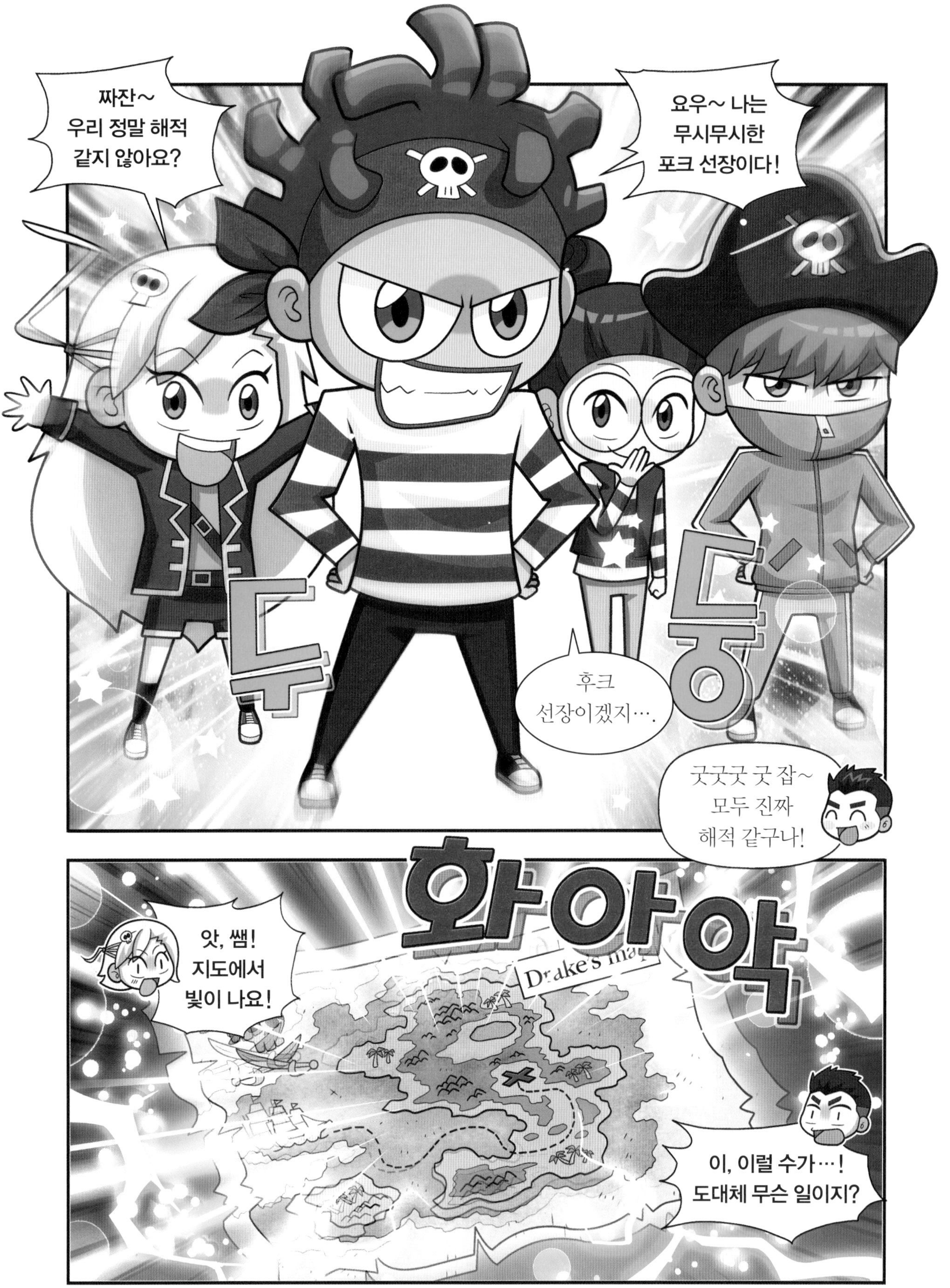
짜잔~
우리 정말 해적
같지 않아요?
요우~ 나는
무시무시한
포크 선장이다!
두
둥
후크
선장이겠지….
굿굿굿 굿 잡~
모두 진짜
해적 같구나!
화아악
Drake's map
앗, 쌤!
지도에서
빛이 나요!
이, 이럴 수가…!
도대체 무슨 일이지?

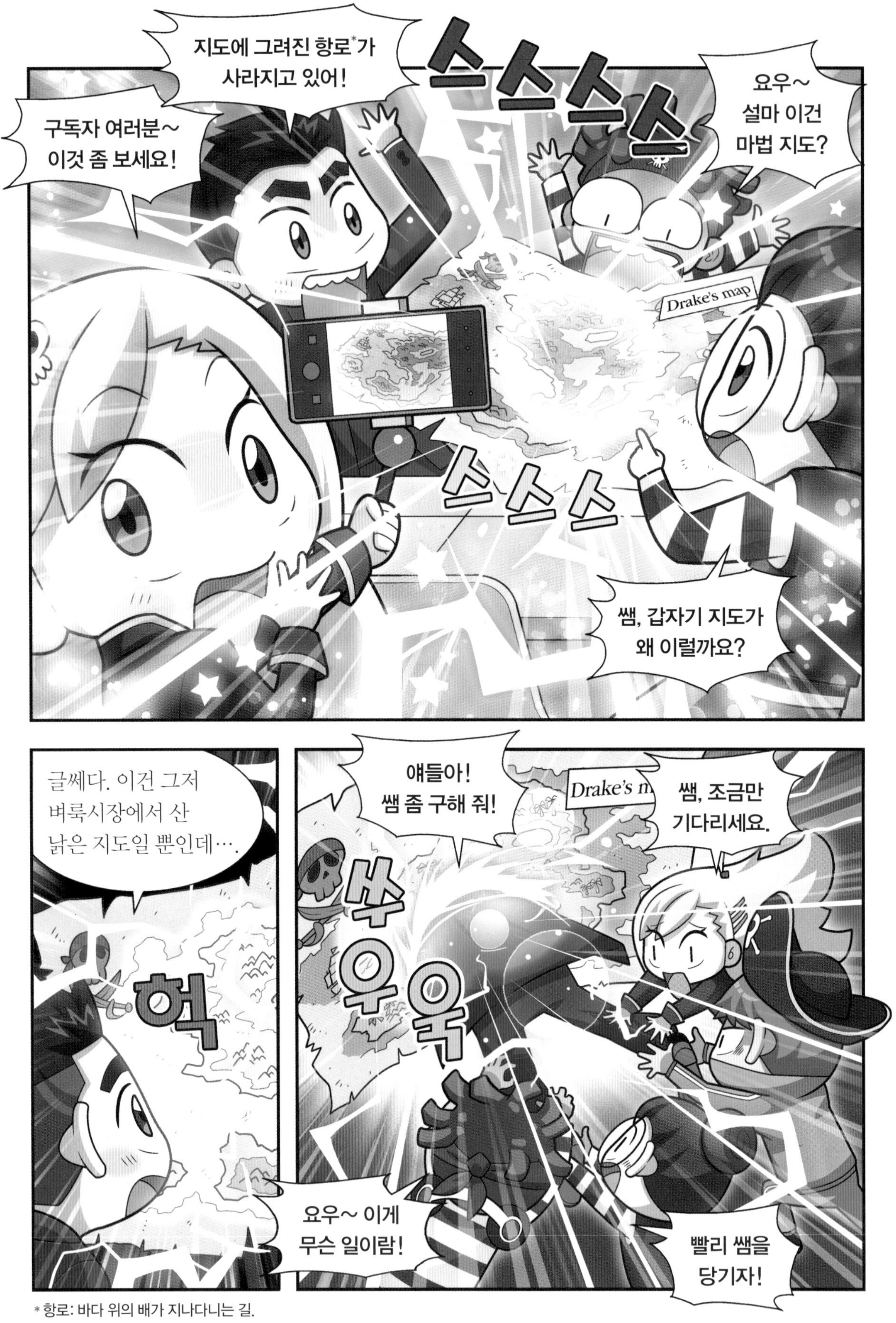
구독자 여러분~
이것 좀 보세요!
지도에 그려진 항로*가
사라지고 있어!
스스스스
요우~
설마 이건
마법 지도?
Drake's map
스스스
쌤, 갑자기 지도가
왜 이럴까요?
글쎄다. 이건 그저
벼룩시장에서 산
낡은 지도일 뿐인데….
헉
얘들아!
쌤 좀 구해 줘!
쌤, 조금만
기다리세요.
쑤우욱
요우~ 이게
무슨 일이람!
빨리 쌤을
당기자!

* 항로: 바다 위의 배가 지나다니는 길.

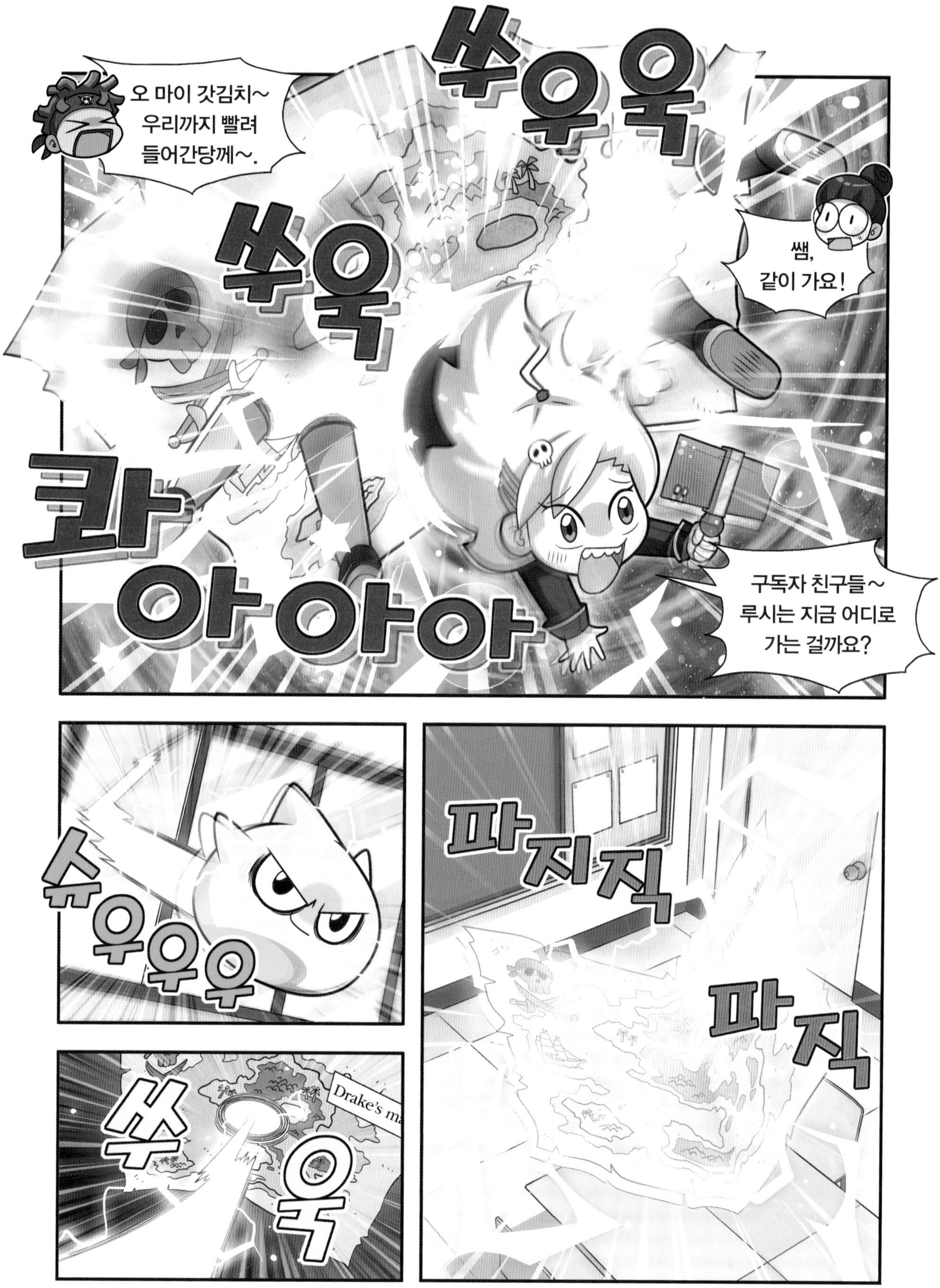

오 마이 갓김치~
우리까지 빨려
들어간당께~.
쏴우욱
쌤,
같이 가요!
쏴욱
콰아아아
구독자 친구들~
루시는 지금 어디로
가는 걸까요?
슈우우우
쏴욱
파지직
파직

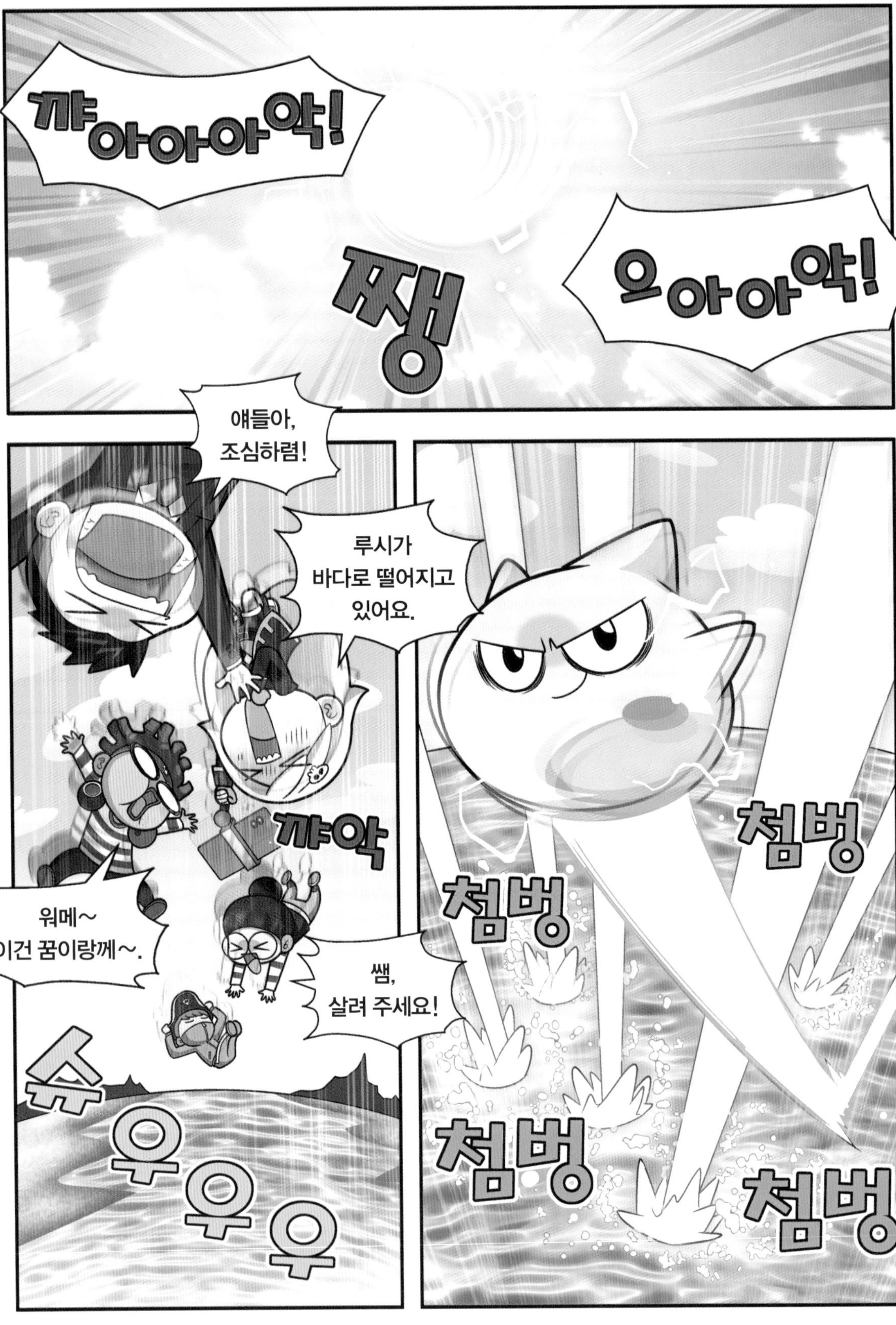
꺄아아아악!
쨍
으아아악!
얘들아,
조심하렴!
루시가
바다로 떨어지고
있어요.
꺄악
워메~
이건 꿈이랑께~.
쌤,
살려 주세요!
슈우우우
첨벙
첨벙
첨벙
첨벙

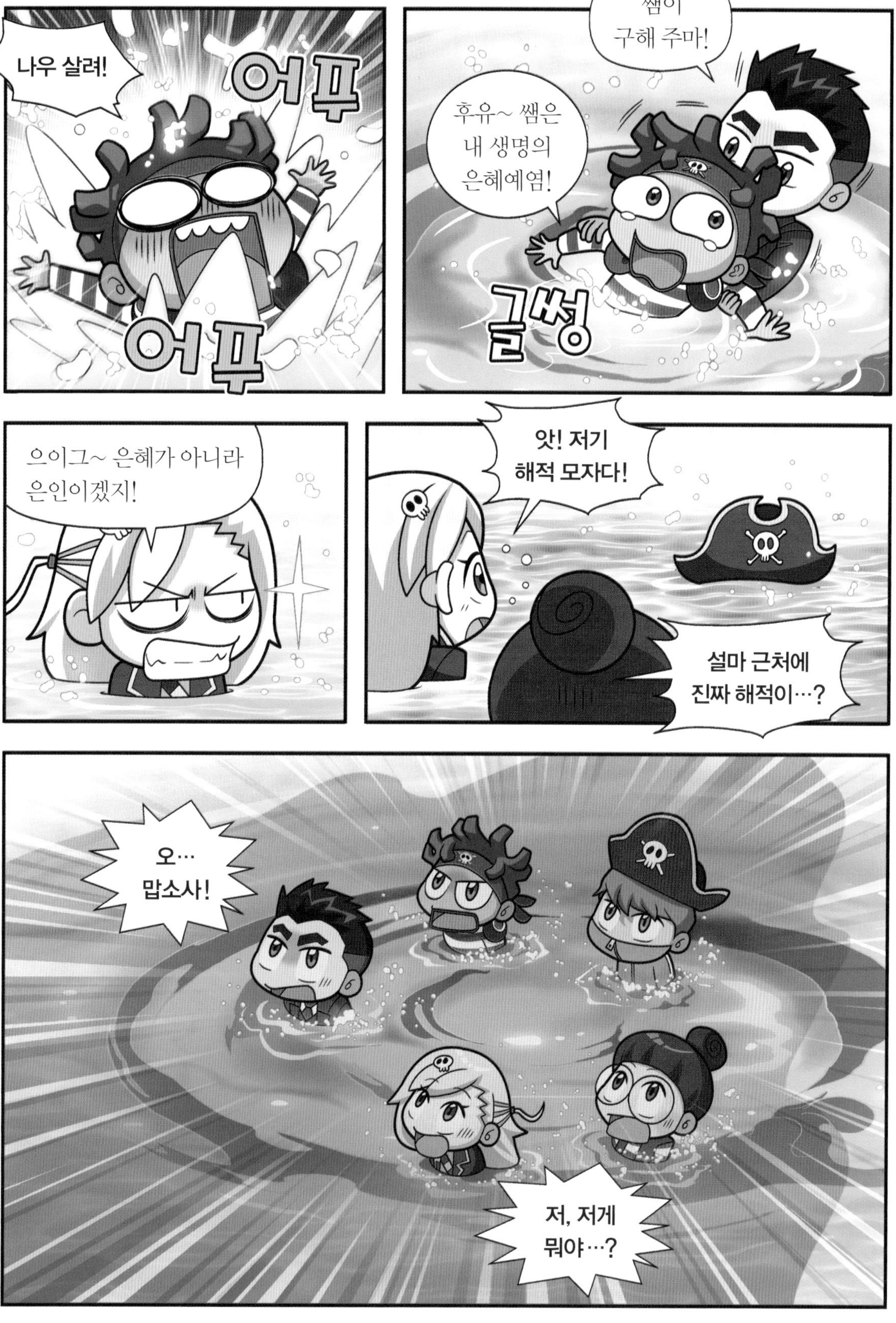

나우 살려!
어푸
어푸
쌤이 구해 주마!
후유~ 쌤은 내 생명의 은혜예염!
글썽
으이그~ 은혜가 아니라 은인이겠지!
앗! 저기 해적 모자다!
설마 근처에 진짜 해적이…?
오… 맙소사!
저, 저게 뭐야…?

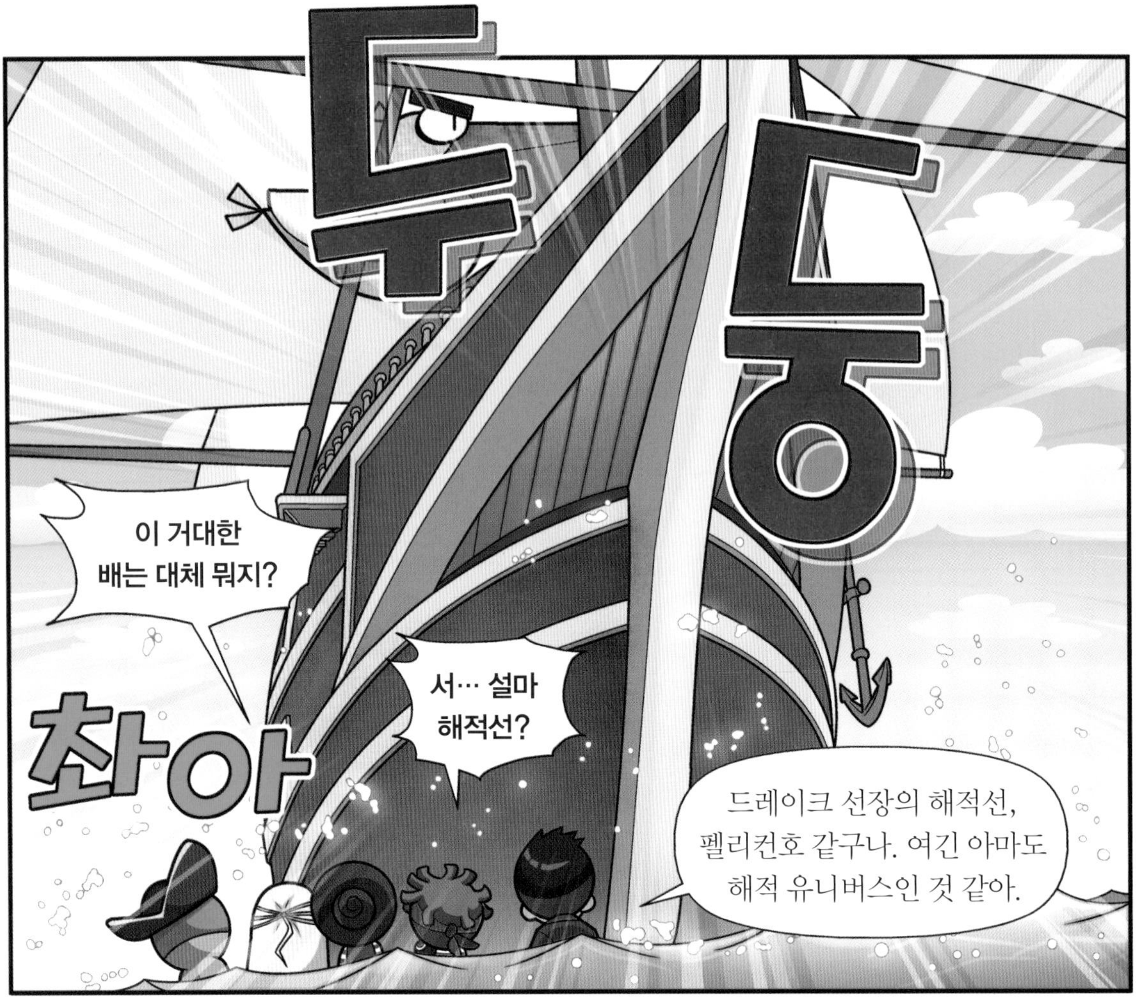
두둥
이 거대한 배는 대체 뭐지?
서… 설마 해적선?
촤아
드레이크 선장의 해적선, 펠리컨호 같구나. 여긴 아마도 해적 유니버스인 것 같아.

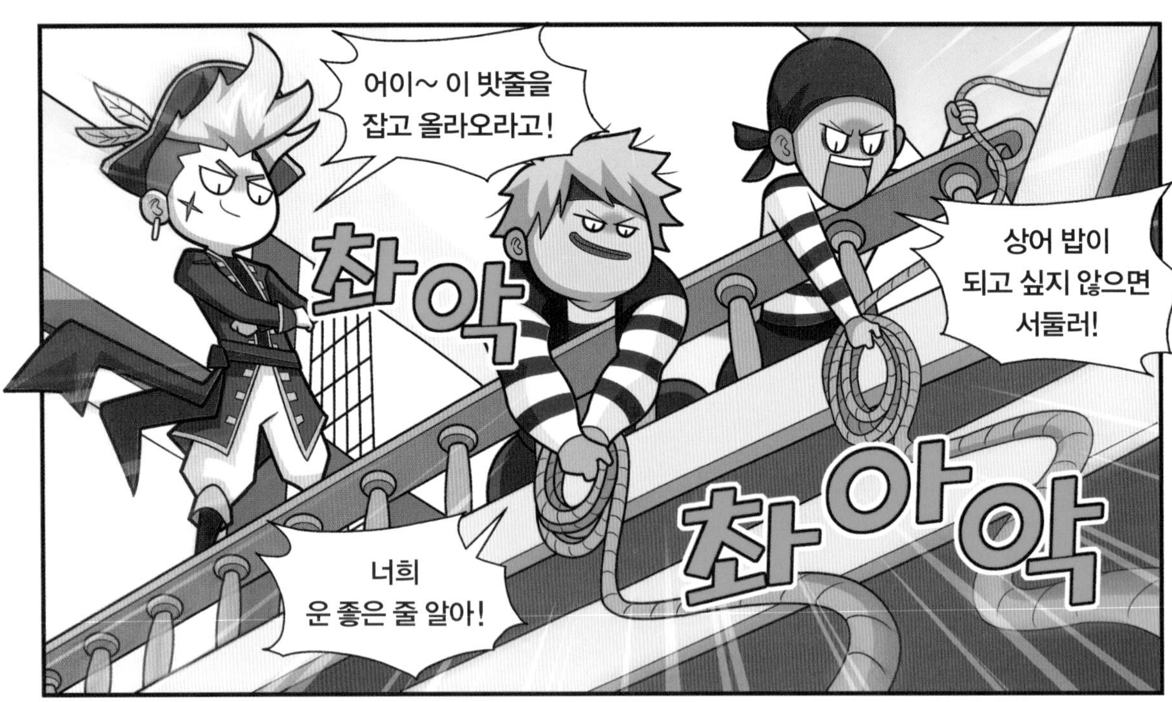
어이~ 이 밧줄을 잡고 올라오라고!
촤악
상어 밥이 되고 싶지 않으면 서둘러!
촤아악
너희 운 좋은 줄 알아!

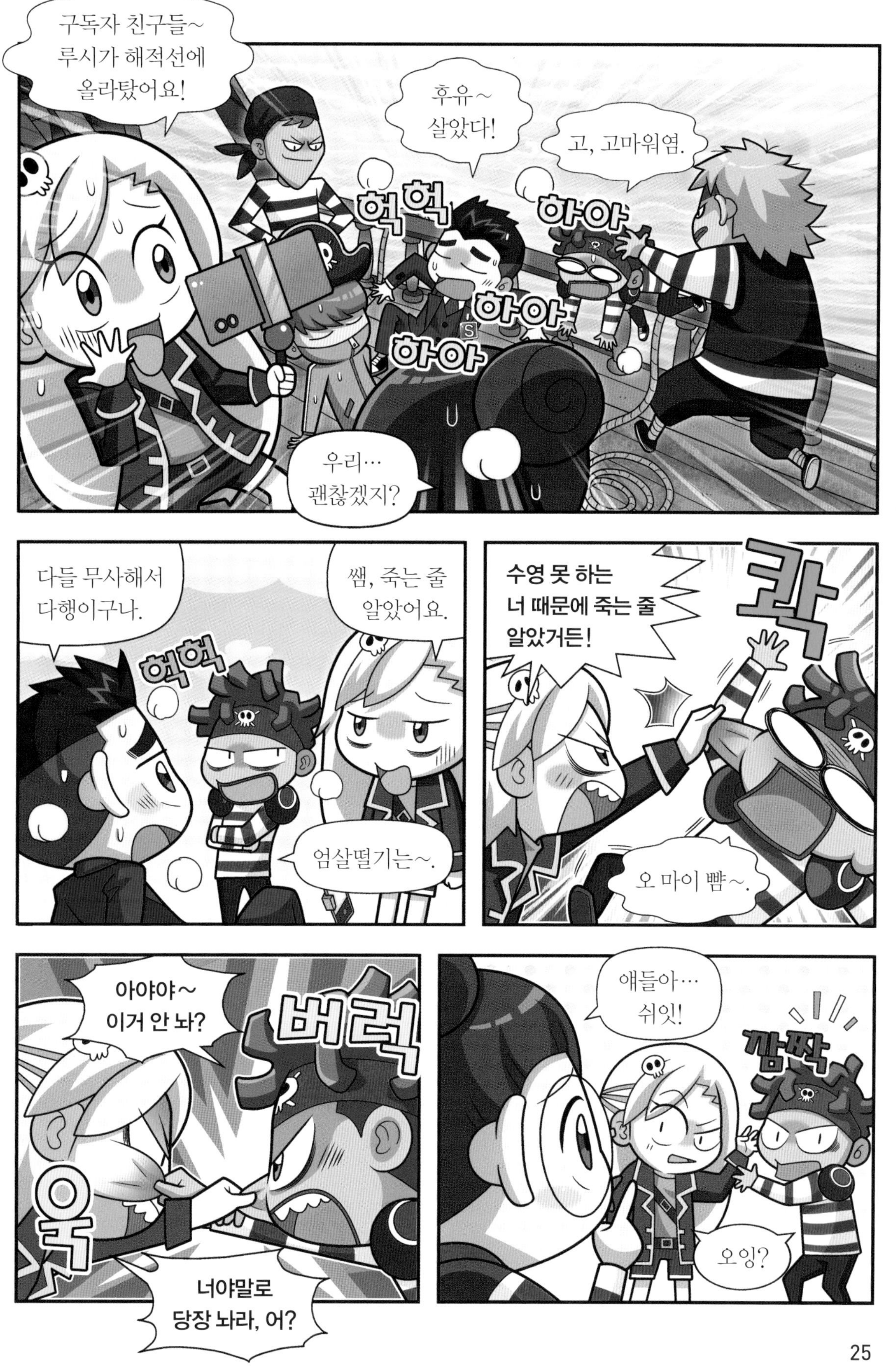
구독자 친구들~
루시가 해적선에
올라탔어요!
후유~
살았다!
고, 고마워염.
헉헉
하아
하아
하아
우리…
괜찮겠지?
다들 무사해서
다행이구나.
쌤, 죽는 줄
알았어요.
헉헉
엄살떨기는~.
수영 못 하는
너 때문에 죽는 줄
알았거든!
콱
오 마이 뺨~.
아야야~
이거 안 놔?
버럭
욱
너야말로
당장 놔라, 어?
애들아…
쉬잇!
깜짝
오잉?

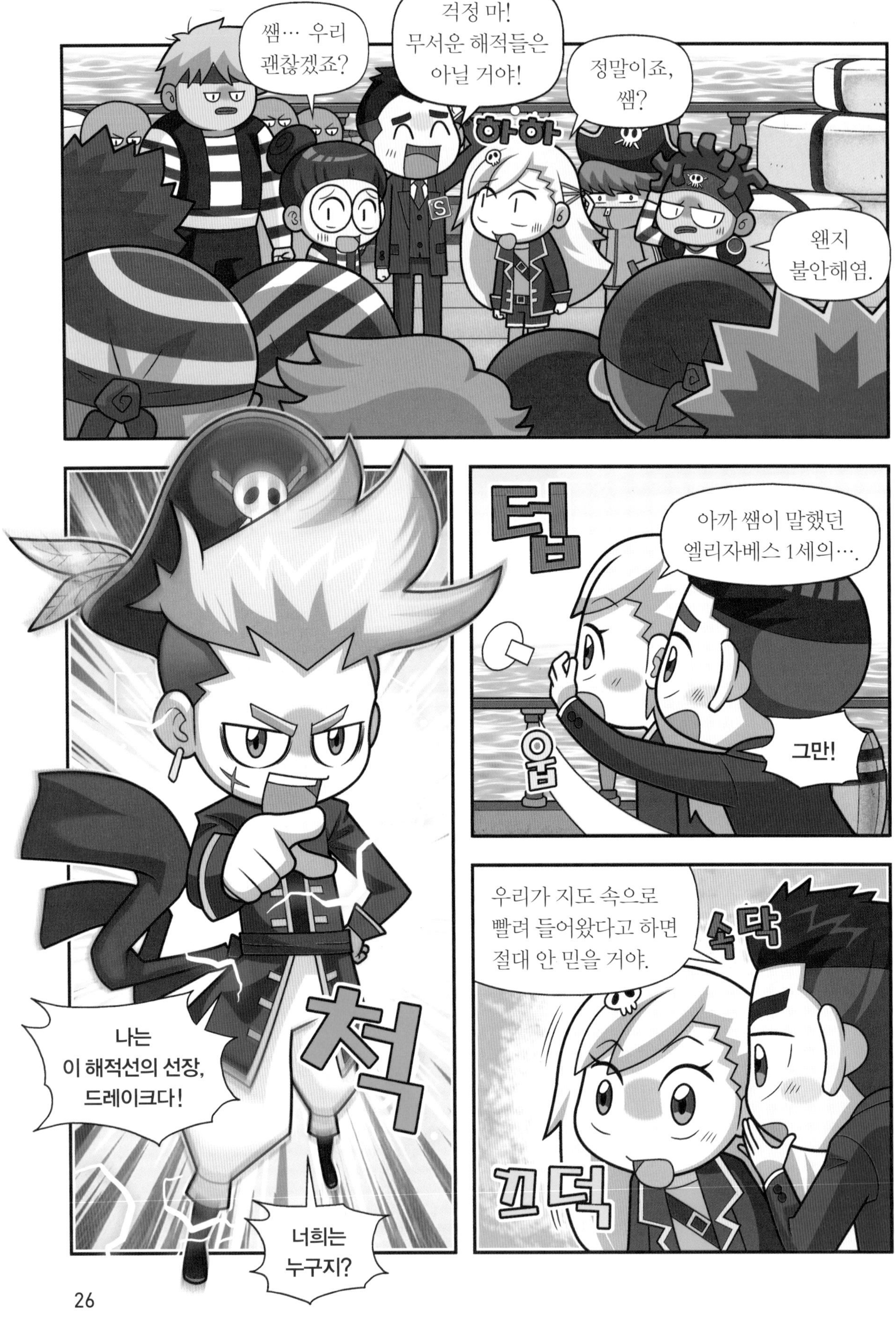
쌤… 우리 괜찮겠죠?
걱정 마! 무서운 해적들은 아닐 거야!
하하
정말이죠, 쌤?
왠지 불안해염.
나는 이 해적선의 선장, 드레이크다!
척
너희는 누구지?
덥
아까 쌤이 말했던 엘리자베스 1세의….
읍
그만!
우리가 지도 속으로 빨려 들어왔다고 하면 절대 안 믿을 거야.
속닥
끄덕

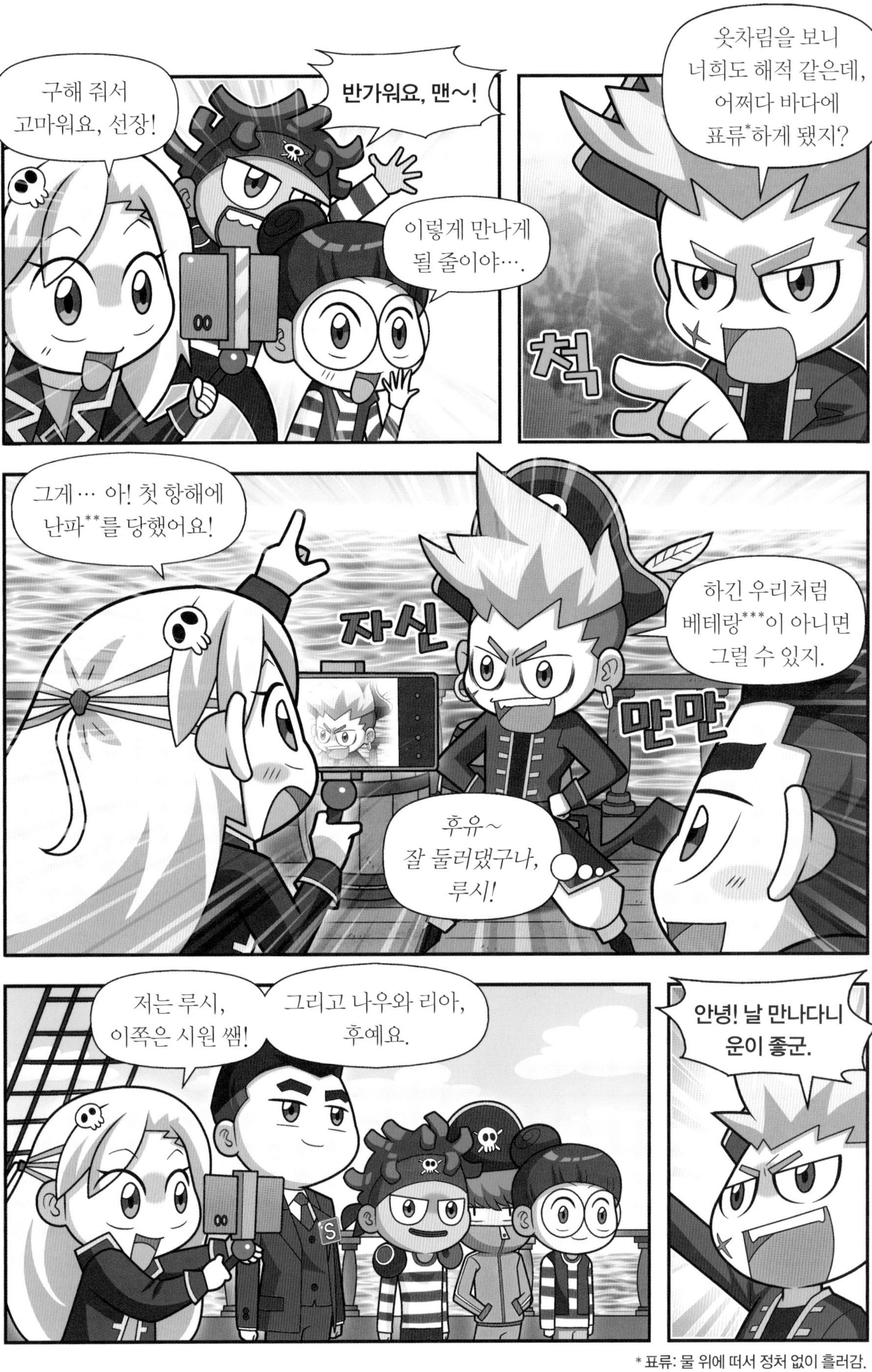
구해 줘서
고마워요, 선장!
반가워요, 맨~!
이렇게 만나게
될 줄이야….
옷차림을 보니
너희도 해적 같은데,
어쩌다 바다에
표류*하게 됐지?
척
그게… 아! 첫 항해에
난파**를 당했어요!
자신
하긴 우리처럼
베테랑***이 아니면
그럴 수 있지.
만만
후유~
잘 둘러댔구나,
루시!
저는 루시,
이쪽은 시원 쌤!
그리고 나우와 리아,
후예요.
안녕! 날 만나다니
운이 좋군.

* 표류: 물 위에 떠서 정처 없이 흘러감.

** 난파: 배가 항해 중에 폭풍우 따위를 만나 부서지거나 뒤집힘.

*** veteran[ˈvetərən]: 어떤 분야에 오랫동안 종사하여 기술이 뛰어나거나 노련한 사람.

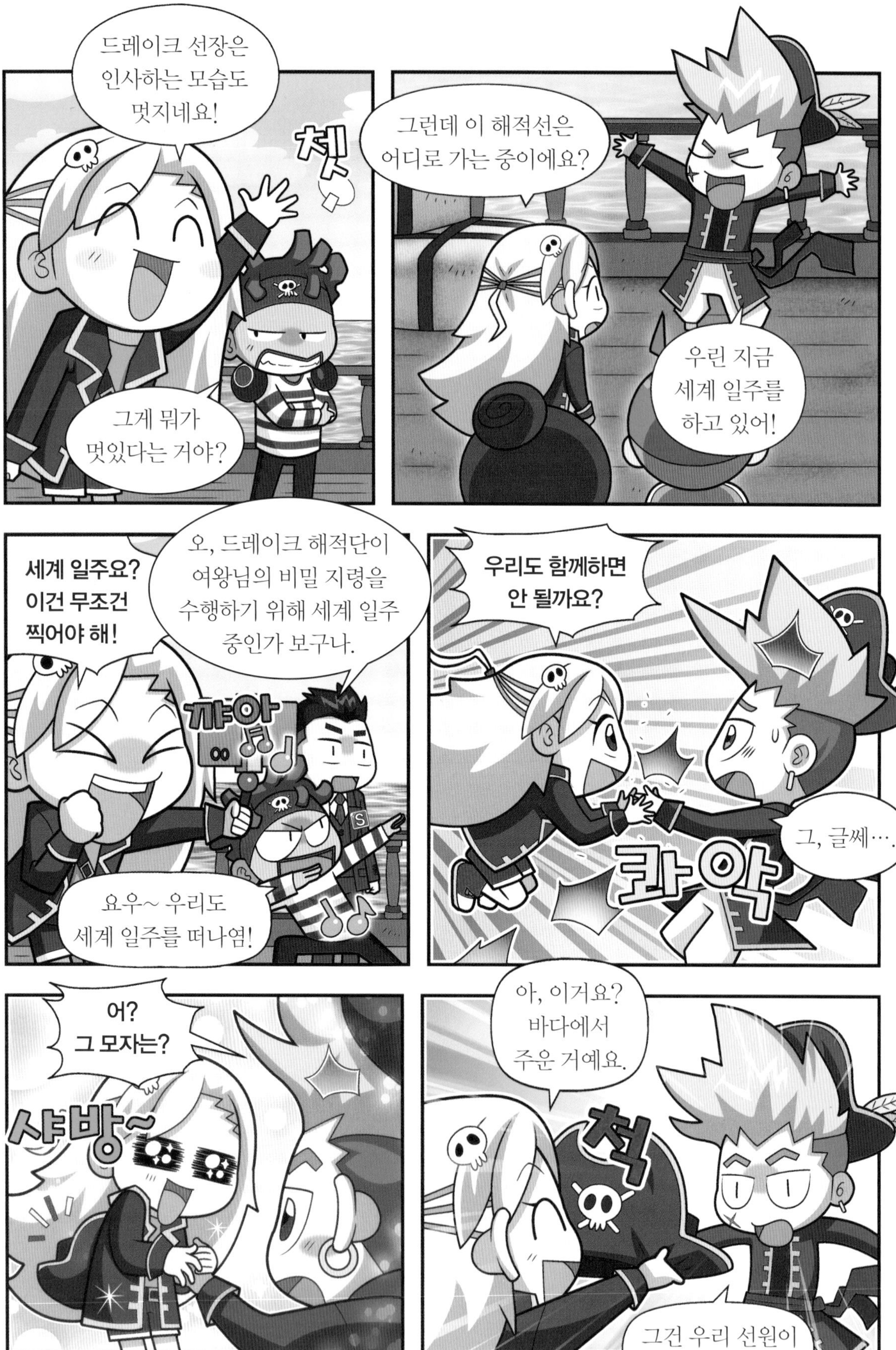
드레이크 선장은 인사하는 모습도 멋지네요!
척
그게 뭐가 멋있다는 거야?
그런데 이 해적선은 어디로 가는 중이에요?
우린 지금 세계 일주를 하고 있어!
세계 일주요? 이건 무조건 찍어야 해!
오, 드레이크 해적단이 여왕님의 비밀 지령을 수행하기 위해 세계 일주 중인가 보구나.
꺄아
요우~ 우리도 세계 일주를 떠나염!
우리도 함께하면 안 될까요?
콰악
그, 글쎄….
어? 그 모자는?
샤방~
아, 이거요? 바다에서 주운 거예요.
척
그건 우리 선원이 빠뜨린 거야.

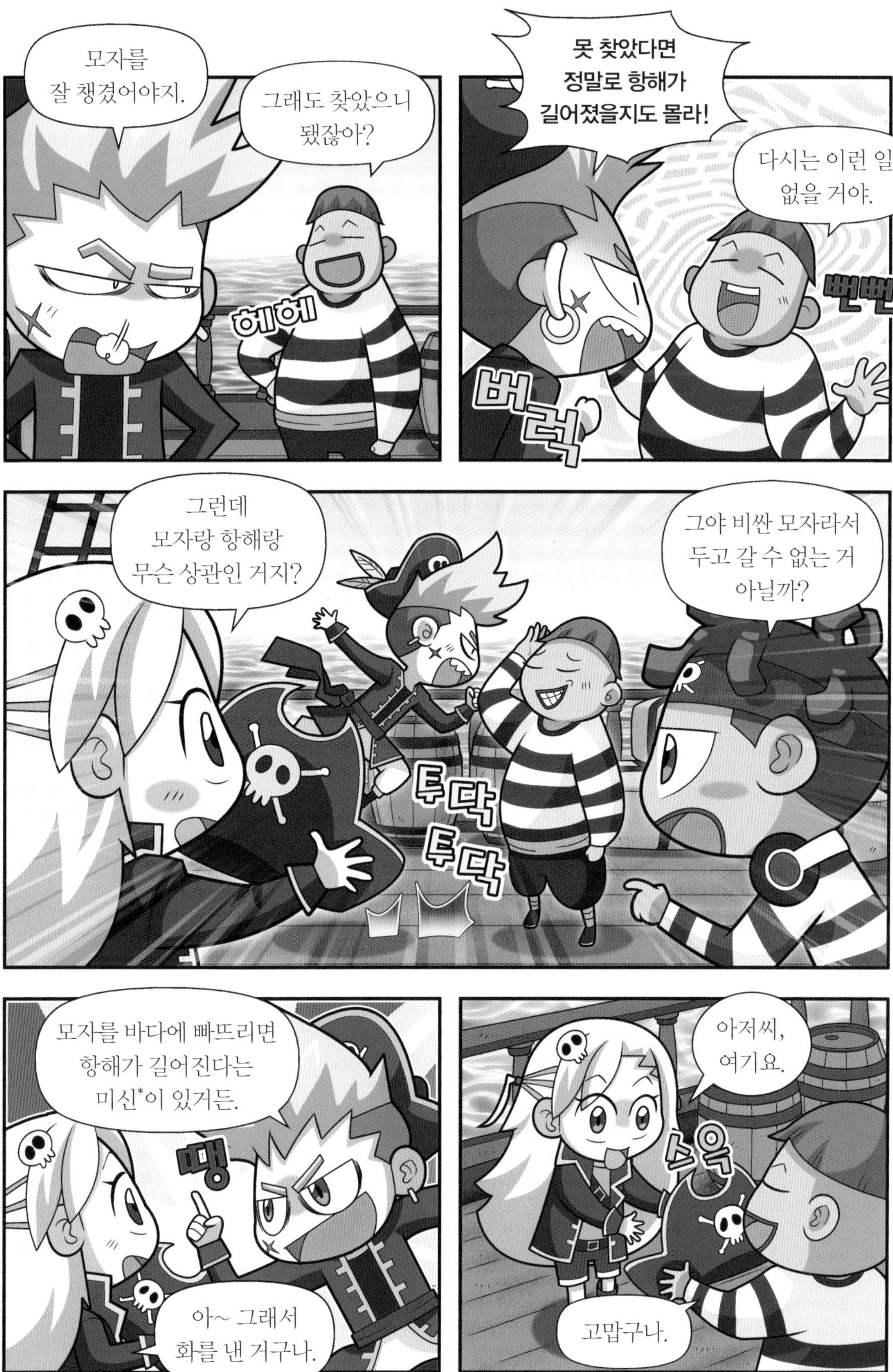
모자를 잘 챙겼어야지.
그래도 찾았으니 됐잖아?
헤헤
못 찾았다면 정말로 항해가 길어졌을지도 몰라!
다시는 이런 일 없을 거야.
뻔뻔
버럭
그런데 모자랑 항해랑 무슨 상관인 거지?
그야 비싼 모자라서 두고 갈 수 없는 거 아닐까?
투닥 투닥
모자를 바다에 빠뜨리면 항해가 길어진다는 미신*이 있거든.
땡
아~ 그래서 화를 낸 거구나.
아저씨, 여기요.
스윽
고맙구나.

* 미신: 비과학적이고 비합리적으로 여겨지는 믿음.

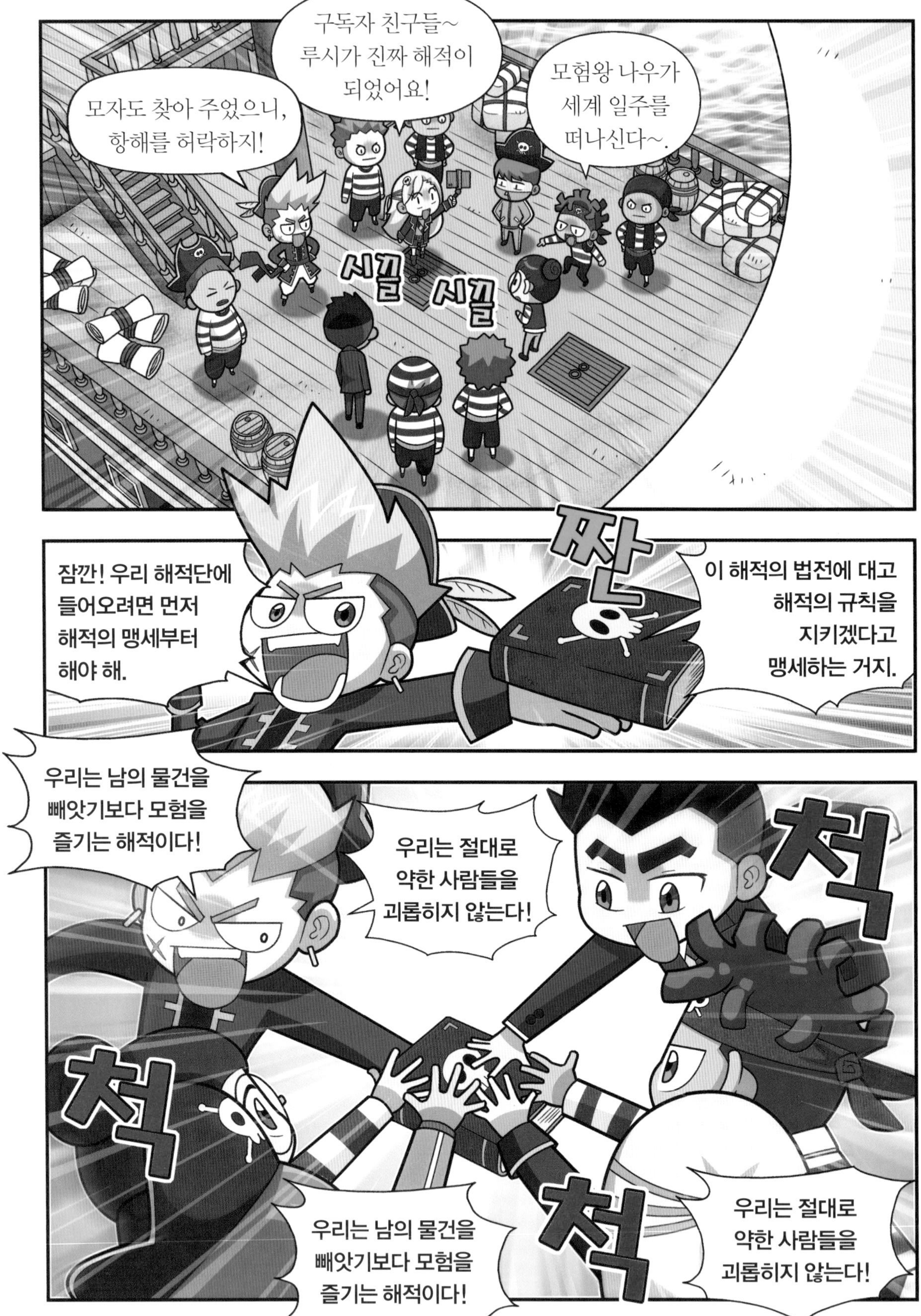

모자도 찾아 주었으니, 항해를 허락하지!
구독자 친구들~ 루시가 진짜 해적이 되었어요!
모험왕 나우가 세계 일주를 떠나신다~.
시끌 시끌
잠깐! 우리 해적단에 들어오려면 먼저 해적의 맹세부터 해야 해.
짠
이 해적의 법전에 대고 해적의 규칙을 지키겠다고 맹세하는 거지.
우리는 남의 물건을 빼앗기보다 모험을 즐기는 해적이다!
우리는 절대로 약한 사람들을 괴롭히지 않는다!
척
척
우리는 남의 물건을 빼앗기보다 모험을 즐기는 해적이다!
척
우리는 절대로 약한 사람들을 괴롭히지 않는다!

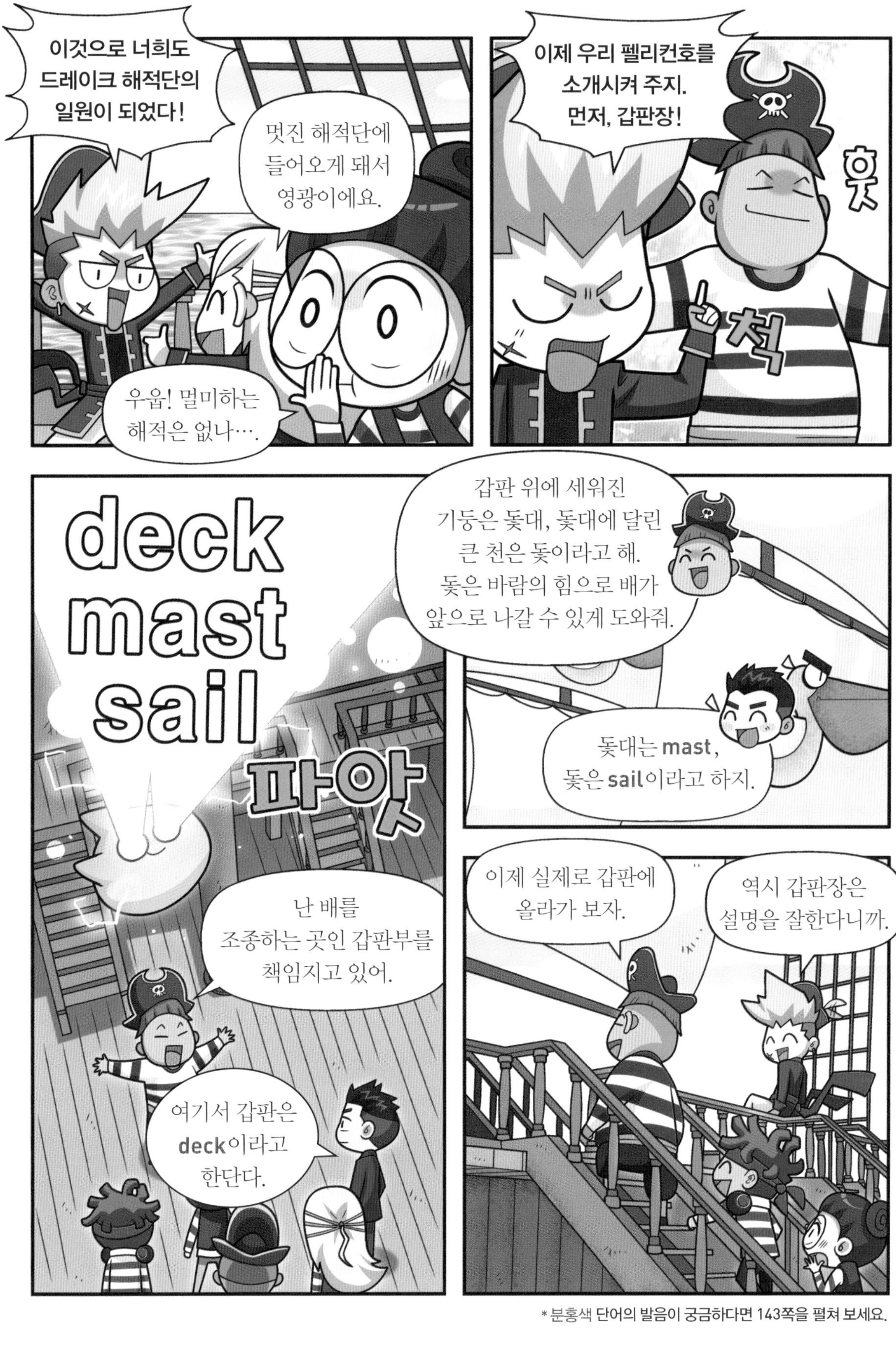
이것으로 너희도 드레이크 해적단의 일원이 되었다!
멋진 해적단에 들어오게 돼서 영광이에요.
우웁! 멀미하는 해적은 없나….
이제 우리 펠리컨호를 소개시켜 주지. 먼저, 갑판장!
훗
척
deck
mast
sail
파앗
난 배를 조종하는 곳인 갑판부를 책임지고 있어.
여기서 갑판은 deck이라고 한단다.
갑판 위에 세워진 기둥은 돛대, 돛대에 달린 큰 천은 돛이라고 해. 돛은 바람의 힘으로 배가 앞으로 나갈 수 있게 도와줘.
돛대는 mast, 돛은 sail이라고 하지.
이제 실제로 갑판에 올라가 보자.
역시 갑판장은 설명을 잘한다니까.

* 분홍색 단어의 발음이 궁금하다면 143쪽을 펼쳐 보세요.

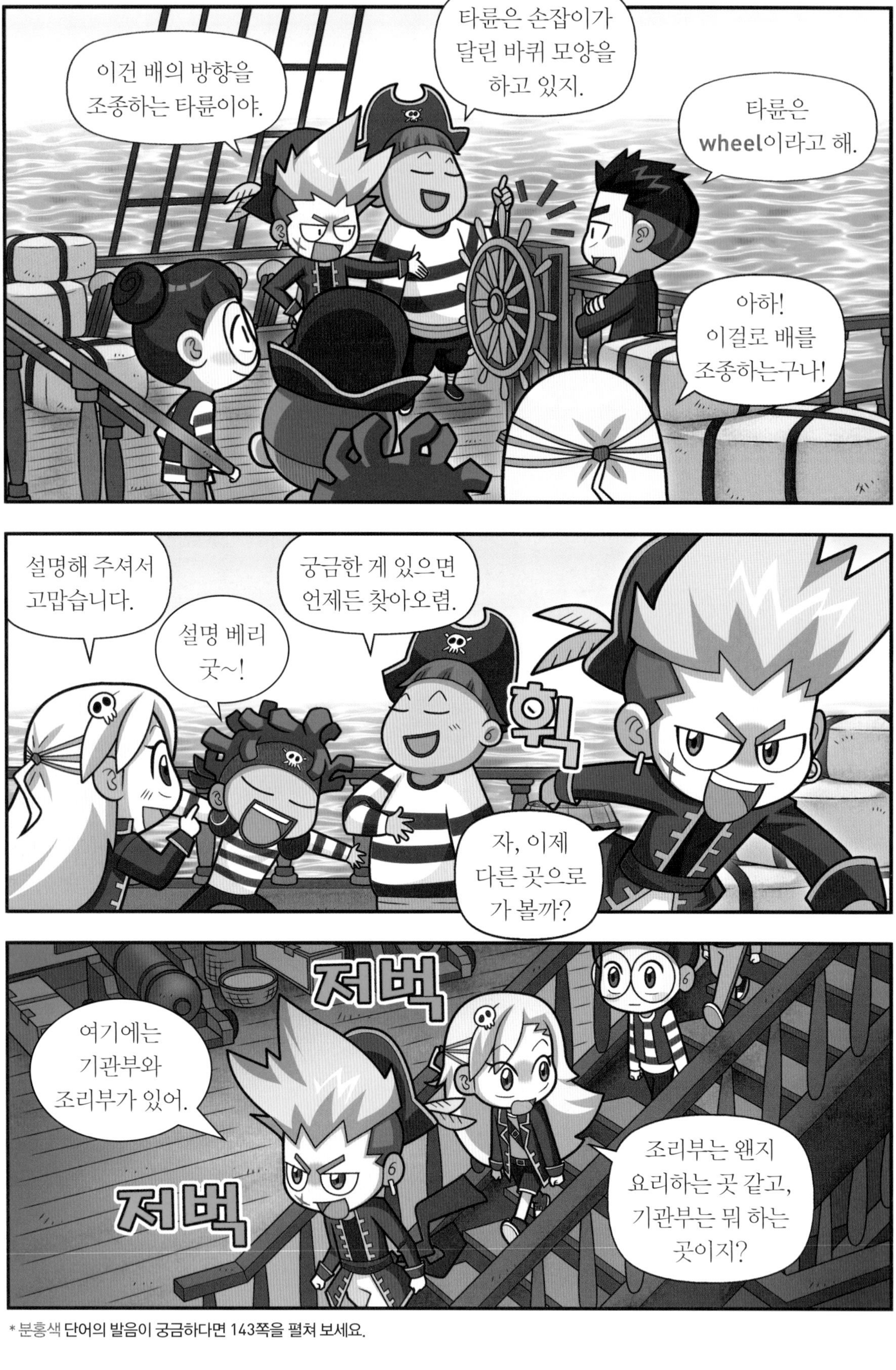
이건 배의 방향을 조종하는 타륜이야.
타륜은 손잡이가 달린 바퀴 모양을 하고 있지.
타륜은 wheel이라고 해.
아하! 이걸로 배를 조종하는구나!
설명해 주셔서 고맙습니다.
설명 베리 굿~!
궁금한 게 있으면 언제든 찾아오렴.
휙
자, 이제 다른 곳으로 가 볼까?
저벅
여기에는 기관부와 조리부가 있어.
저벅
조리부는 왠지 요리하는 곳 같고, 기관부는 뭐 하는 곳이지?

* 분홍색 단어의 발음이 궁금하다면 143쪽을 펼쳐 보세요.

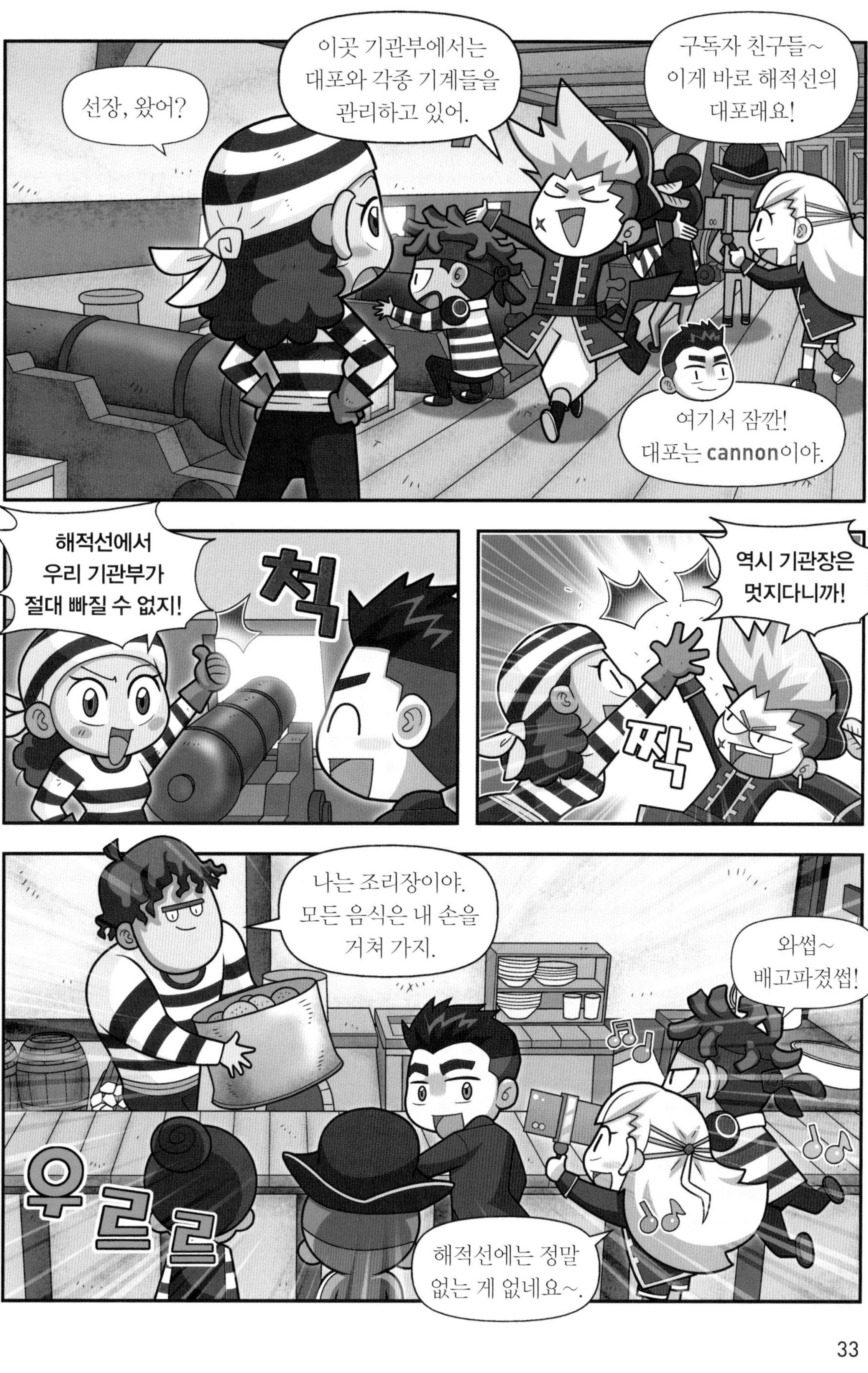
선장, 왔어?
이곳 기관부에서는 대포와 각종 기계들을 관리하고 있어.
구독자 친구들~ 이게 바로 해적선의 대포래요!
여기서 잠깐! 대포는 cannon이야.
해적선에서 우리 기관부가 절대 빠질 수 없지!
척
역시 기관장은 멋지다니까!
짝
나는 조리장이야. 모든 음식은 내 손을 거쳐 가지.
와썹~ 배고파졌썹!
우르르
해적선에는 정말 없는 게 없네요~.

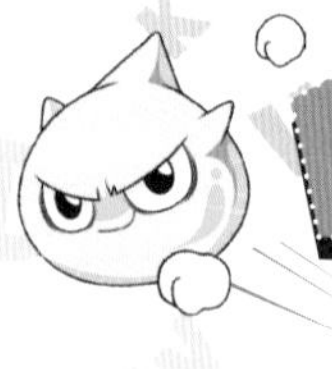

Chapter 2

드레이크 해적단

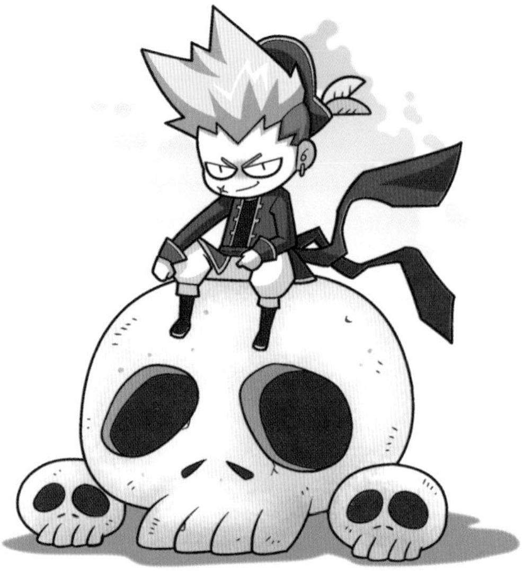

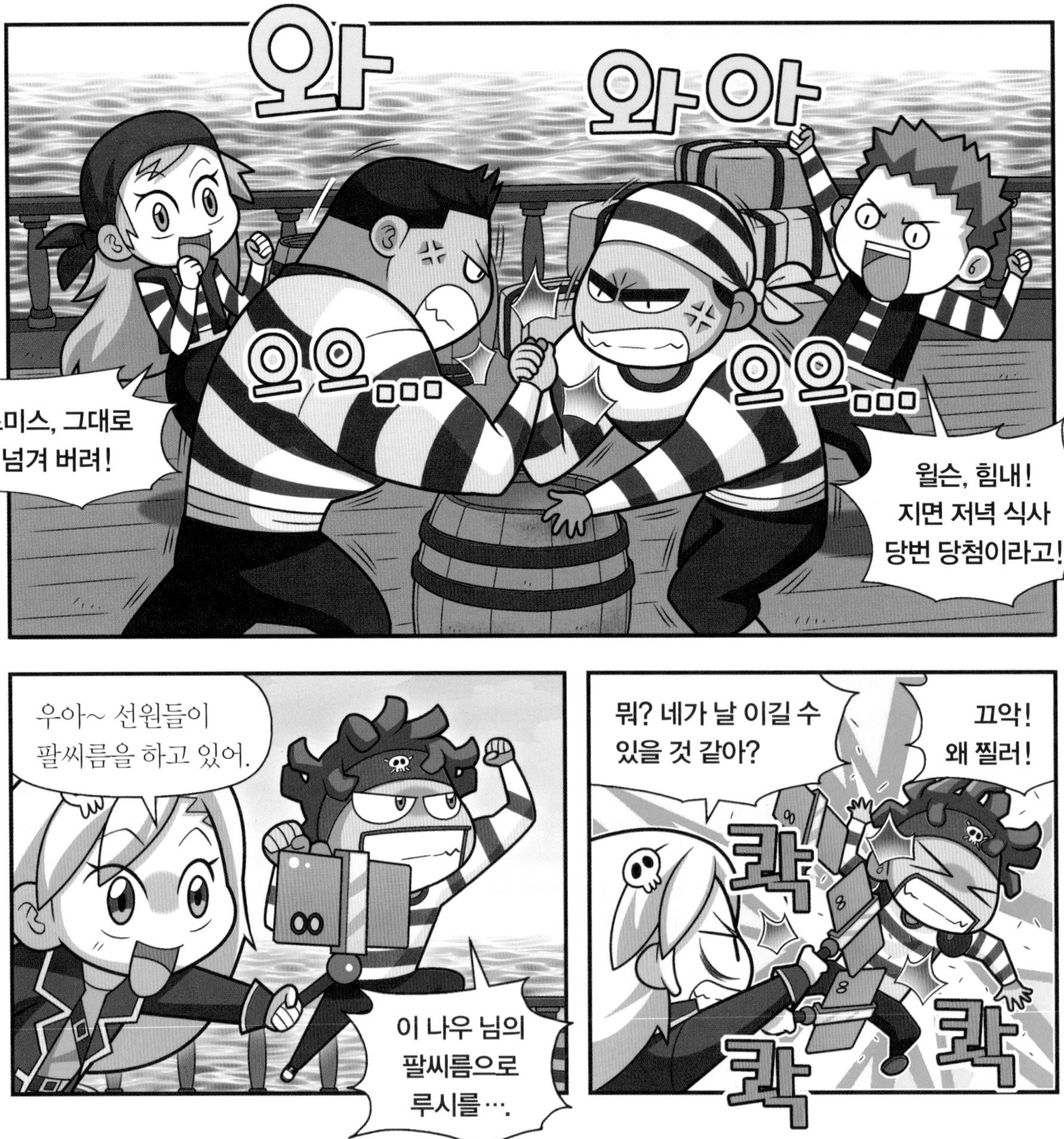

와
와아
으으...
으으...
스미스, 그대로 넘겨 버려!
윌슨, 힘내! 지면 저녁 식사 당번 당첨이라고!
우아~ 선원들이 팔씨름을 하고 있어.
이 나우 님의 팔씨름으로 루시를….
뭐? 네가 날 이길 수 있을 것 같아?
끄악! 왜 찔러!
콱
콱
콱

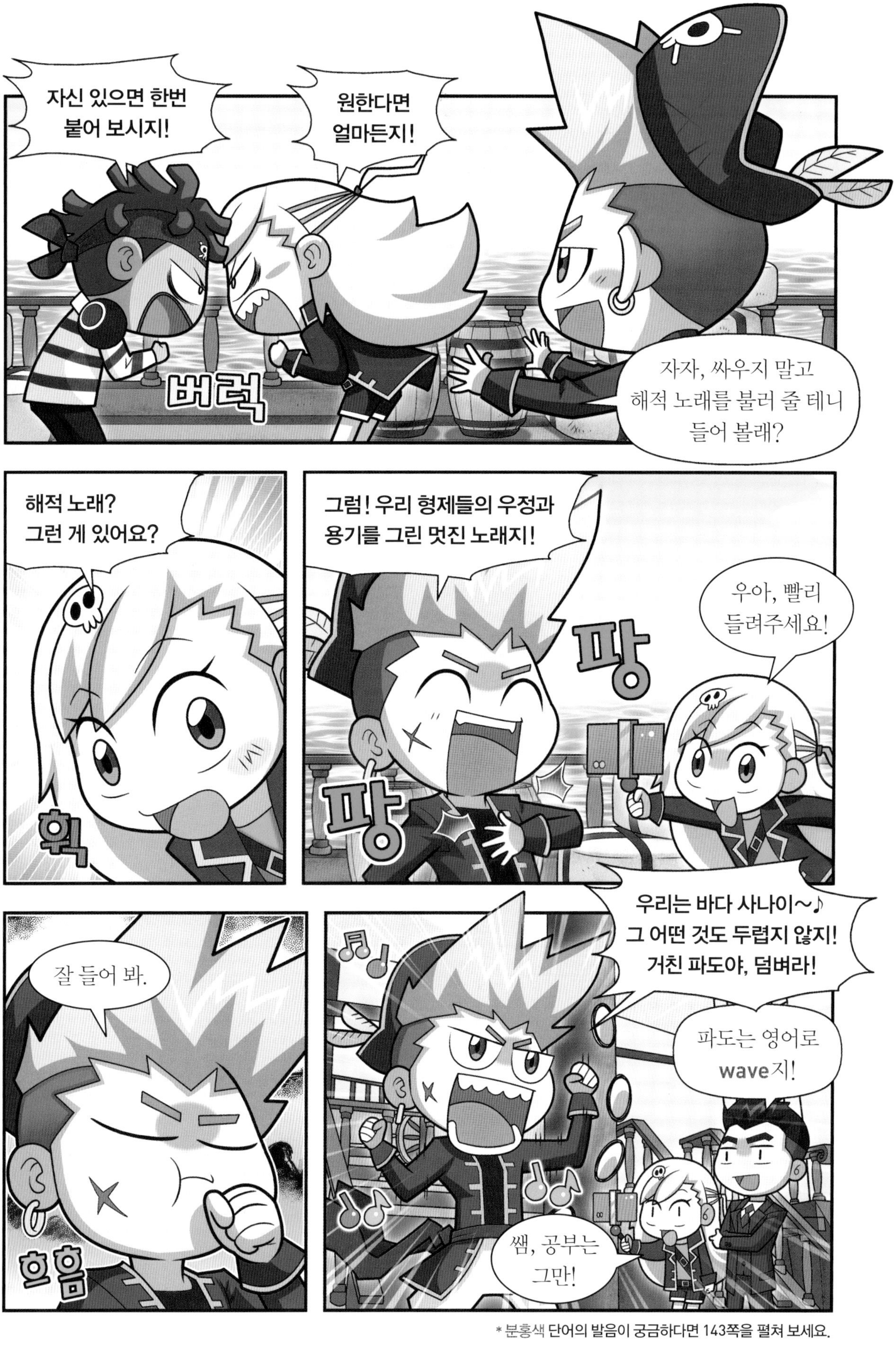
자신 있으면 한번
붙어 보시지!
원한다면
얼마든지!
버럭
자자, 싸우지 말고
해적 노래를 불러 줄 테니
들어 볼래?
해적 노래?
그런 게 있어요?
휙
그럼! 우리 형제들의 우정과
용기를 그린 멋진 노래지!
팡
팡
우아, 빨리
들려주세요!
잘 들어 봐.
흐흠
우리는 바다 사나이~♪
그 어떤 것도 두렵지 않지!
거친 파도야, 덤벼라!
파도는 영어로
wave지!
쌤, 공부는
그만!

* 분홍색 단어의 발음이 궁금하다면 143쪽을 펼쳐 보세요.

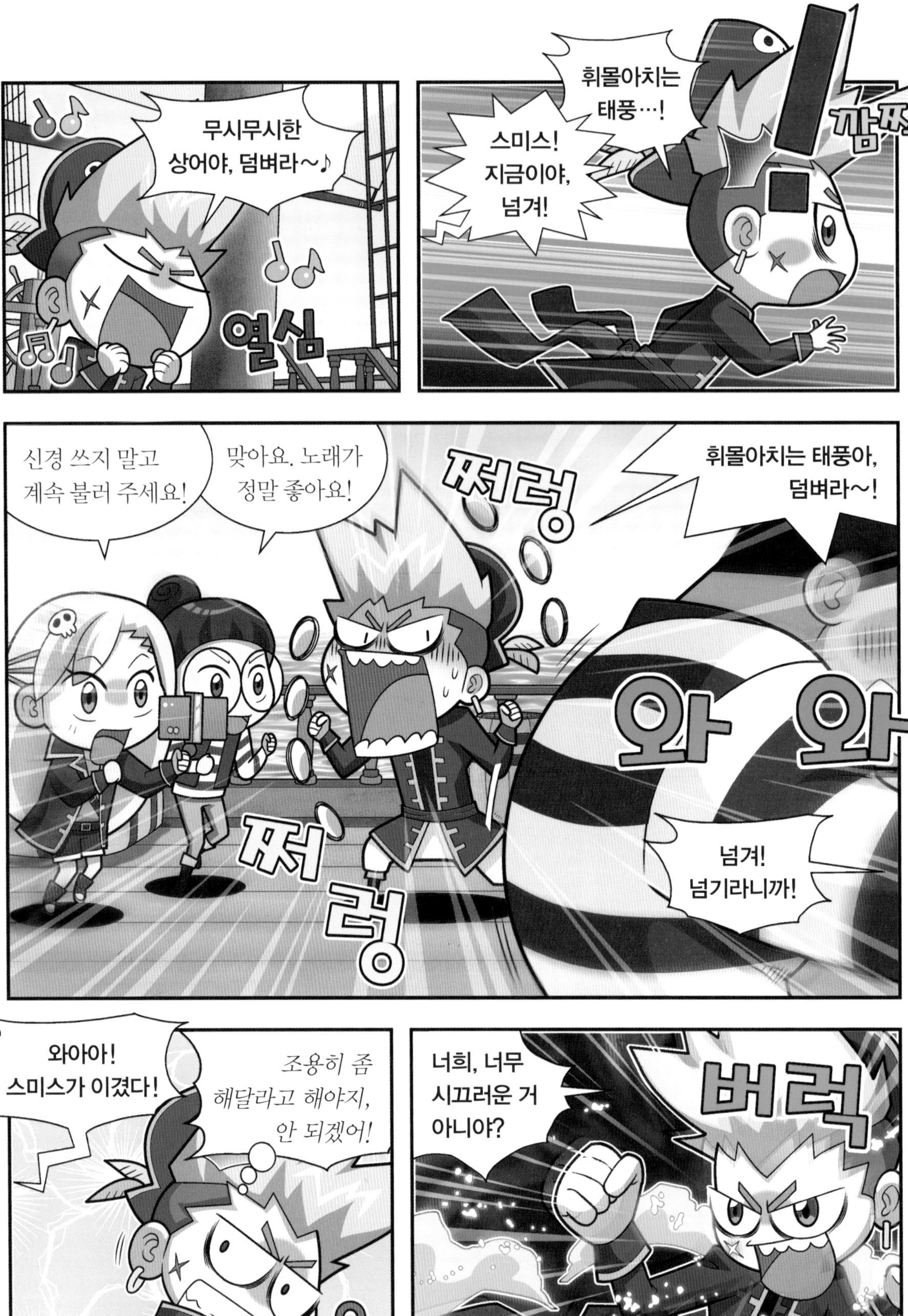

무시무시한 상어야, 덤벼라~♪
열심
휘몰아치는 태풍…!
스미스! 지금이야, 넘겨!
깜짝
신경 쓰지 말고 계속 불러 주세요!
맞아요. 노래가 정말 좋아요!
쩌렁
휘몰아치는 태풍아, 덤벼라~!
와 와
쩌렁
넘겨! 넘기라니까!
와아아! 스미스가 이겼다!
조용히 좀 해달라고 해야지, 안 되겠어!
욱
너희, 너무 시끄러운 거 아니야?
버럭

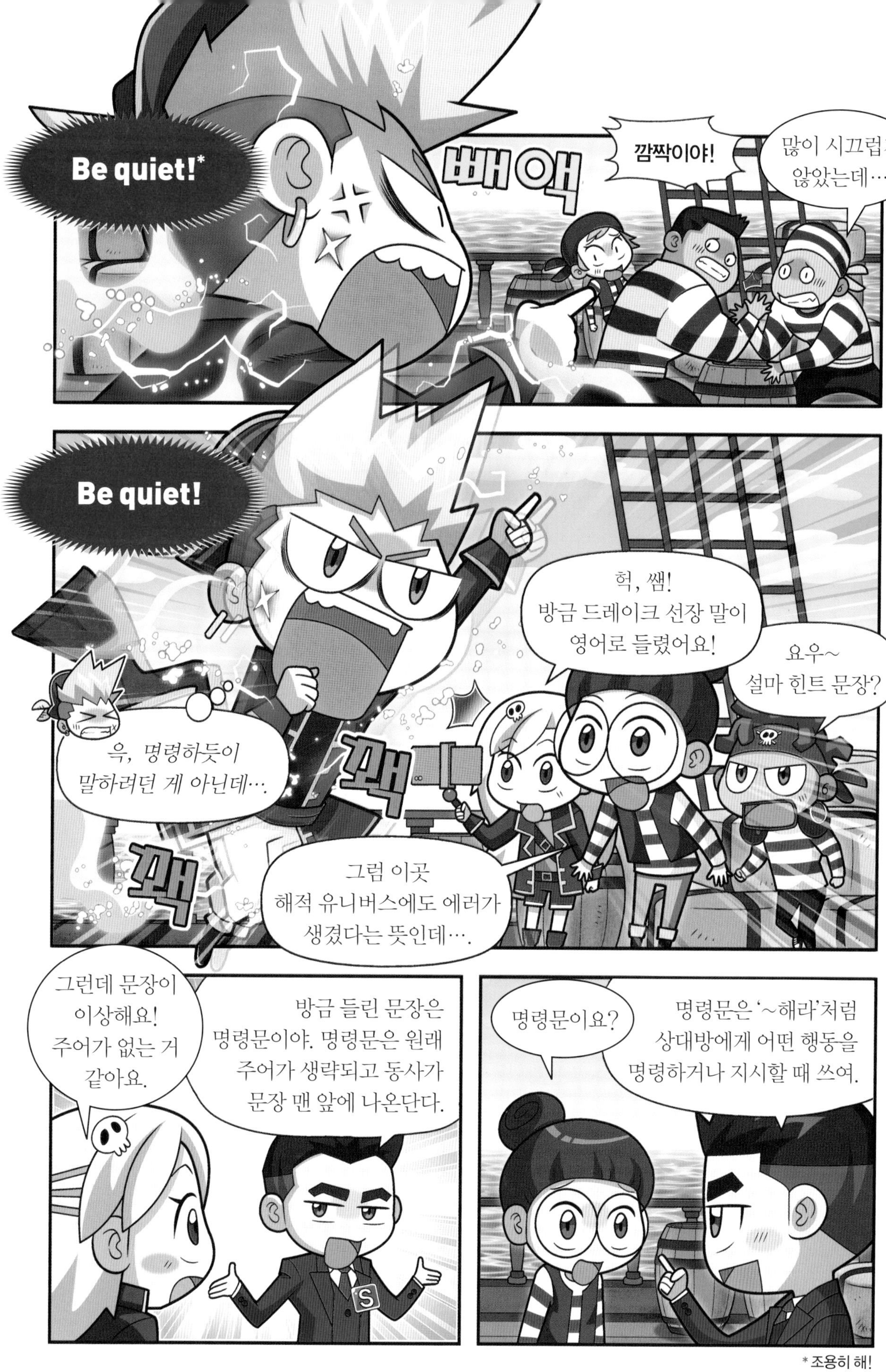

Be quiet!*
빼액
깜짝이야!
많이 시끄럽지 않았는데….
Be quiet!
헉, 쌤! 방금 드레이크 선장 말이 영어로 들렸어요!
요우~ 설마 힌트 문장?
윽, 명령하듯이 말하려던 게 아닌데….
꽥
꽥
그럼 이곳 해적 유니버스에도 에러가 생겼다는 뜻인데….
그런데 문장이 이상해요! 주어가 없는 거 같아요.
방금 들린 문장은 명령문이야. 명령문은 원래 주어가 생략되고 동사가 문장 맨 앞에 나온단다.
명령문이요?
명령문은 '~해라'처럼 상대방에게 어떤 행동을 명령하거나 지시할 때 쓰여.

* 조용히 해!

* 이시원 선생님이 직접 가르쳐 주는 강의를 확인하고 싶다면 145쪽을 펼쳐 보세요.

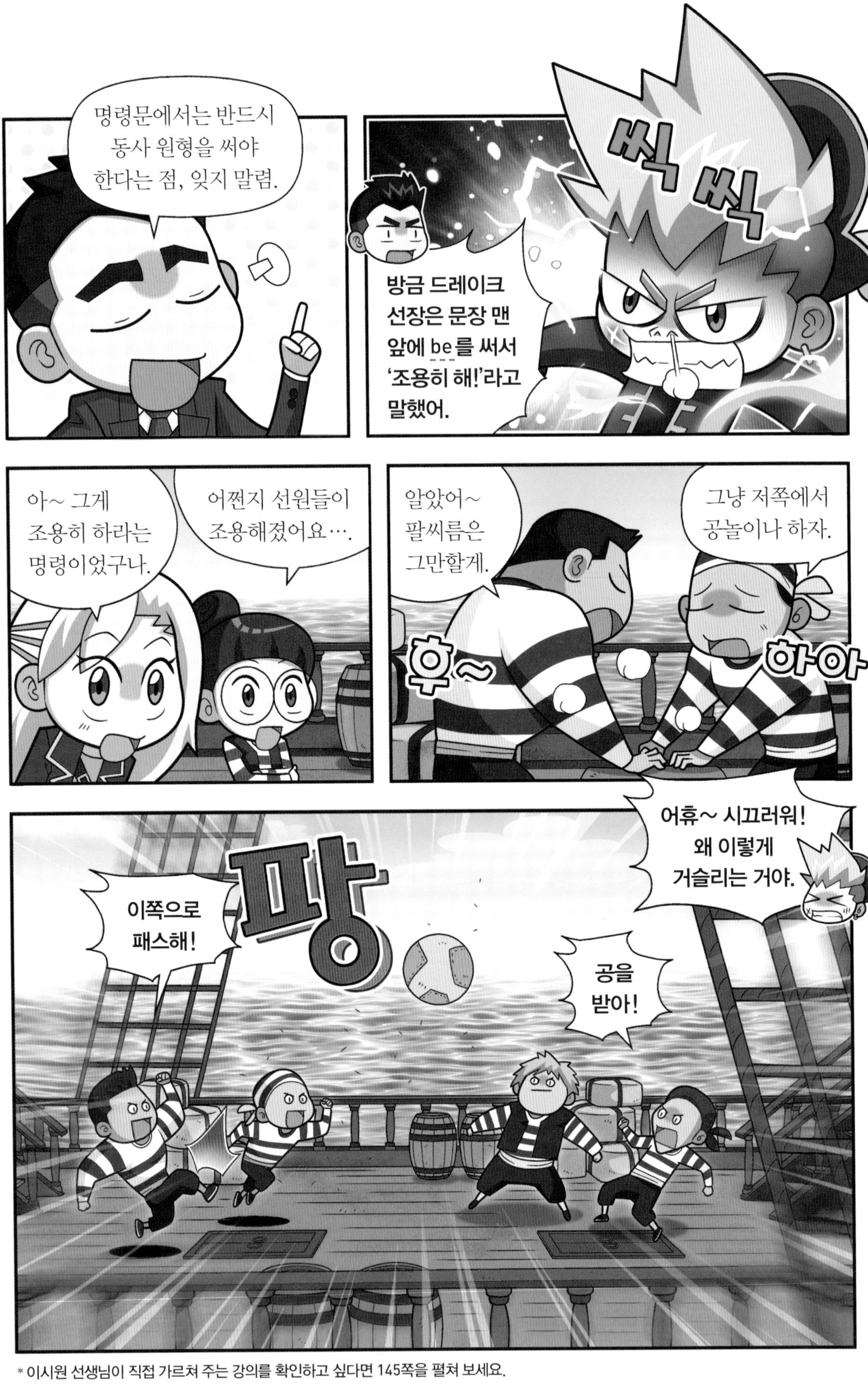
명령문에서는 반드시 동사 원형을 써야 한다는 점, 잊지 말렴.
씩씩
방금 드레이크 선장은 문장 맨 앞에 be를 써서 '조용히 해!'라고 말했어.
아~ 그게 조용히 하라는 명령이었구나.
어쩐지 선원들이 조용해졌어요….
알았어~ 팔씨름은 그만할게.
그냥 저쪽에서 공놀이나 하자.
후~
하아
어휴~ 시끄러워! 왜 이렇게 거슬리는 거야.
팡
이쪽으로 패스해!
공을 받아!

* 이시원 선생님이 직접 가르쳐 주는 강의를 확인하고 싶다면 145쪽을 펼쳐 보세요.

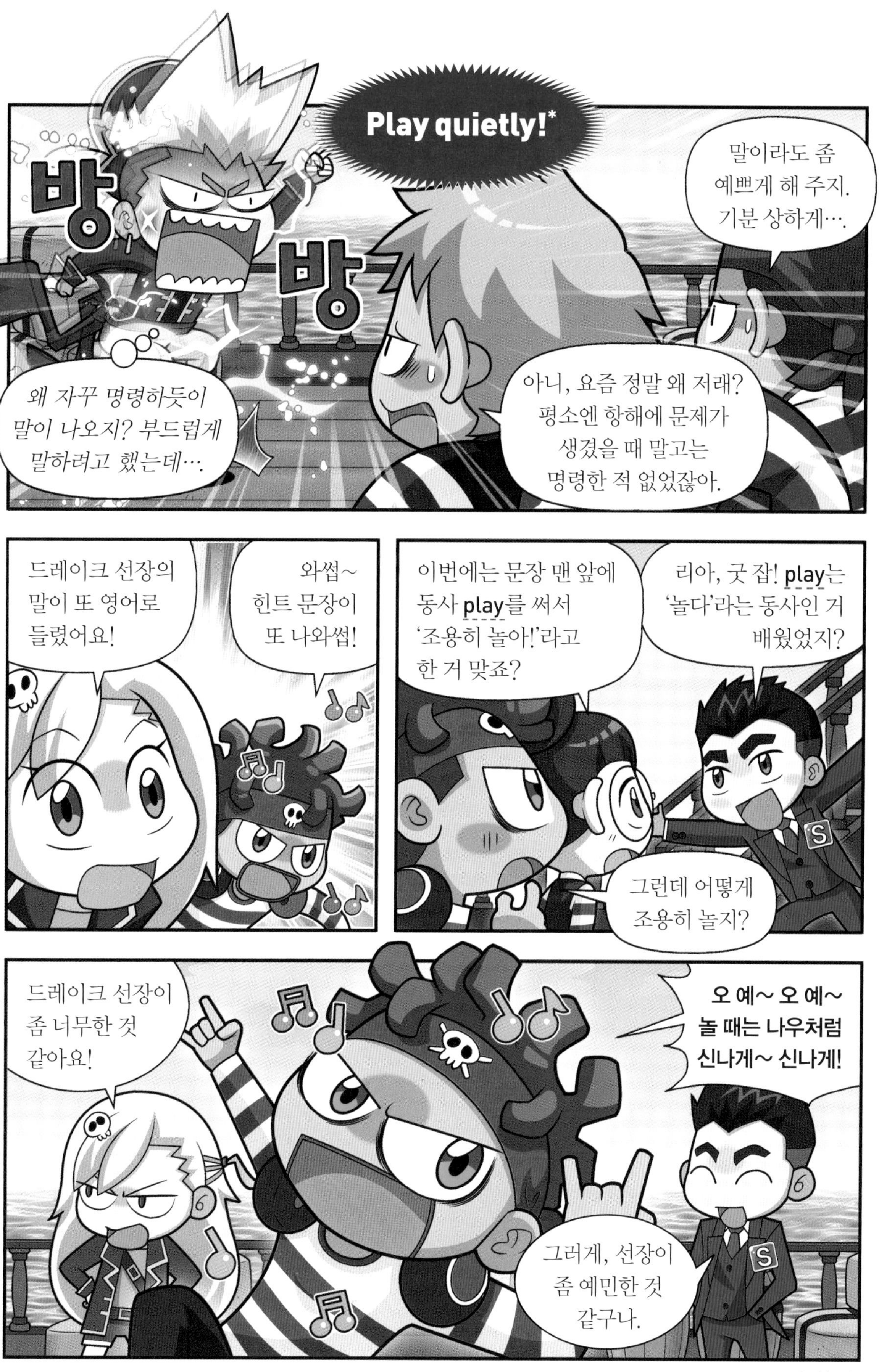

방
방
Play quietly!*
말이라도 좀 예쁘게 해 주지. 기분 상하게….
왜 자꾸 명령하듯이 말이 나오지? 부드럽게 말하려고 했는데….
아니, 요즘 정말 왜 저래? 평소엔 항해에 문제가 생겼을 때 말고는 명령한 적 없었잖아.
드레이크 선장의 말이 또 영어로 들렸어요!
와썹~ 힌트 문장이 또 나와썹!
이번에는 문장 맨 앞에 동사 play를 써서 '조용히 놀아!'라고 한 거 맞죠?
리아, 굿 잡! play는 '놀다'라는 동사인 거 배웠었지?
그런데 어떻게 조용히 놀지?
드레이크 선장이 좀 너무한 것 같아요!
오 예~ 오 예~ 놀 때는 나우처럼 신나게~ 신나게!
그러게, 선장이 좀 예민한 것 같구나.

* 조용히 놀아!

* 이시원 선생님이 직접 가르쳐 주는 강의를 확인하고 싶다면 145쪽을 펼쳐 보세요.

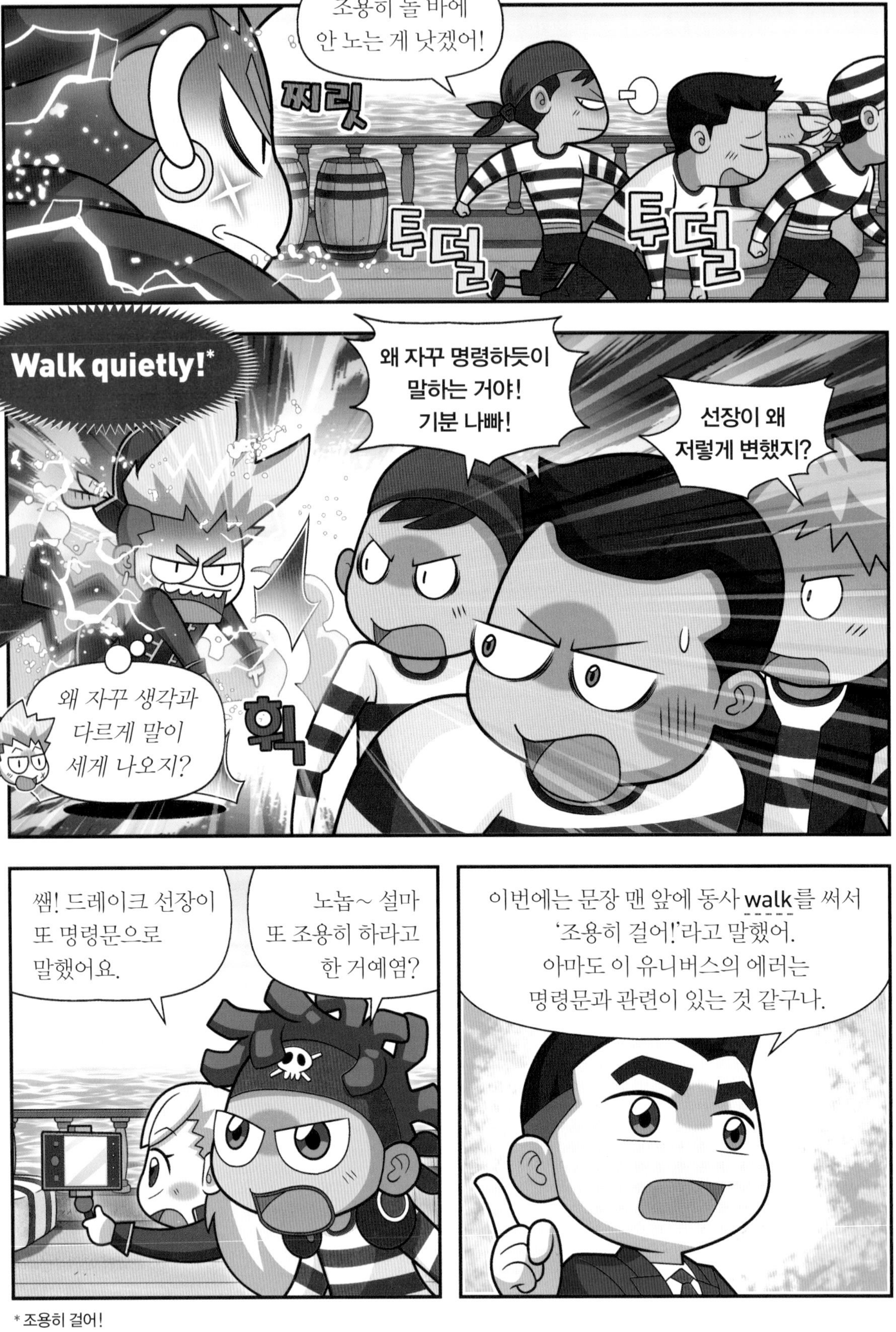
조용히 놀 바에
안 노는 게 낫겠어!
찌릿
투덜
투덜
Walk quietly!*
왜 자꾸 명령하듯이
말하는 거야!
기분 나빠!
선장이 왜
저렇게 변했지?
왜 자꾸 생각과
다르게 말이
세게 나오지?
휙
쌤! 드레이크 선장이
또 명령문으로
말했어요.
노놉~ 설마
또 조용히 하라고
한 거예염?
이번에는 문장 맨 앞에 동사 walk를 써서
'조용히 걸어!'라고 말했어.
아마도 이 유니버스의 에러는
명령문과 관련이 있는 것 같구나.

* 조용히 걸어!

* 이시원 선생님이 직접 가르쳐 주는 강의를 확인하고 싶다면 145쪽을 펼쳐 보세요.

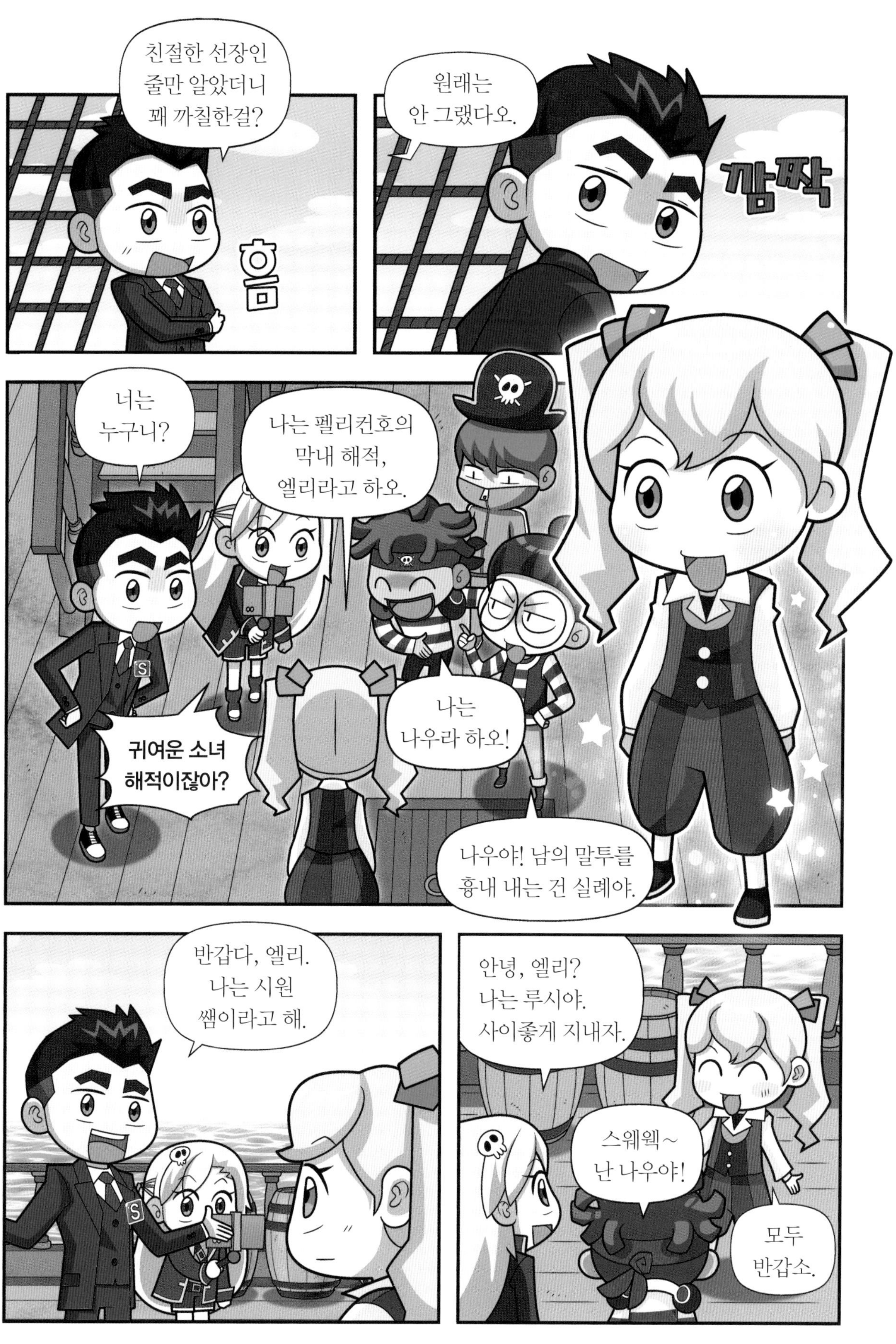
친절한 선장인 줄만 알았더니 꽤 까칠한걸?
흠
원래는 안 그랬다오.
깜짝
너는 누구니?
나는 펠리컨호의 막내 해적, 엘리라고 하오.
귀여운 소녀 해적이잖아?
나는 나우라 하오!
나우야! 남의 말투를 흉내 내는 건 실례야.
반갑다, 엘리. 나는 시원 쌤이라고 해.
안녕, 엘리? 나는 루시야. 사이좋게 지내자.
스웨웩~ 난 나우야!
모두 반갑소.

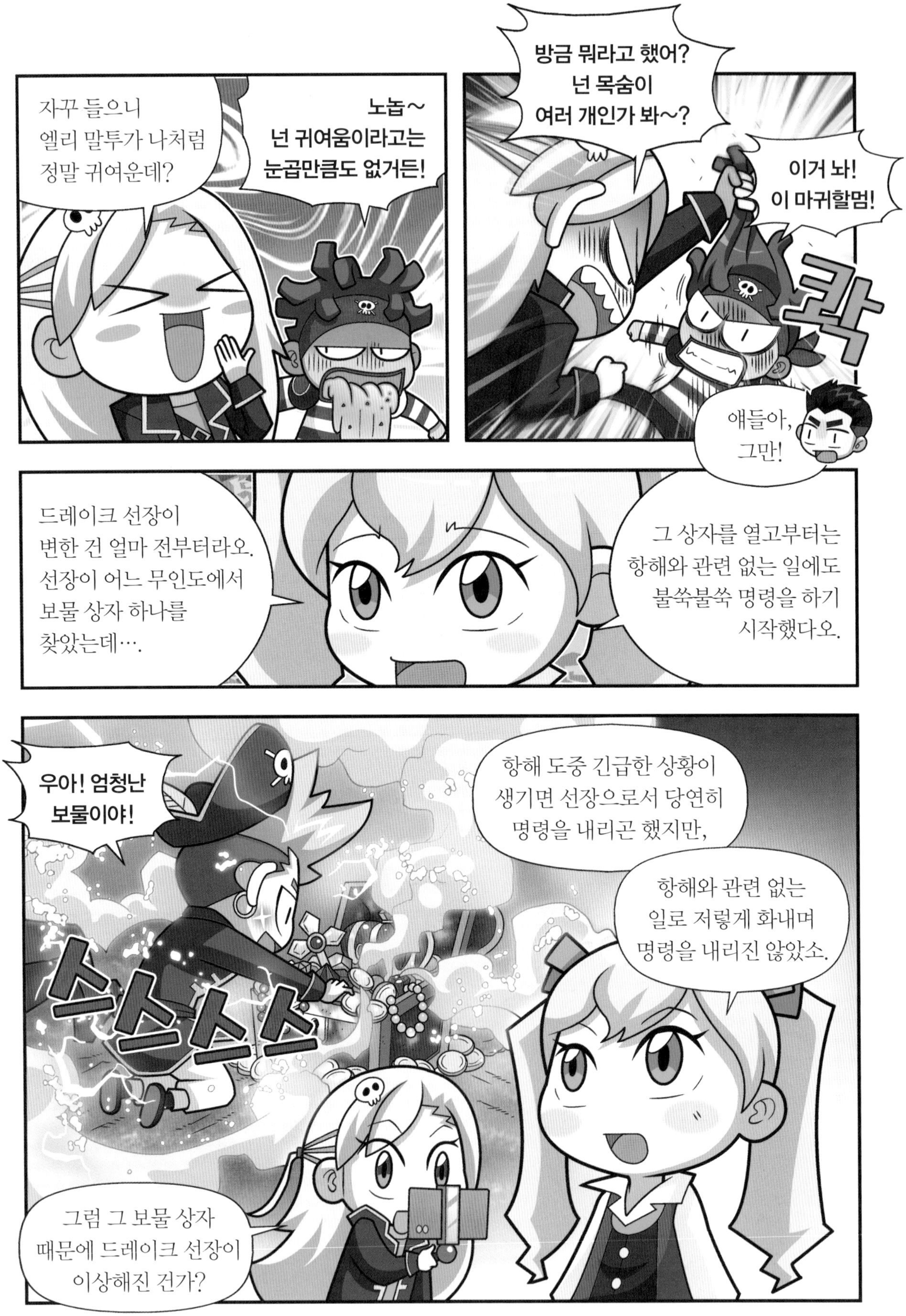
자꾸 들으니 엘리 말투가 나처럼 정말 귀여운데?
노놉~ 넌 귀여움이라고는 눈곱만큼도 없거든!
방금 뭐라고 했어? 넌 목숨이 여러 개인가 봐~?
이거 놔! 이 마귀할멈!
콱
애들아, 그만!
드레이크 선장이 변한 건 얼마 전부터라오. 선장이 어느 무인도에서 보물 상자 하나를 찾았는데….
그 상자를 열고부터는 항해와 관련 없는 일에도 불쑥불쑥 명령을 하기 시작했다오.
우아! 엄청난 보물이야!
스스스스
항해 도중 긴급한 상황이 생기면 선장으로서 당연히 명령을 내리곤 했지만,
항해와 관련 없는 일로 저렇게 화내며 명령을 내리진 않았소.
그럼 그 보물 상자 때문에 드레이크 선장이 이상해진 건가?

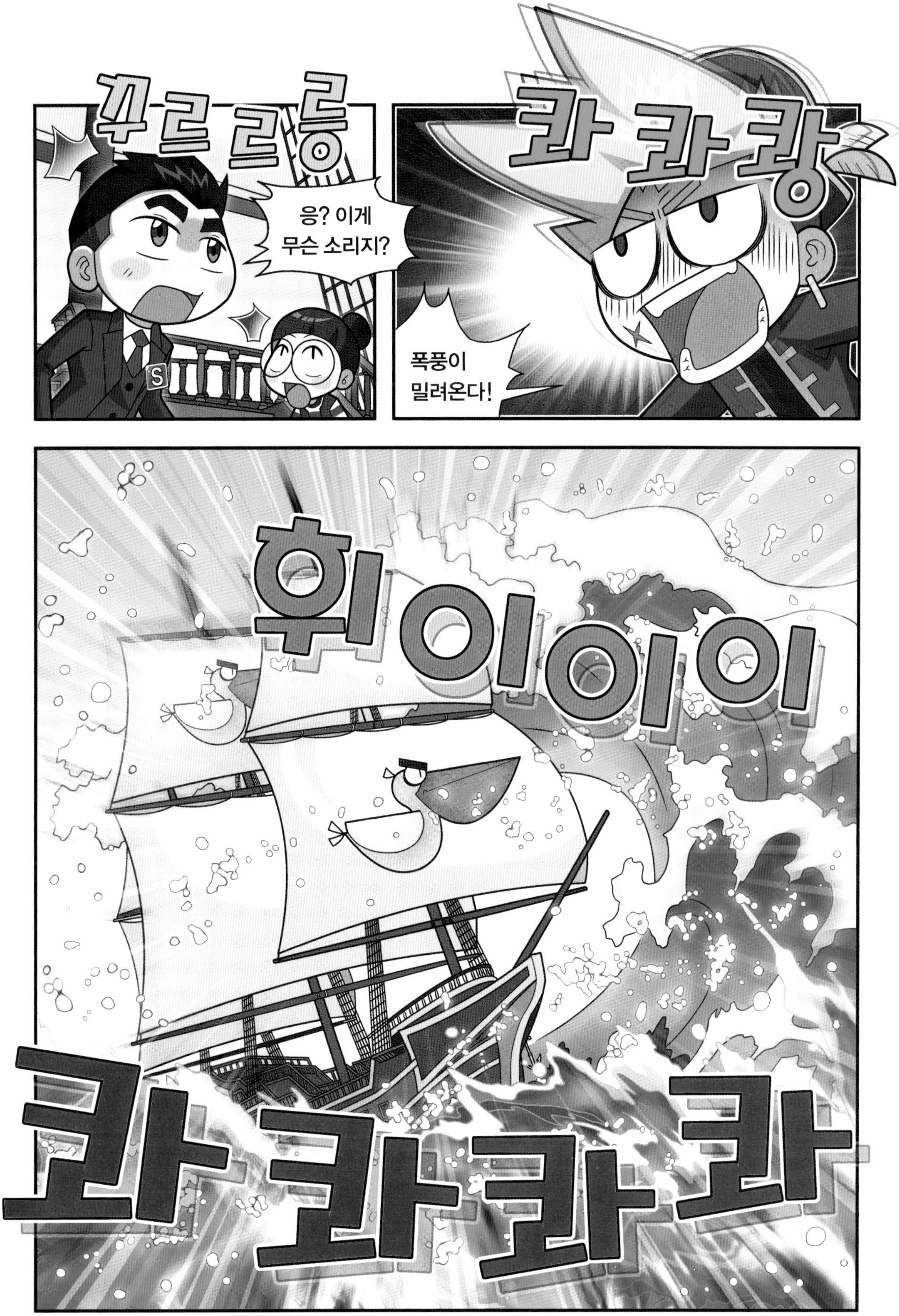
꾸르르릉
응? 이게
무슨 소리지?
콰콰쾅
폭풍이
밀려온다!
휘이이이이
콰콰콰콰

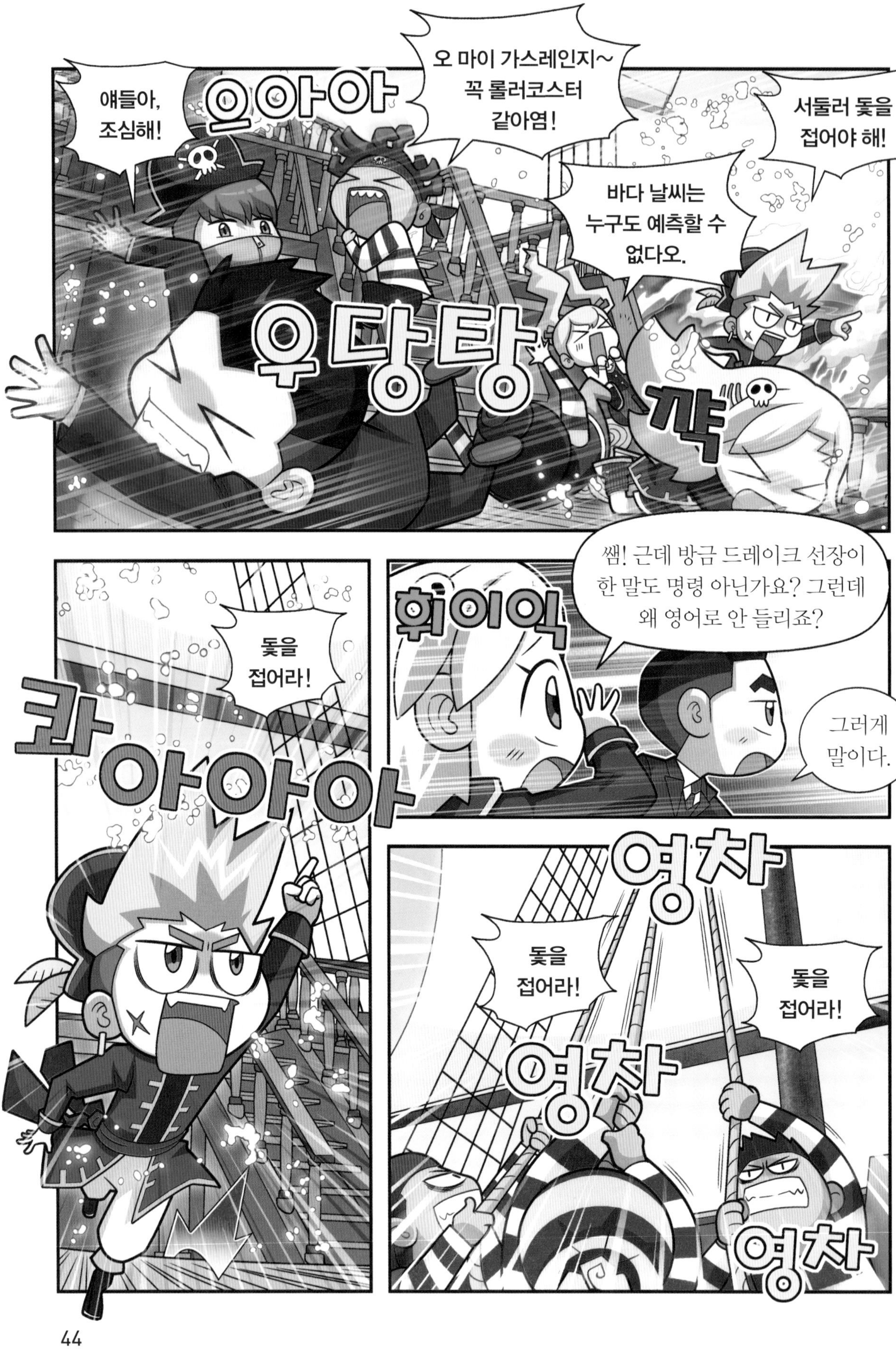
얘들아,
조심해!
오아아
오 마이 가스레인지~
꼭 롤러코스터
같아염!
서둘러 돛을
접어야 해!
바다 날씨는
누구도 예측할 수
없다오.
우당탕
꺅
돛을
접어라!
콰아아아
휘이익
쌤! 근데 방금 드레이크 선장이
한 말도 명령 아닌가요? 그런데
왜 영어로 안 들리죠?
그러게
말이다.
영차
돛을
접어라!
돛을
접어라!
영차
영차

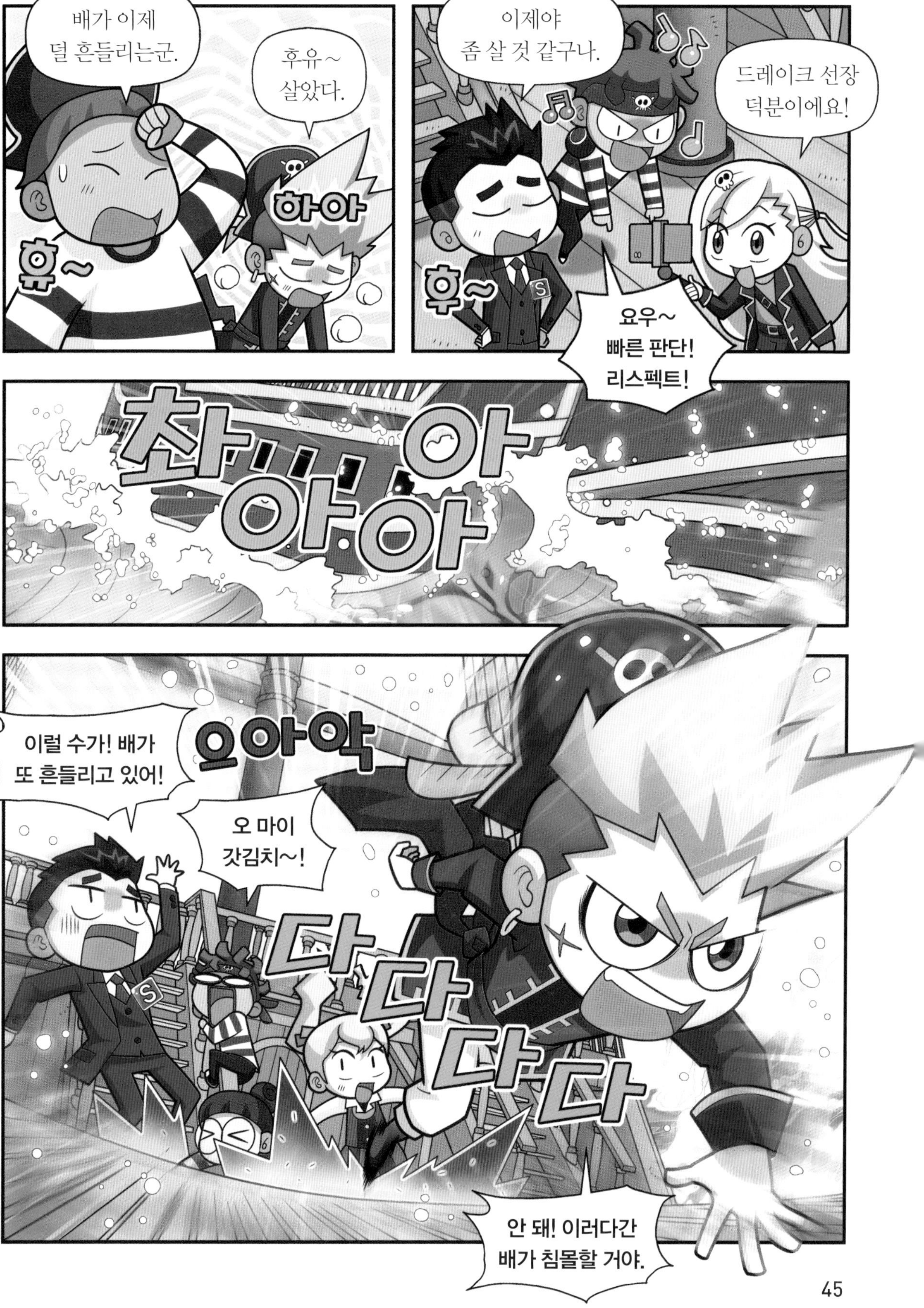

배가 이제 덜 흔들리는군.
후유~ 살았다.
휴~
하아
이제야 좀 살 것 같구나.
드레이크 선장 덕분이에요!
후~
요우~ 빠른 판단! 리스펙트!
촤아아아
이럴 수가! 배가 또 흔들리고 있어!
으아악
오 마이 갓김치~!
다다다다
안 돼! 이러다간 배가 침몰할 거야.

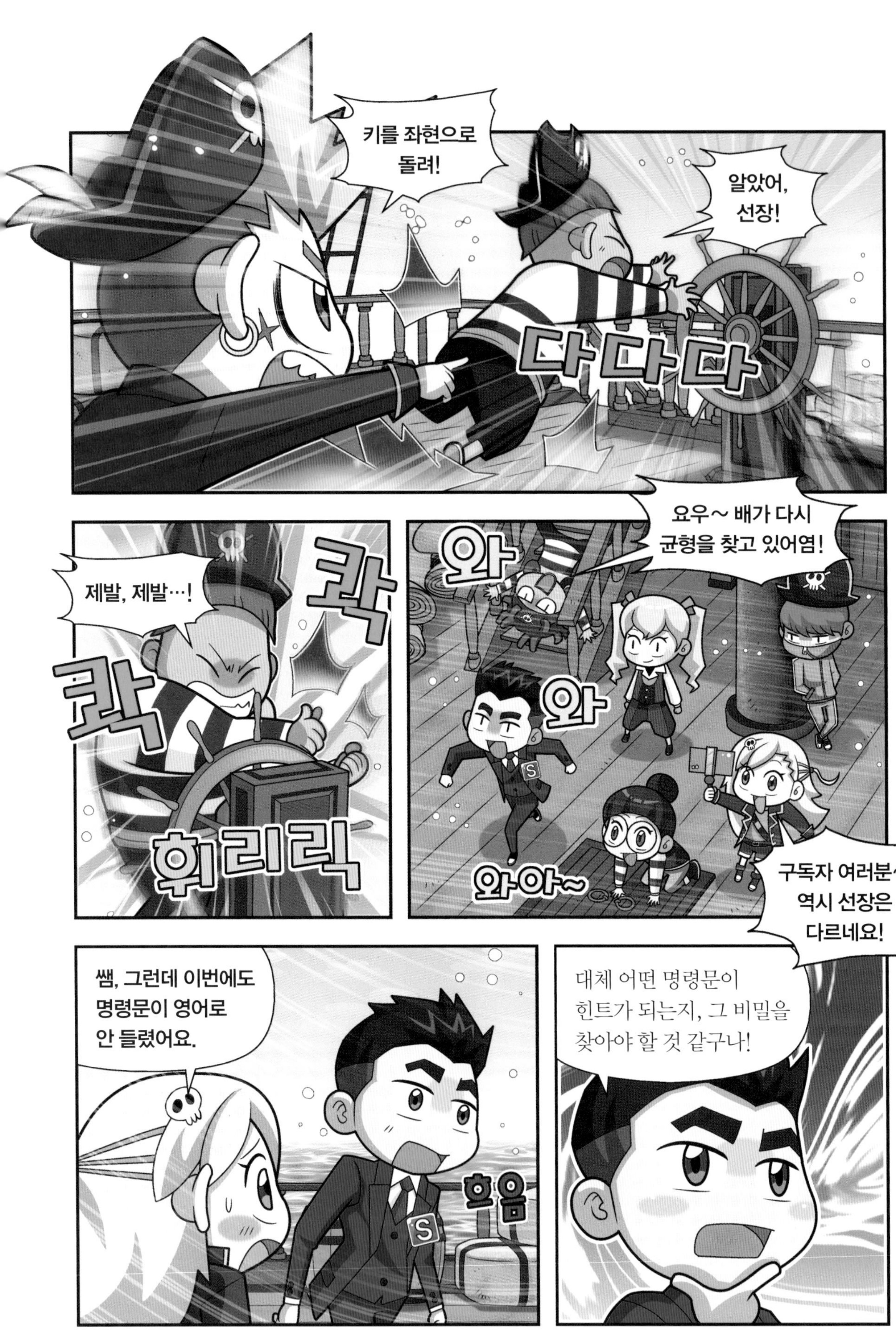
키를 좌현으로 돌려!
알았어, 선장!
다다다
제발, 제발…!
콰악
콰악
휘리릭
요우~ 배가 다시 균형을 찾고 있어염!
와
와
와아~
구독자 여러분~ 역시 선장은 다르네요!
쌤, 그런데 이번에도 명령문이 영어로 안 들렸어요.
흐음
대체 어떤 명령문이 힌트가 되는지, 그 비밀을 찾아야 할 것 같구나!

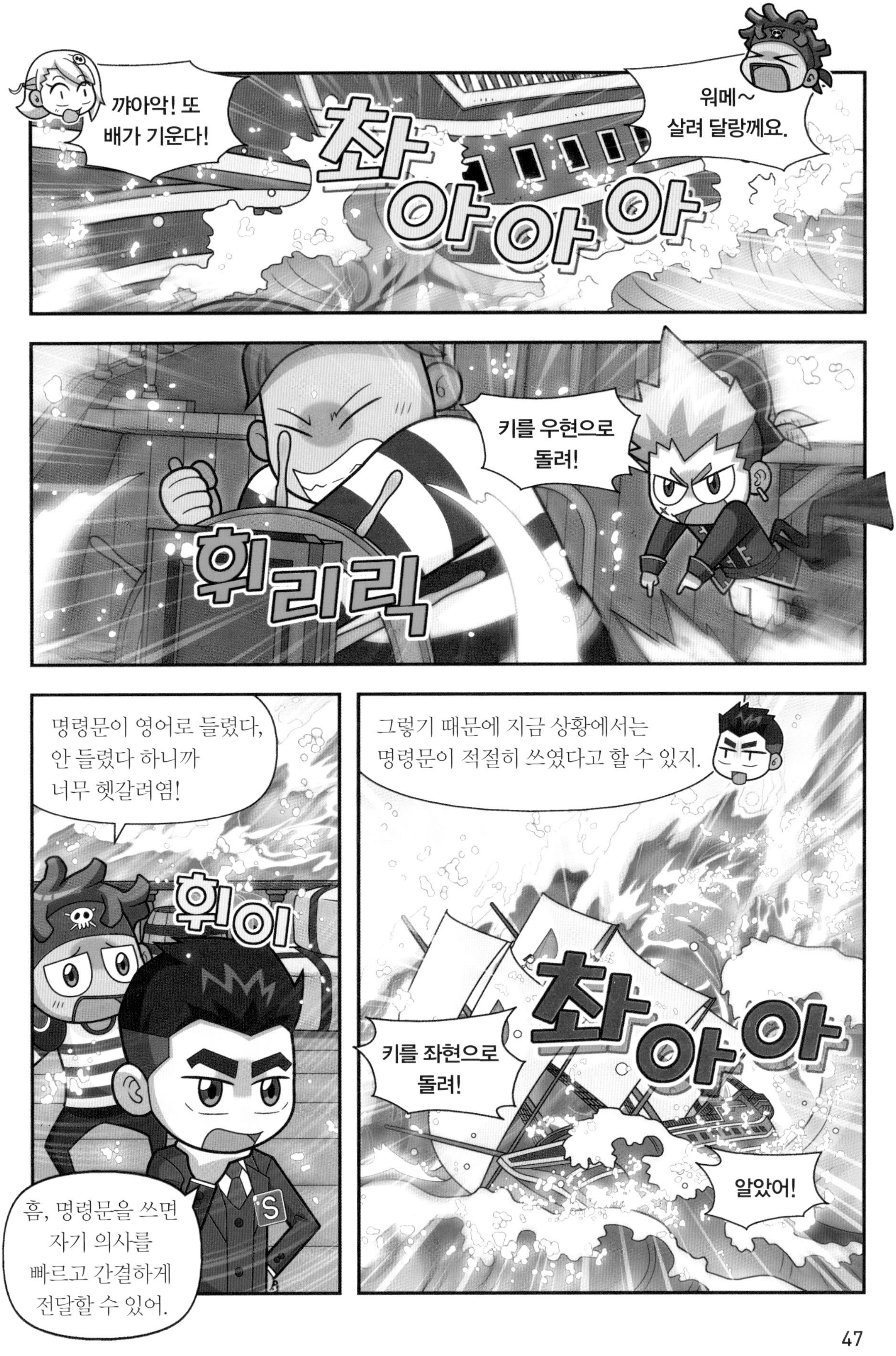

꺄아악! 또
배가 기운다!
워메~
살려 달랑께요.
촤아아아
키를 우현으로
돌려!
휘리릭
명령문이 영어로 들렸다,
안 들렸다 하니까
너무 헷갈려염!
휘이
흠, 명령문을 쓰면
자기 의사를
빠르고 간결하게
전달할 수 있어.
그렇기 때문에 지금 상황에서는
명령문이 적절히 쓰였다고 할 수 있지.
키를 좌현으로
돌려!
촤아아
알았어!

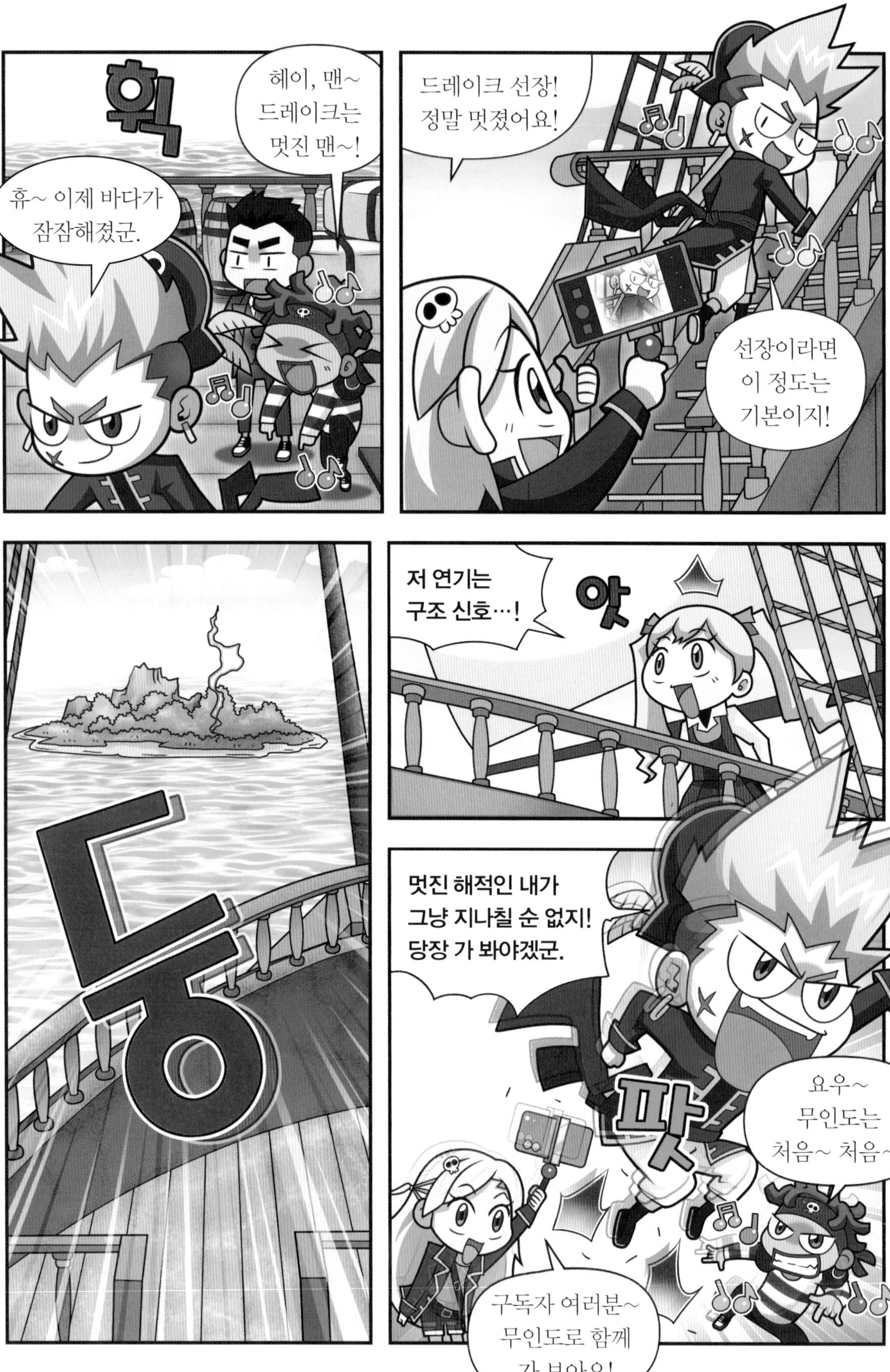
휙
휴~ 이제 바다가 잠잠해졌군.
헤이, 맨~ 드레이크는 멋진 맨~!
드레이크 선장! 정말 멋졌어요!
선장이라면 이 정도는 기본이지!
둥
앗
저 연기는 구조 신호…!
멋진 해적인 내가 그냥 지나칠 순 없지! 당장 가 봐야겠군.
팟
요우~ 무인도는 처음~ 처음~!
구독자 여러분~ 무인도로 함께 가 보아요!

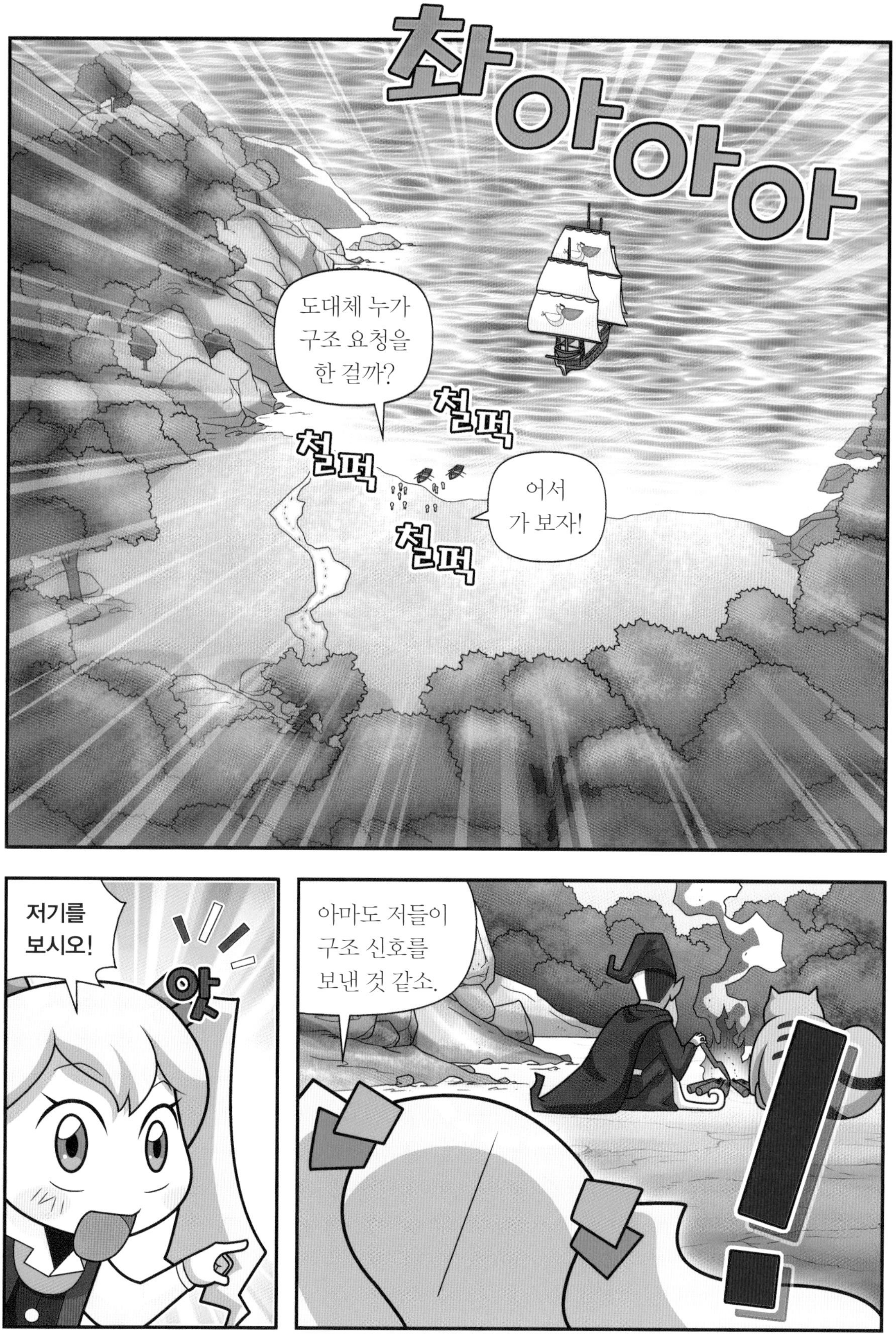
차아아아
도대체 누가 구조 요청을 한 걸까?
철퍽
철퍽
철퍽
어서 가 보자!
저기를 보시오!
앗
아마도 저들이 구조 신호를 보낸 것 같소.
!

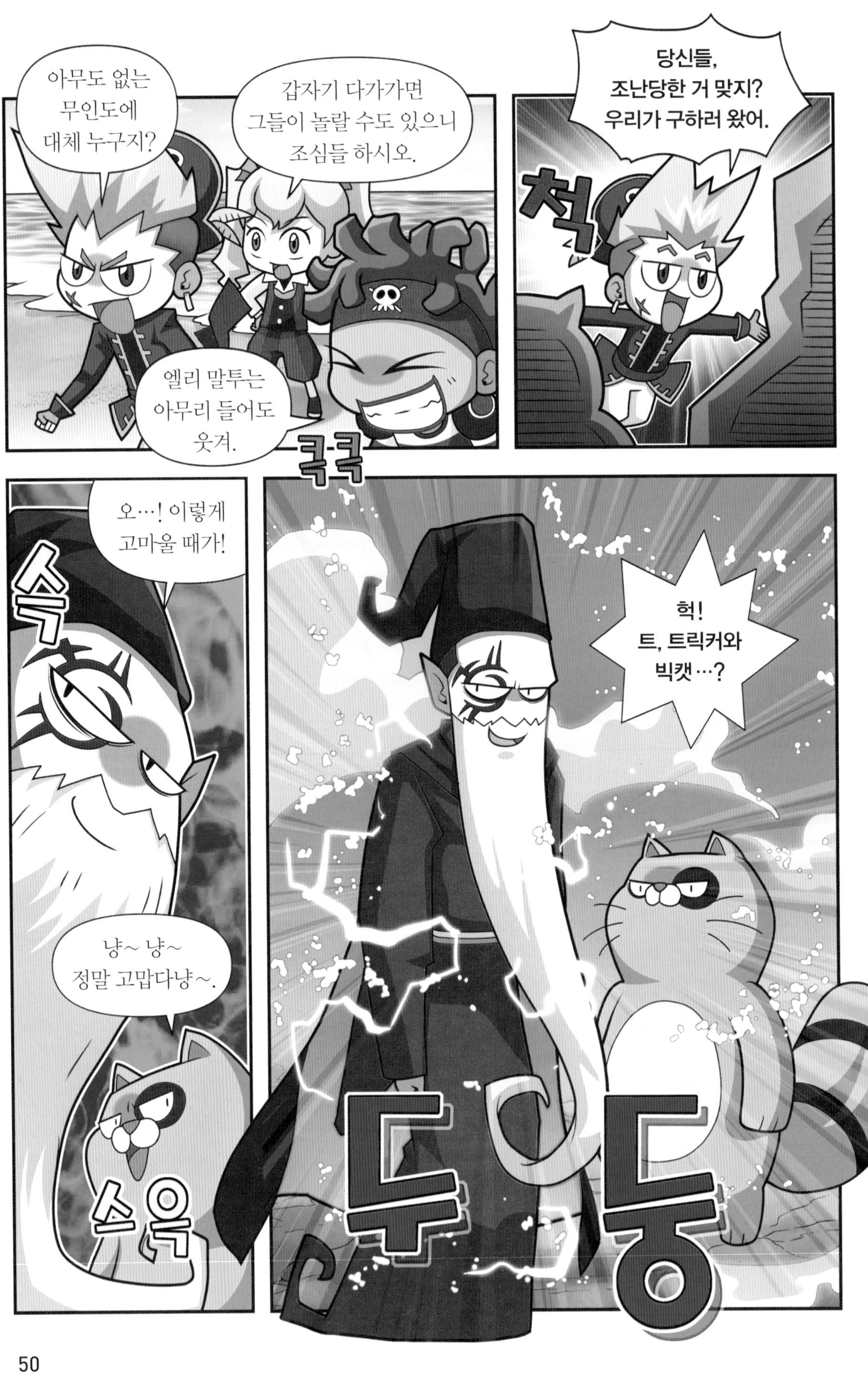

아무도 없는 무인도에 대체 누구지?
갑자기 다가가면 그들이 놀랄 수도 있으니 조심들 하시오.
엘리 말투는 아무리 들어도 웃겨.
쿡쿡
당신들, 조난당한 거 맞지? 우리가 구하러 왔어.
척
오…! 이렇게 고마울 때가!
슥
냥~ 냥~ 정말 고맙다냥~.
스윽
헉! 트, 트릭커와 빅캣…?
두둥

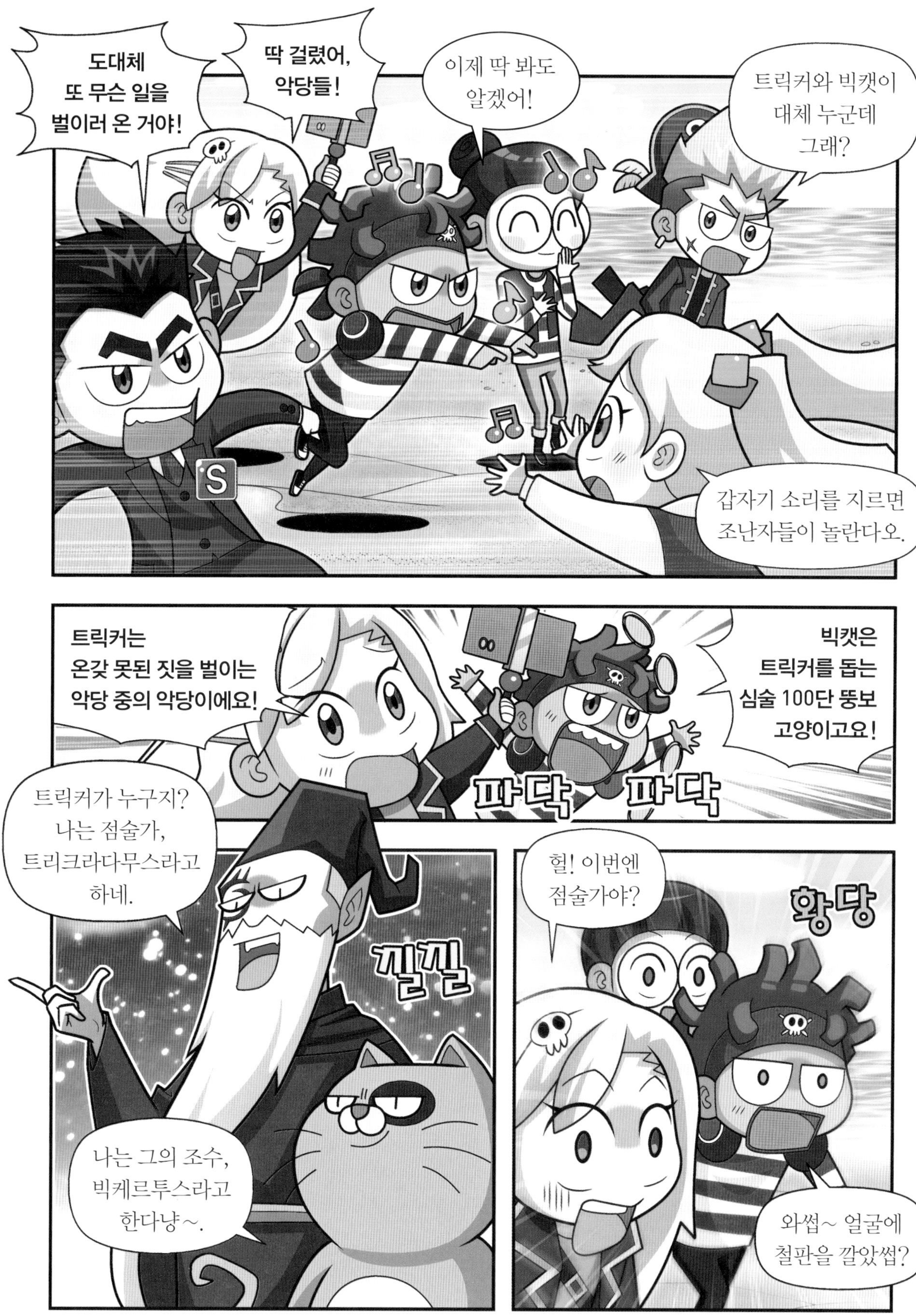
도대체 또 무슨 일을 벌이러 온 거야!
딱 걸렸어, 악당들!
이제 딱 봐도 알겠어!
트릭커와 빅캣이 대체 누군데 그래?
갑자기 소리를 지르면 조난자들이 놀란다오.
트릭커는 온갖 못된 짓을 벌이는 악당 중의 악당이에요!
빅캣은 트릭커를 돕는 심술 100단 뚱보 고양이고요!
파닥 파닥
트릭커가 누구지? 나는 점술가, 트리크라다무스라고 하네.
낄낄
나는 그의 조수, 빅케르투스라고 한다냥~.
헐! 이번엔 점술가야?
황당
와썹~ 얼굴에 철판을 깔았썹?

Chapter 3

수상한 점술가

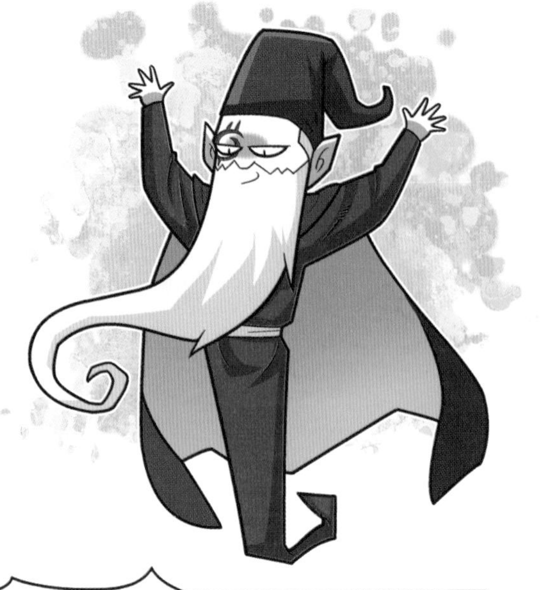

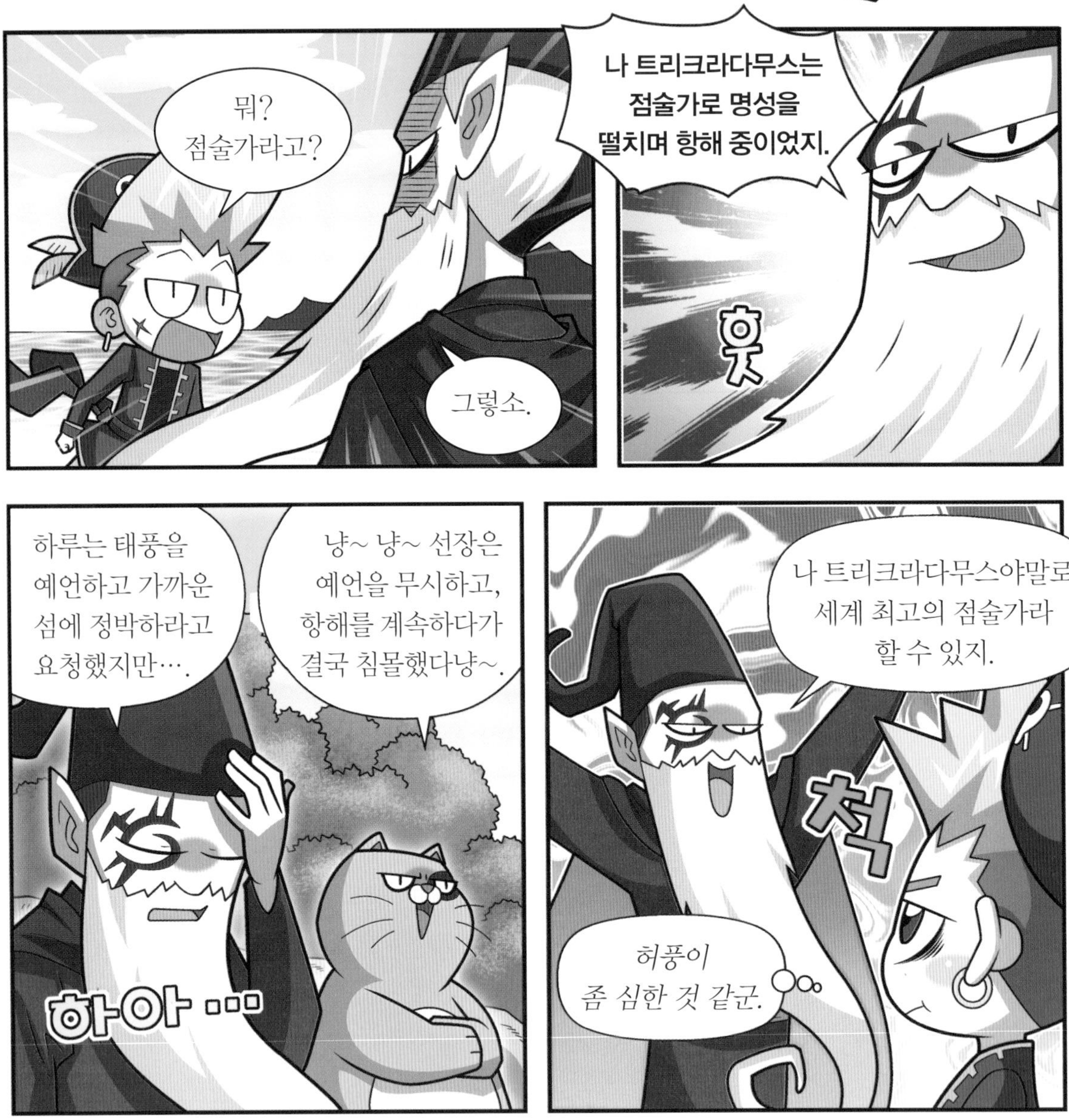
뭐? 점술가라고?
그렇소.
나 트리크라다무스는 점술가로 명성을 떨치며 항해 중이었지.
흣
하루는 태풍을 예언하고 가까운 섬에 정박하라고 요청했지만….
냥~ 냥~ 선장은 예언을 무시하고, 항해를 계속하다가 결국 침몰했다냥~.
하아…
나 트리크라다무스야말로 세계 최고의 점술가라 할 수 있지.
척
허풍이 좀 심한 것 같군.

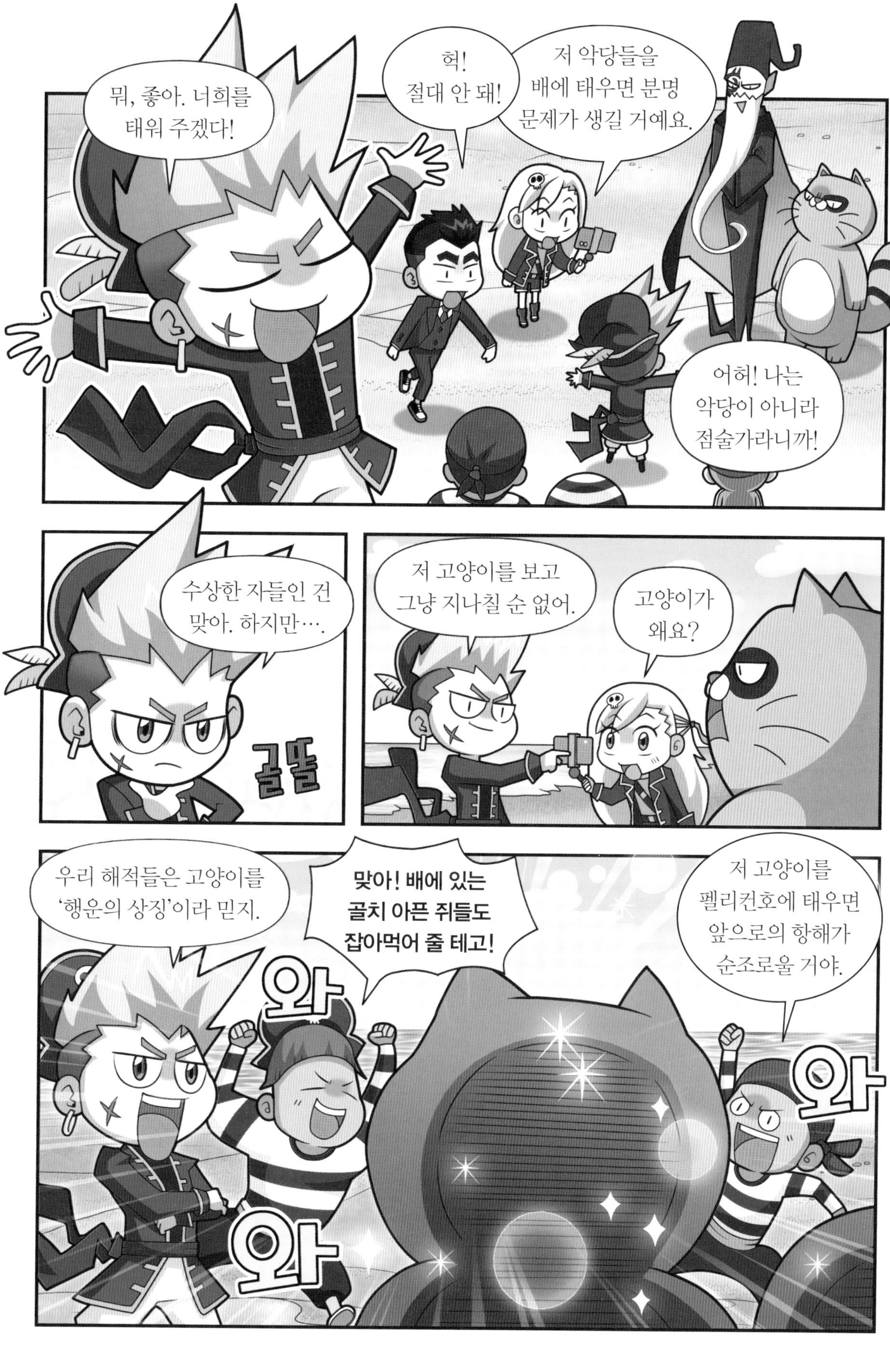
뭐, 좋아. 너희를 태워 주겠다!
헉! 절대 안 돼!
저 악당들을 배에 태우면 분명 문제가 생길 거예요.
어허! 나는 악당이 아니라 점술가라니까!
수상한 자들인 건 맞아. 하지만….
끌똘
저 고양이를 보고 그냥 지나칠 순 없어.
고양이가 왜요?
우리 해적들은 고양이를 '행운의 상징'이라 믿지.
맞아! 배에 있는 골치 아픈 쥐들도 잡아먹어 줄 테고!
저 고양이를 펠리컨호에 태우면 앞으로의 항해가 순조로울 거야.
와
와
와

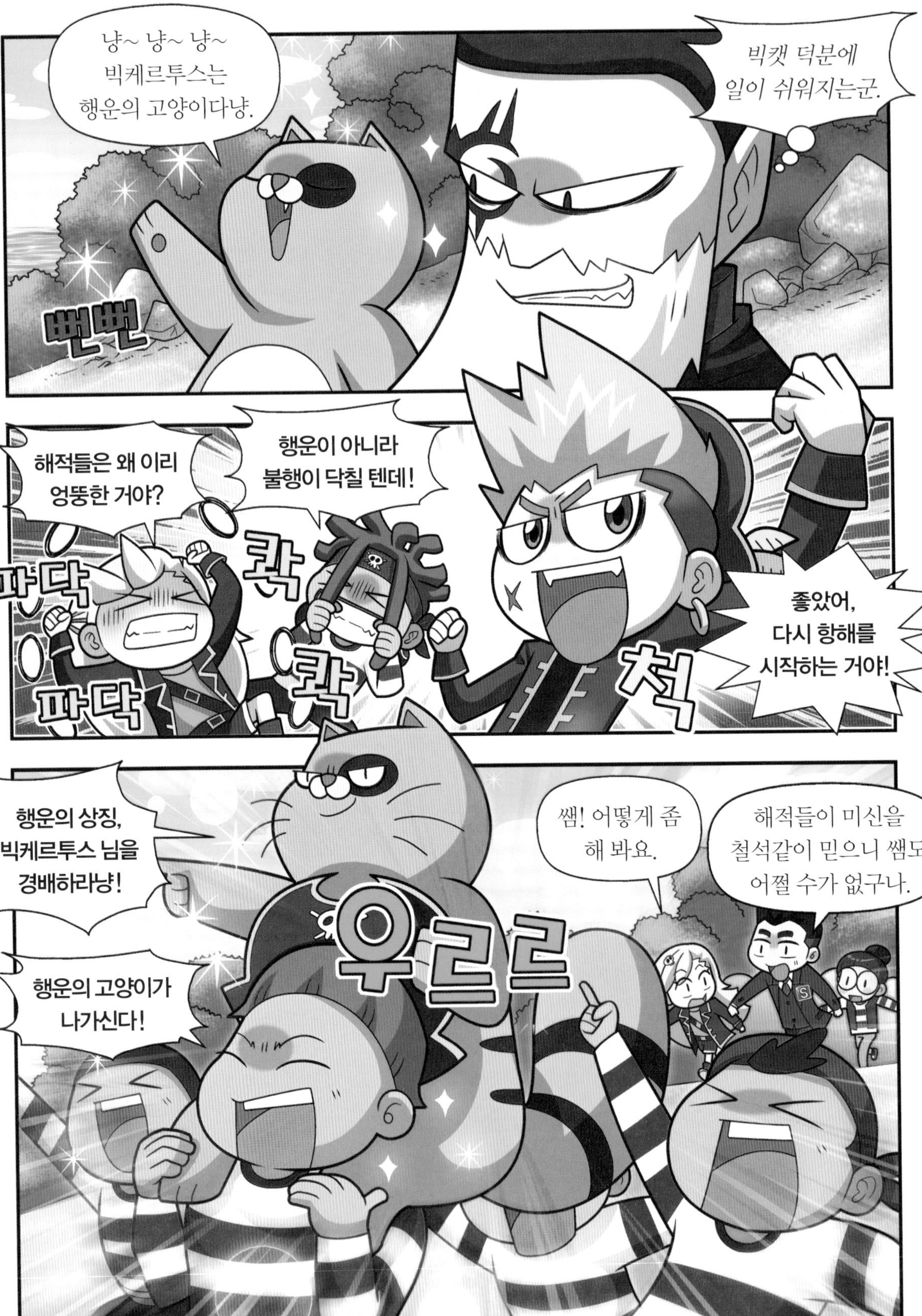
냥~ 냥~ 냥~ 빅케르투스는 행운의 고양이다냥.
빅캣 덕분에 일이 쉬워지는군.
뻔뻔
해적들은 왜 이리 엉뚱한 거야?
행운이 아니라 불행이 닥칠 텐데!
좋았어, 다시 항해를 시작하는 거야!
파닥
파닥
콱
콱
척
행운의 상징, 빅케르투스 님을 경배하라냥!
행운의 고양이가 나가신다!
우르르
쌤! 어떻게 좀 해 봐요.
해적들이 미신을 철석같이 믿으니 쌤도 어쩔 수가 없구나.

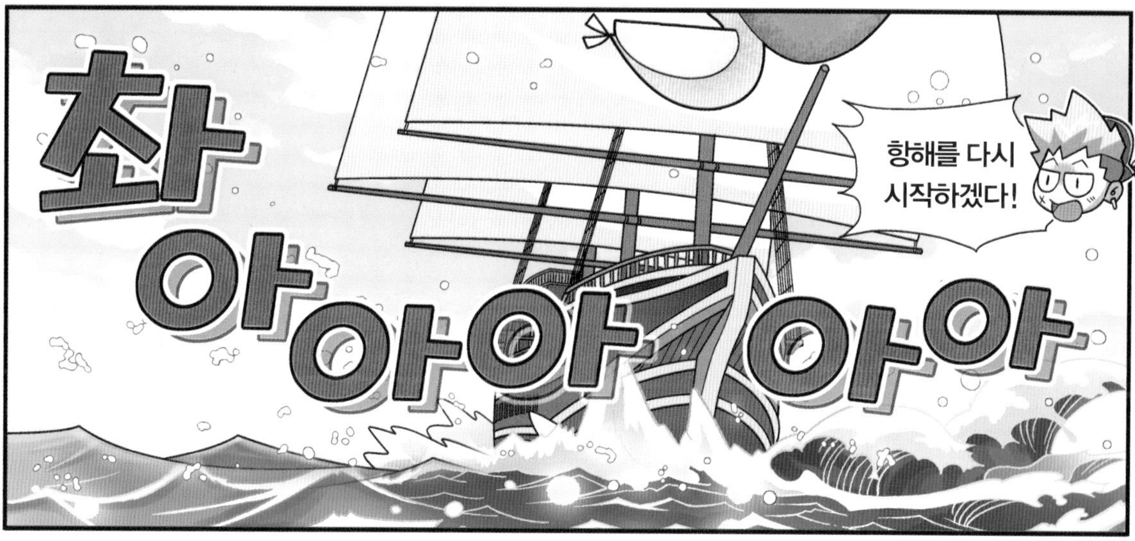
차
아아아 아아아
항해를 다시 시작하겠다!

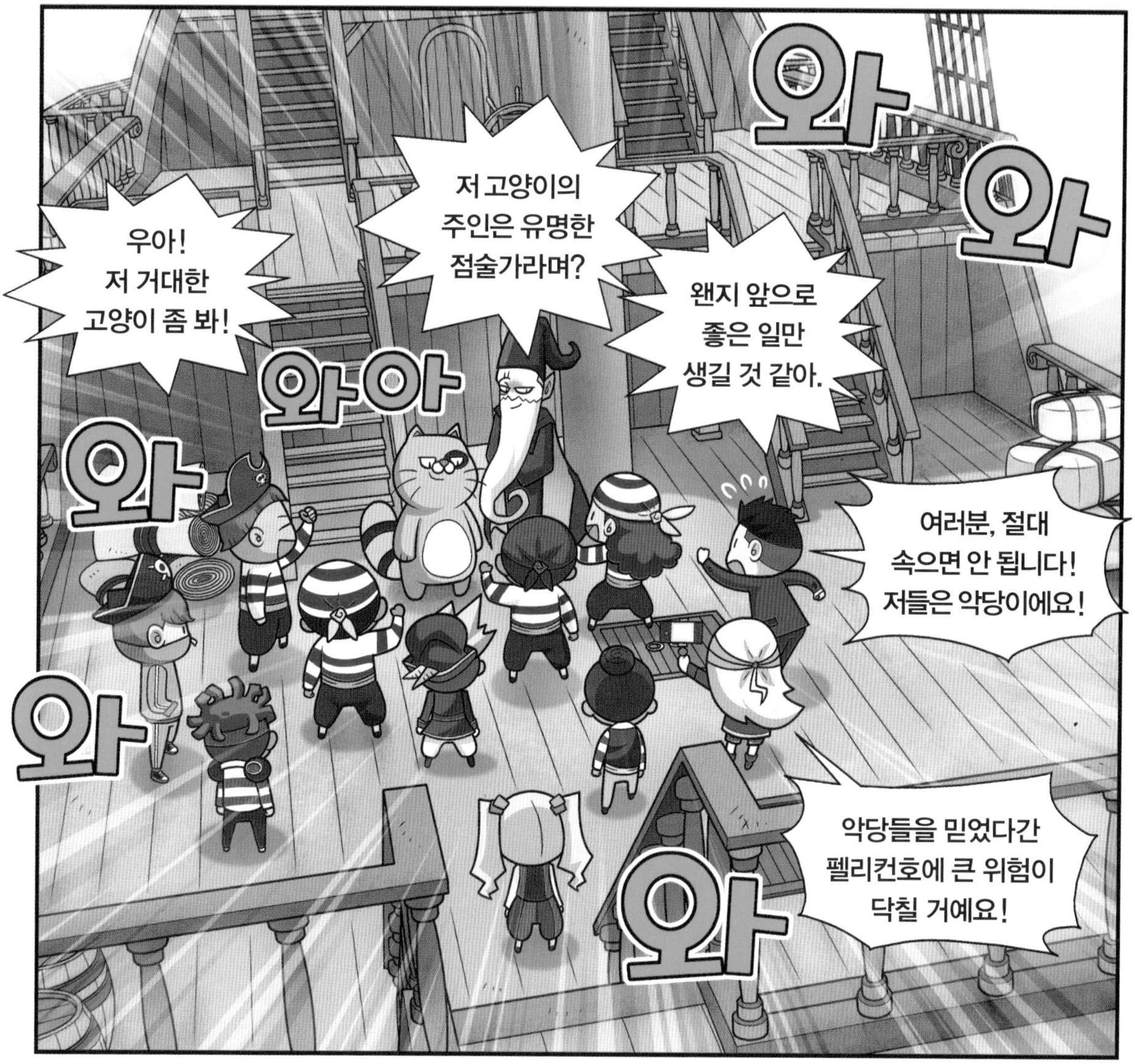
와
와
우아! 저 거대한 고양이 좀 봐!
와아
저 고양이의 주인은 유명한 점술가라며?
왠지 앞으로 좋은 일만 생길 것 같아.
와
와
여러분, 절대 속으면 안 됩니다! 저들은 악당이에요!
악당들을 믿었다간 펠리컨호에 큰 위험이 닥칠 거예요!
와

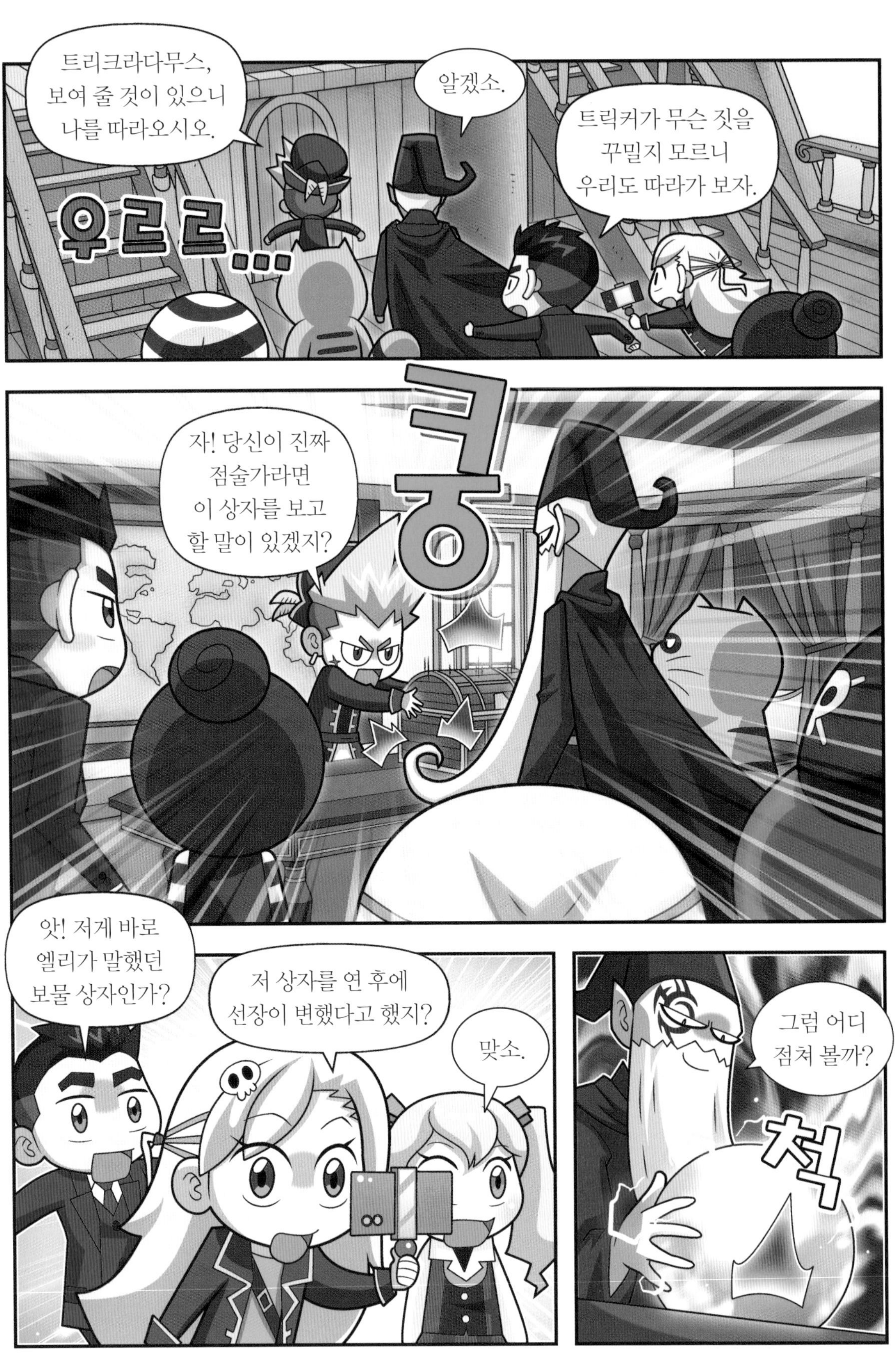

트리크라다무스,
보여 줄 것이 있으니
나를 따라오시오.
알겠소.
트릭커가 무슨 짓을
꾸밀지 모르니
우리도 따라가 보자.
우르르…
쿵
자! 당신이 진짜
점술가라면
이 상자를 보고
할 말이 있겠지?
앗! 저게 바로
엘리가 말했던
보물 상자인가?
저 상자를 연 후에
선장이 변했다고 했지?
맞소.
그럼 어디
점쳐 볼까?
척

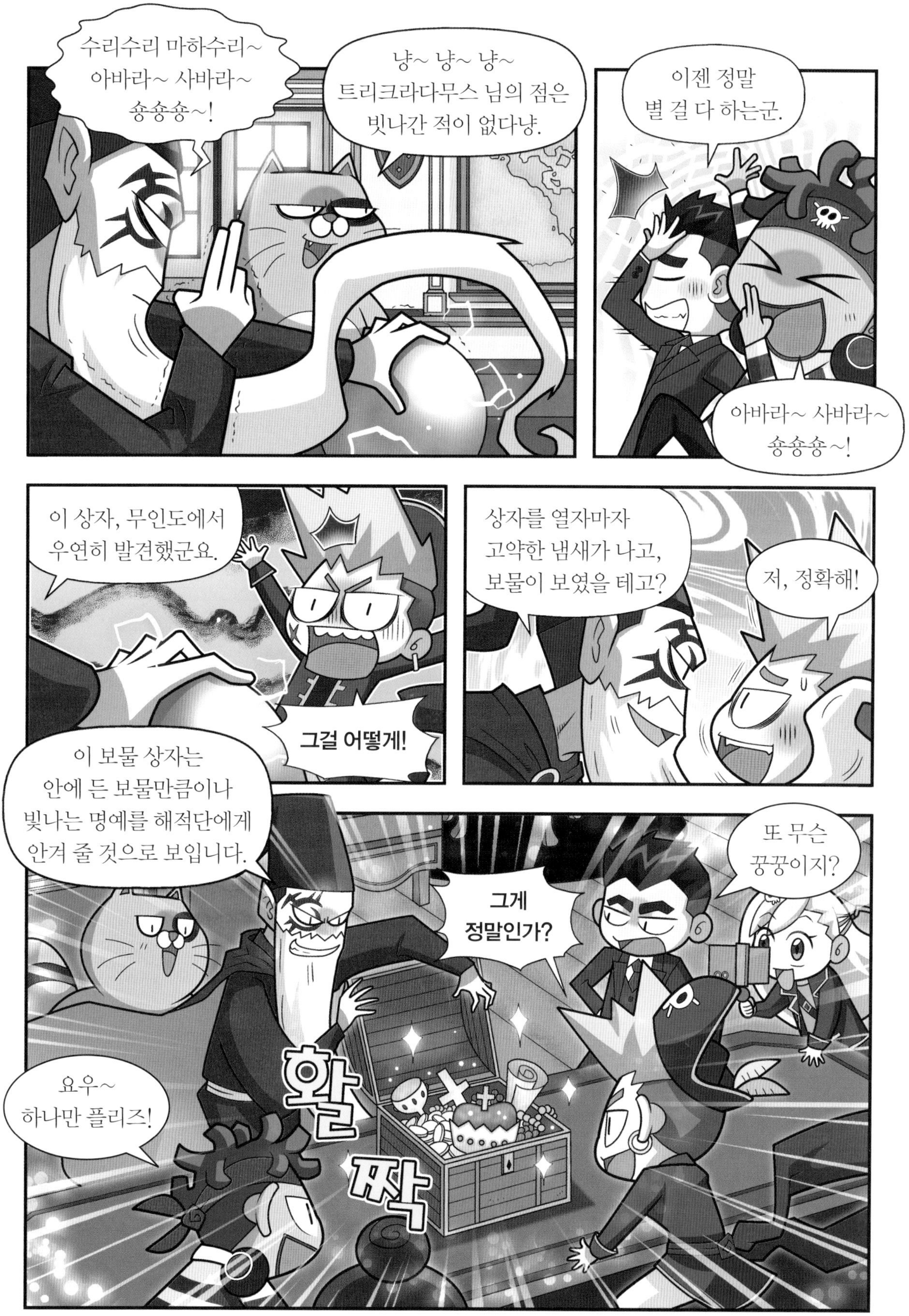
수리수리 마하수리~
아바라~ 사바라~
송송송~!
냥~ 냥~ 냥~
트리크라다무스 님의 점은
빗나간 적이 없다냥.
이젠 정말
별 걸 다 하는군.
아바라~ 사바라~
송송송~!
이 상자, 무인도에서
우연히 발견했군요.
그걸 어떻게!
상자를 열자마자
고약한 냄새가 나고,
보물이 보였을 테고?
저, 정확해!
이 보물 상자는
안에 든 보물만큼이나
빛나는 명예를 해적단에게
안겨 줄 것으로 보입니다.
그게
정말인가?
또 무슨
꿍꿍이지?
요우~
하나만 플리즈!
활
짝

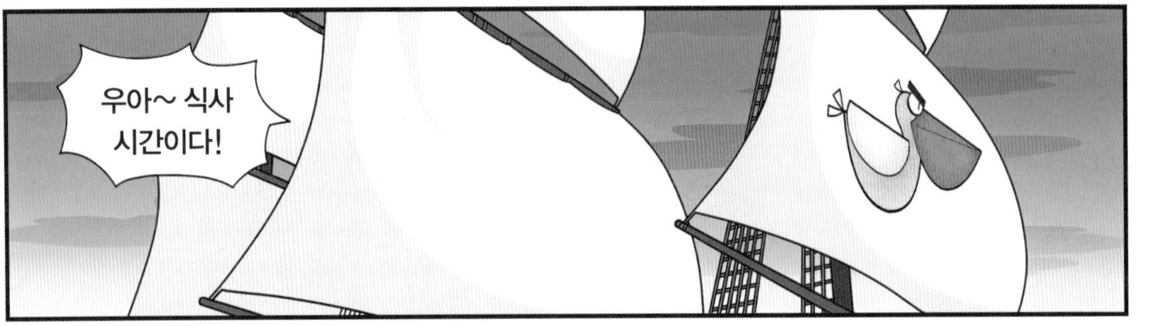
우아~ 식사
시간이다!

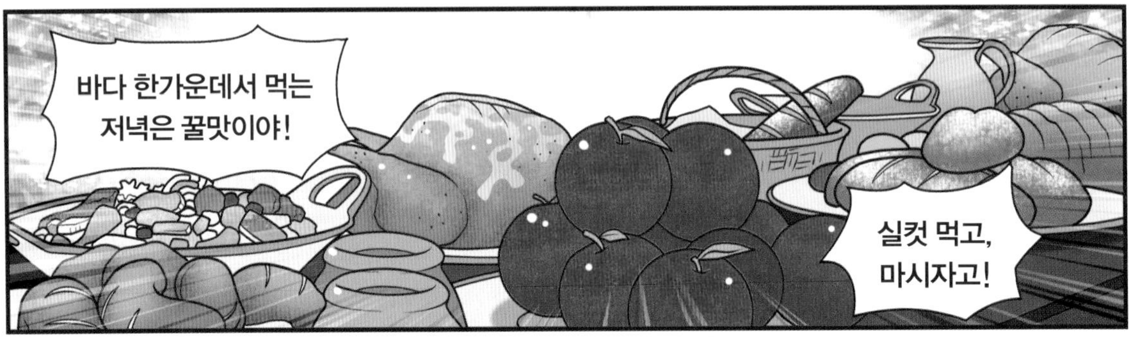
바다 한가운데서 먹는
저녁은 꿀맛이야!
실컷 먹고,
마시자고!

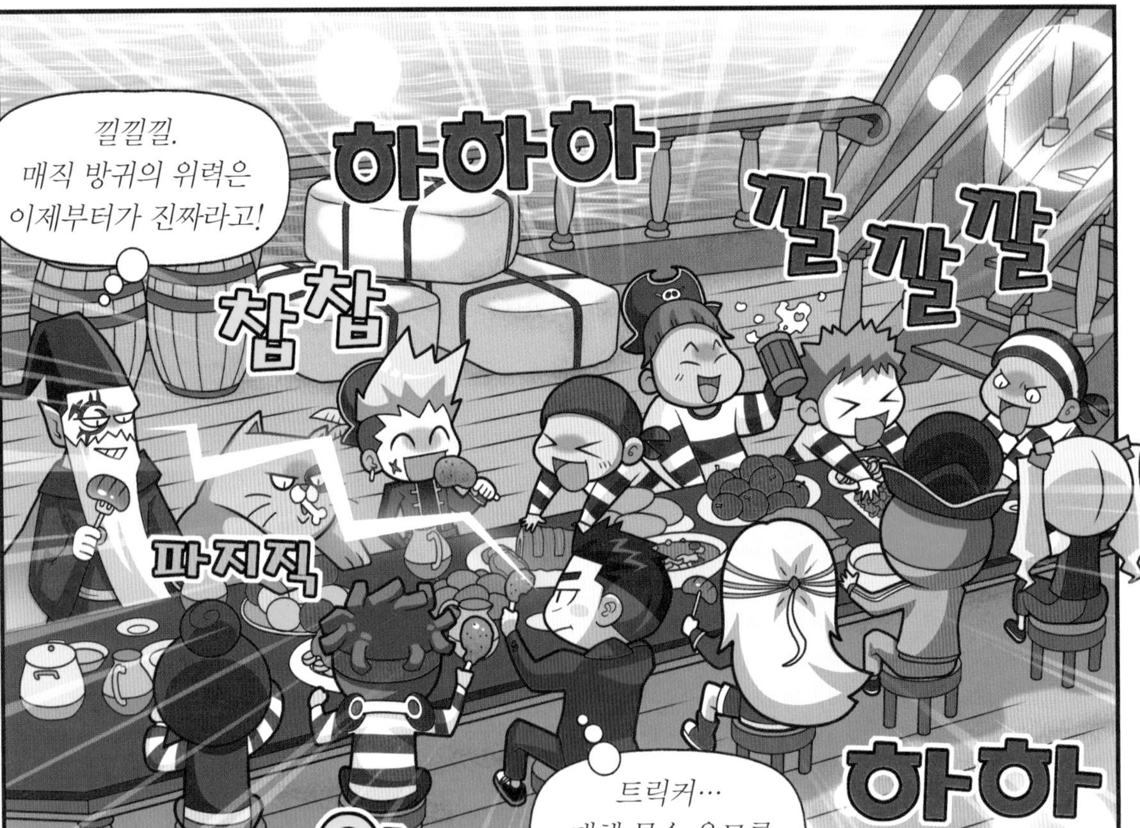
낄낄낄.
매직 방귀의 위력은
이제부터가 진짜라고!
하하하
깔깔깔
챱챱
파지직
트릭커…
대체 무슨 음모를
꾸미고 있는 거지?
하하
와구

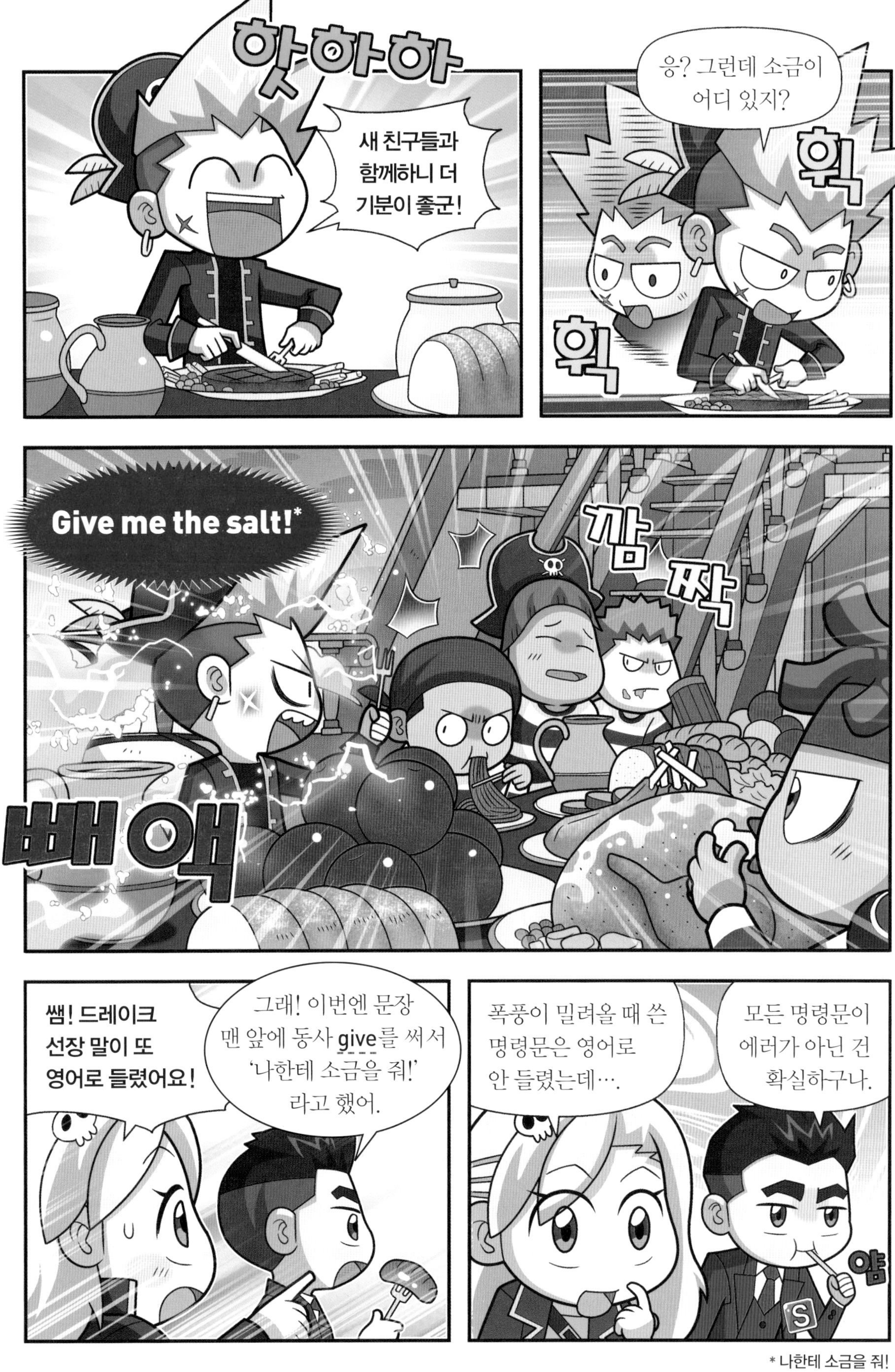
핫하하
새 친구들과 함께하니 더 기분이 좋군!
응? 그런데 소금이 어디 있지?
휙
휙
Give me the salt!*
깜짝
빼액
쌤! 드레이크 선장 말이 또 영어로 들렸어요!
그래! 이번엔 문장 맨 앞에 동사 give를 써서 '나한테 소금을 줘!' 라고 했어.
폭풍이 밀려올 때 쓴 명령문은 영어로 안 들렸는데….
모든 명령문이 에러가 아닌 건 확실하구나.
얌

* 나한테 소금을 줘!

* 이시원 선생님이 직접 가르쳐 주는 강의를 확인하고 싶다면 145쪽을 펼쳐 보세요.

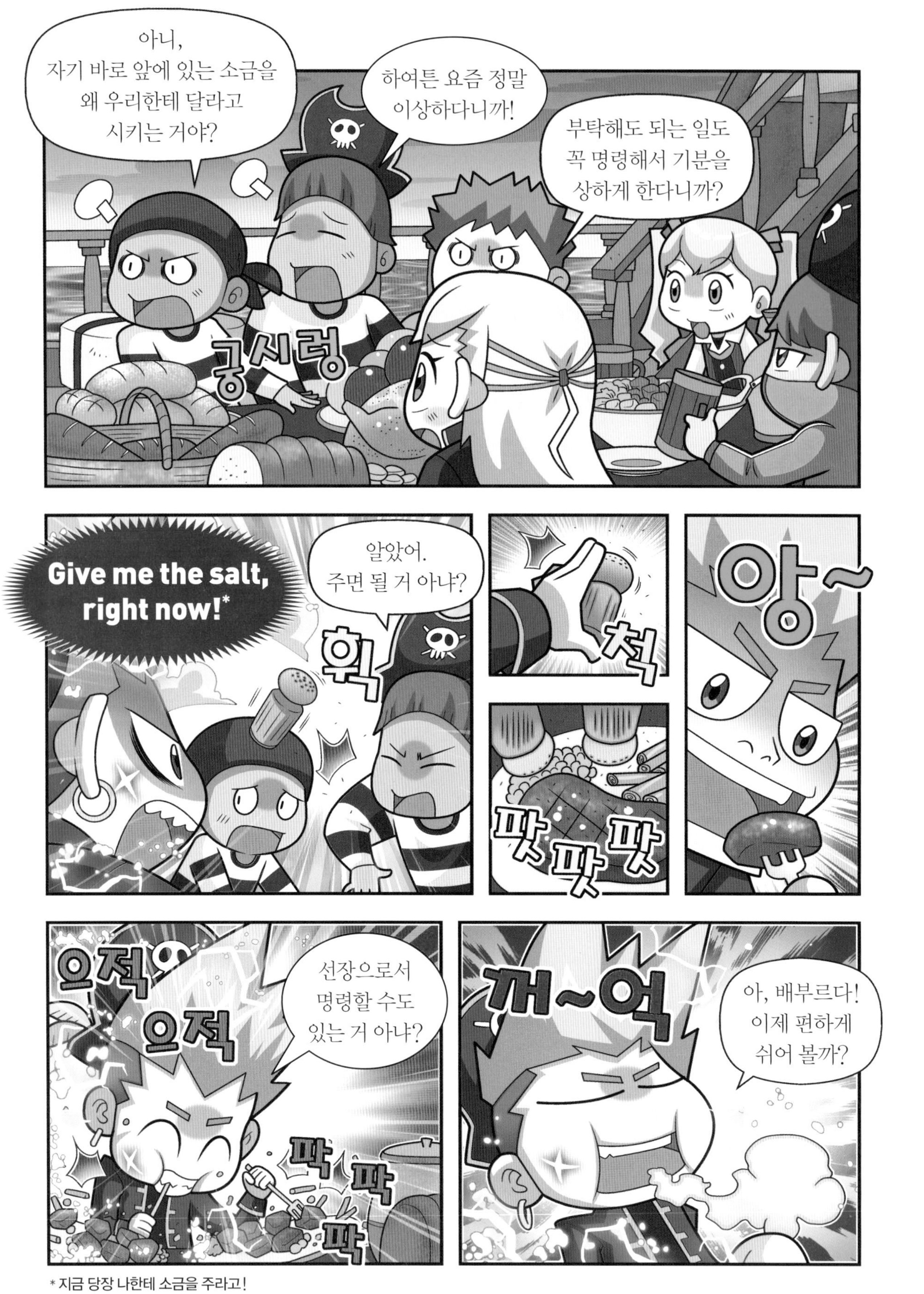
아니,
자기 바로 앞에 있는 소금을
왜 우리한테 달라고
시키는 거야?
하여튼 요즘 정말
이상하다니까!
부탁해도 되는 일도
꼭 명령해서 기분을
상하게 한다니까?
궁시렁
Give me the salt,
right now!*
알았어.
주면 될 거 아냐?
휙
척
팟팟팟
앙~
으적
으적
선장으로서
명령할 수도
있는 거 아냐?
팍
팍
팍
꺼~억
아, 배부르다!
이제 편하게
쉬어 볼까?

* 지금 당장 나한테 소금을 주라고!

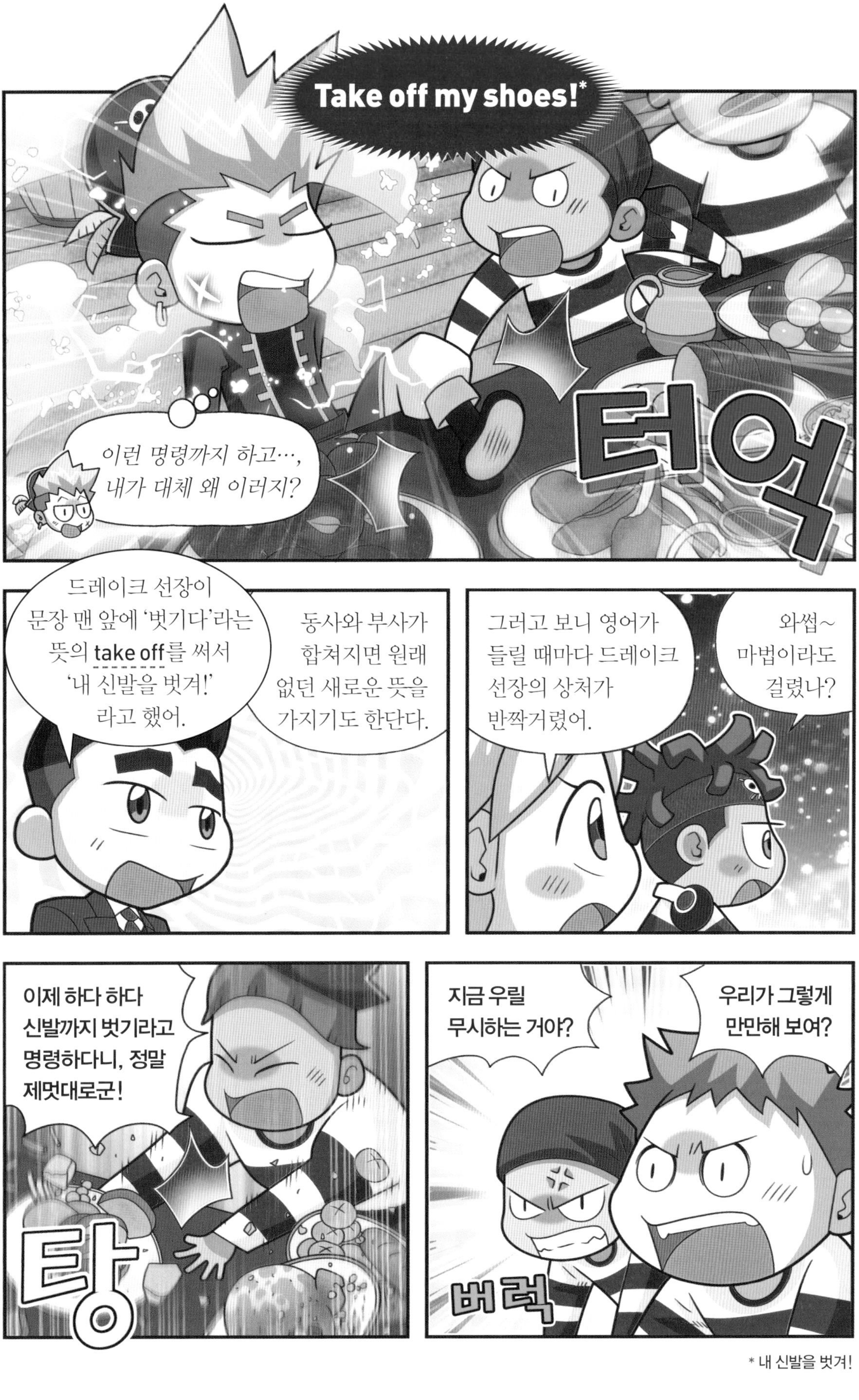
Take off my shoes!*
이런 명령까지 하고…, 내가 대체 왜 이러지?
터억
드레이크 선장이 문장 맨 앞에 '벗기다'라는 뜻의 take off를 써서 '내 신발을 벗겨!' 라고 했어.
동사와 부사가 합쳐지면 원래 없던 새로운 뜻을 가지기도 한단다.
그러고 보니 영어가 들릴 때마다 드레이크 선장의 상처가 반짝거렸어.
와썹~ 마법이라도 걸렸나?
이제 하다 하다 신발까지 벗기라고 명령하다니, 정말 제멋대로군!
탕
지금 우릴 무시하는 거야?
우리가 그렇게 만만해 보여?
버럭

* 내 신발을 벗겨!

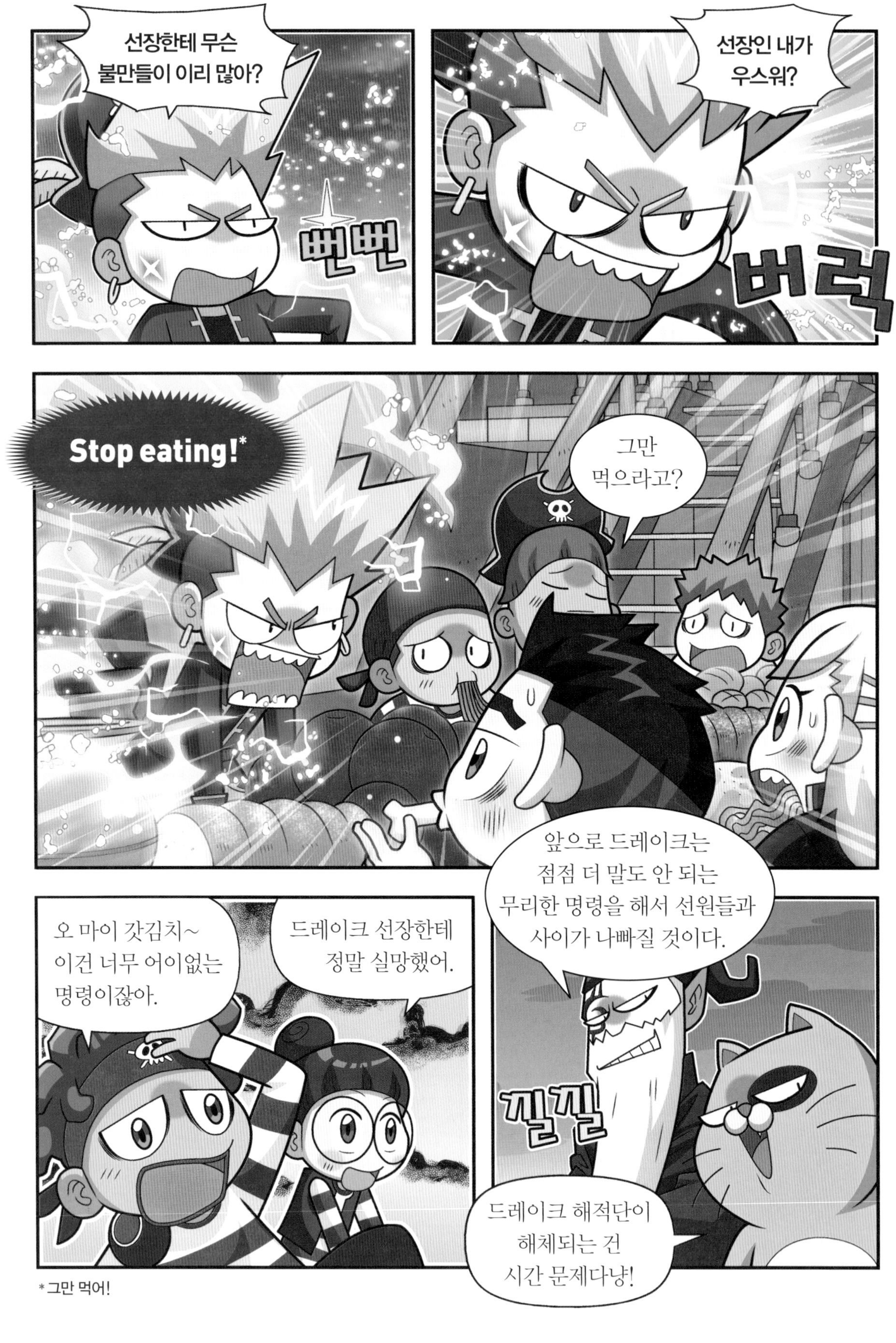

선장한테 무슨 불만들이 이리 많아?
뻔뻔
선장인 내가 우스워?
버럭
Stop eating!*
그만 먹으라고?
앞으로 드레이크는 점점 더 말도 안 되는 무리한 명령을 해서 선원들과 사이가 나빠질 것이다.
오 마이 갓김치~ 이건 너무 어이없는 명령이잖아.
드레이크 선장한테 정말 실망했어.
낄낄
드레이크 해적단이 해체되는 건 시간 문제다냥!

* 그만 먹어!

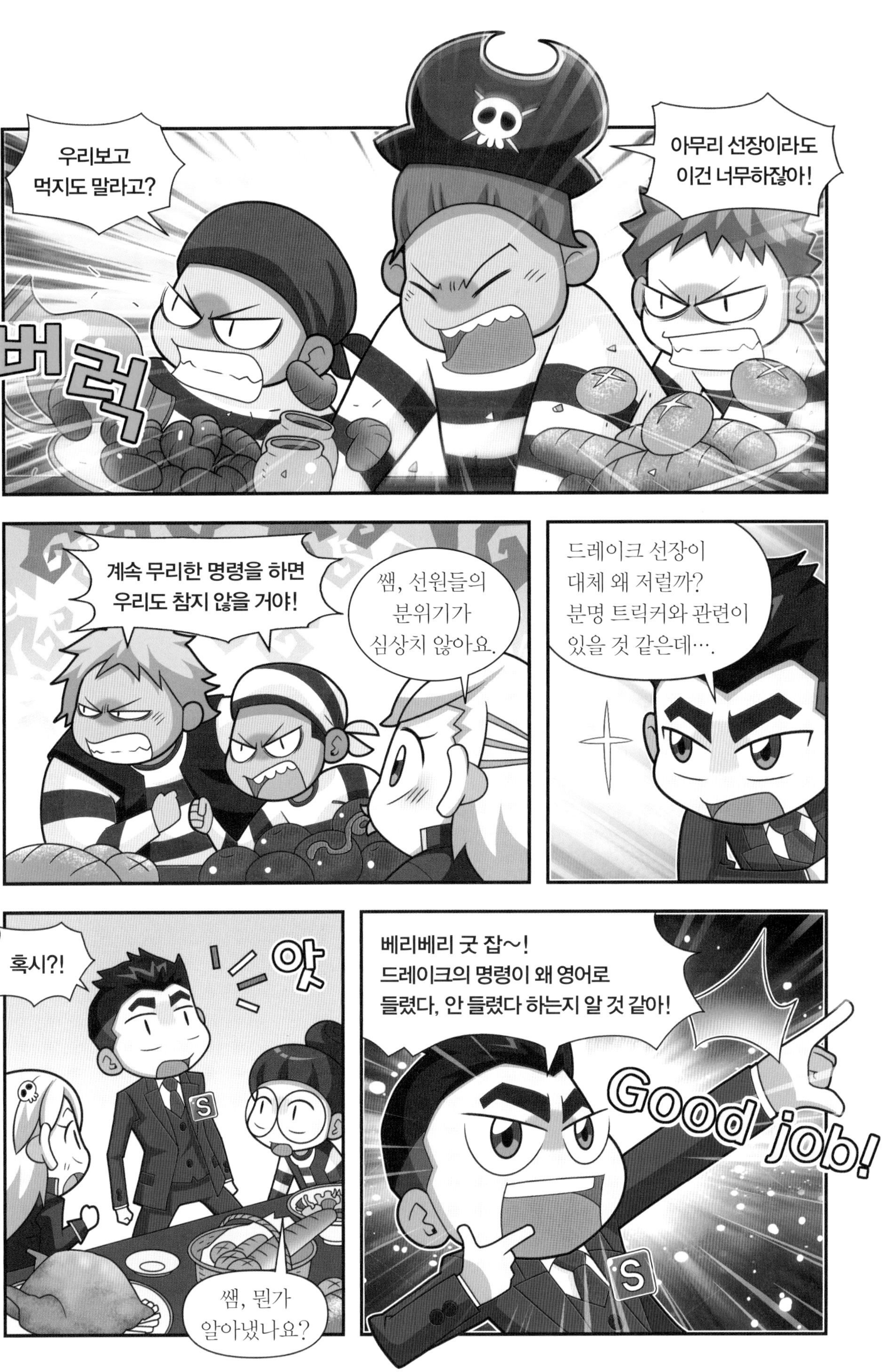

우리보고
먹지도 말라고?
아무리 선장이라도
이건 너무하잖아!
버럭
계속 무리한 명령을 하면
우리도 참지 않을 거야!
쌤, 선원들의
분위기가
심상치 않아요.
드레이크 선장이
대체 왜 저럴까?
분명 트릭커와 관련이
있을 것 같은데….
혹시?!
앗
쌤, 뭔가
알아냈나요?
베리베리 굿 잡~!
드레이크의 명령이 왜 영어로
들렸다, 안 들렸다 하는지 알 것 같아!
Good job!

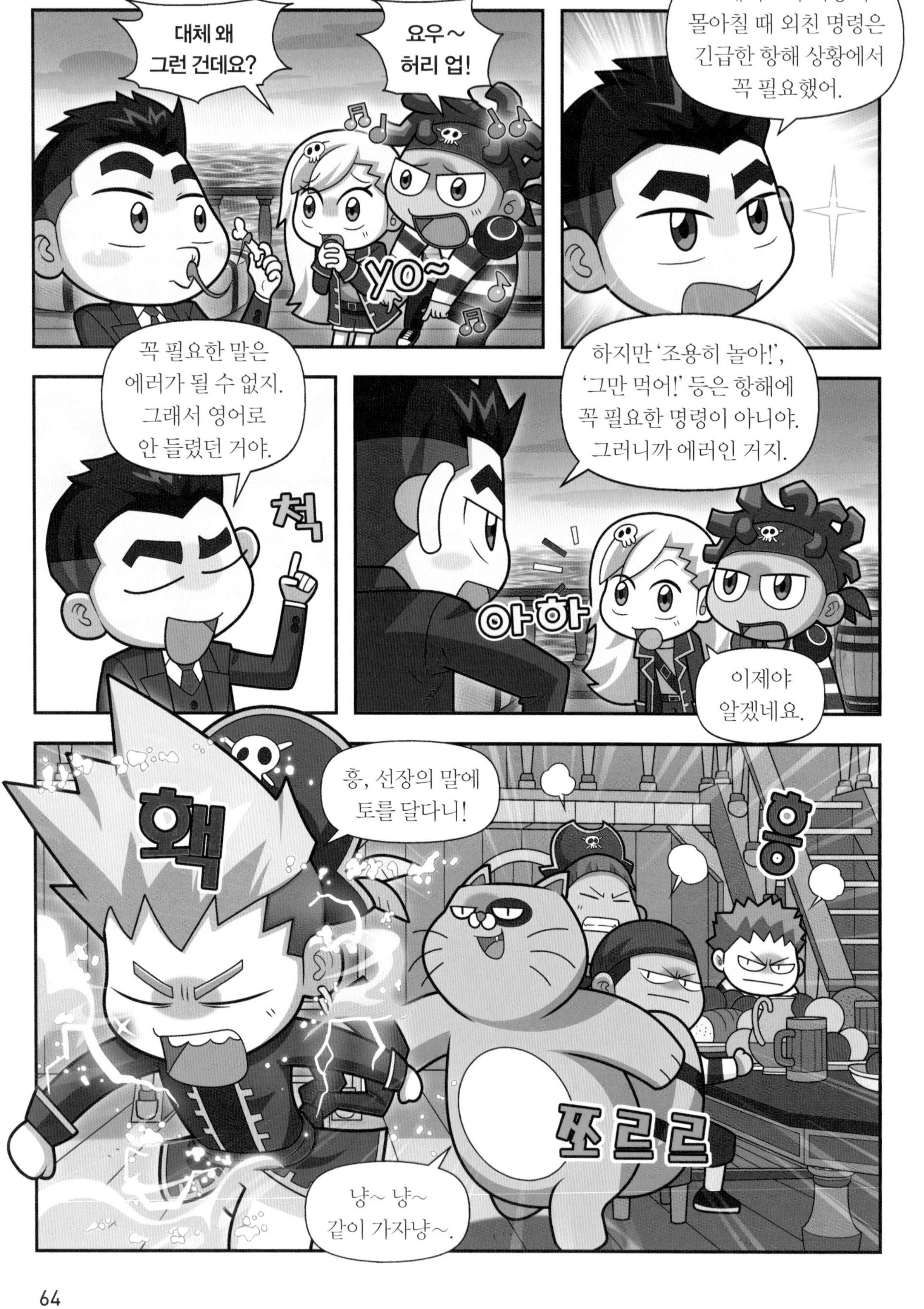
대체 왜 그런 건데요?
요우~ 허리 업!
YO~
드레이크가 폭풍이 몰아칠 때 외친 명령은 긴급한 항해 상황에서 꼭 필요했어.
꼭 필요한 말은 에러가 될 수 없지. 그래서 영어로 안 들렸던 거야.
척
하지만 '조용히 놀아!', '그만 먹어!' 등은 항해에 꼭 필요한 명령이 아니야. 그러니까 에러인 거지.
아하
이제야 알겠네요.
홱
흥, 선장의 말에 토를 달다니!
흥
쪼르르
냥~ 냥~ 같이 가자냥~.

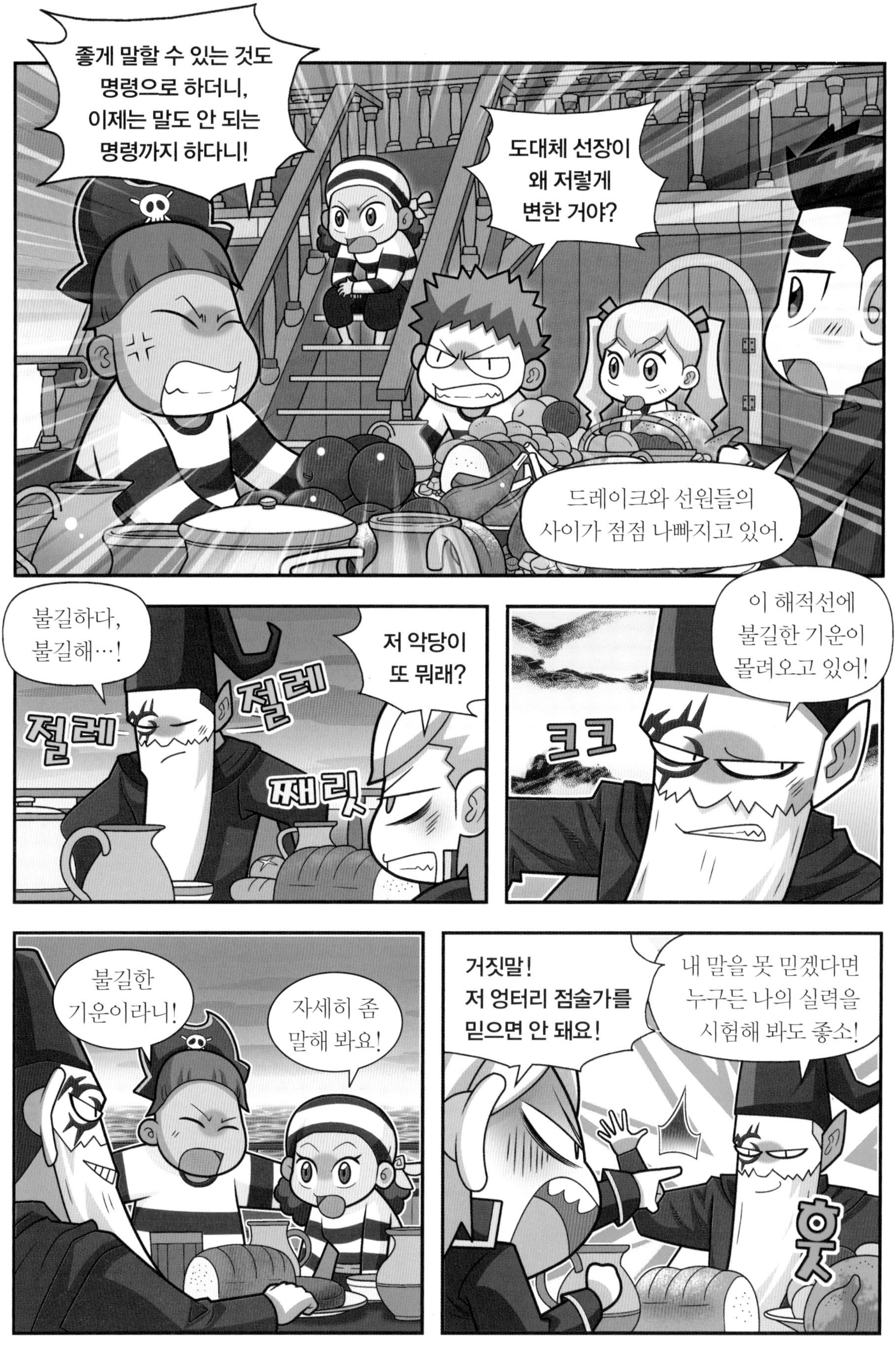
좋게 말할 수 있는 것도
명령으로 하더니,
이제는 말도 안 되는
명령까지 하다니!
도대체 선장이
왜 저렇게
변한 거야?
드레이크와 선원들의
사이가 점점 나빠지고 있어.
불길하다,
불길해…!
절레 절레
저 악당이
또 뭐래?
째릿
이 해적선에
불길한 기운이
몰려오고 있어!
크크
불길한
기운이라니!
자세히 좀
말해 봐요!
거짓말!
저 엉터리 점술가를
믿으면 안 돼요!
내 말을 못 믿겠다면
누구든 나의 실력을
시험해 봐도 좋소!
훗

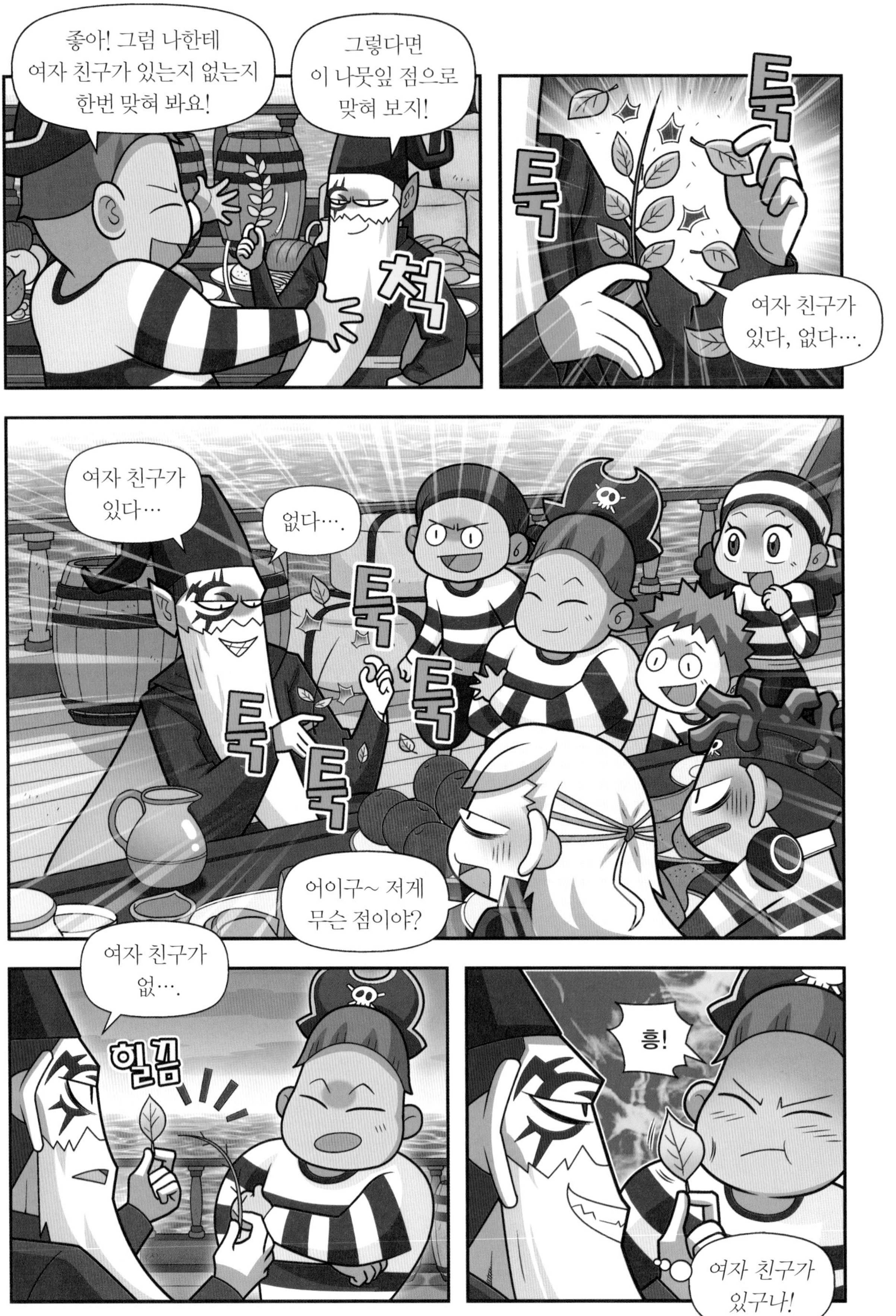

좋아! 그럼 나한테 여자 친구가 있는지 없는지 한번 맞혀 봐요!
그렇다면 이 나뭇잎 점으로 맞혀 보지!
척
툭
툭
여자 친구가 있다, 없다….
여자 친구가 있다…
없다….
툭
툭
툭
툭
어이구~ 저게 무슨 점이야?
여자 친구가 없….
힐끔
흥!
여자 친구가 있구나!

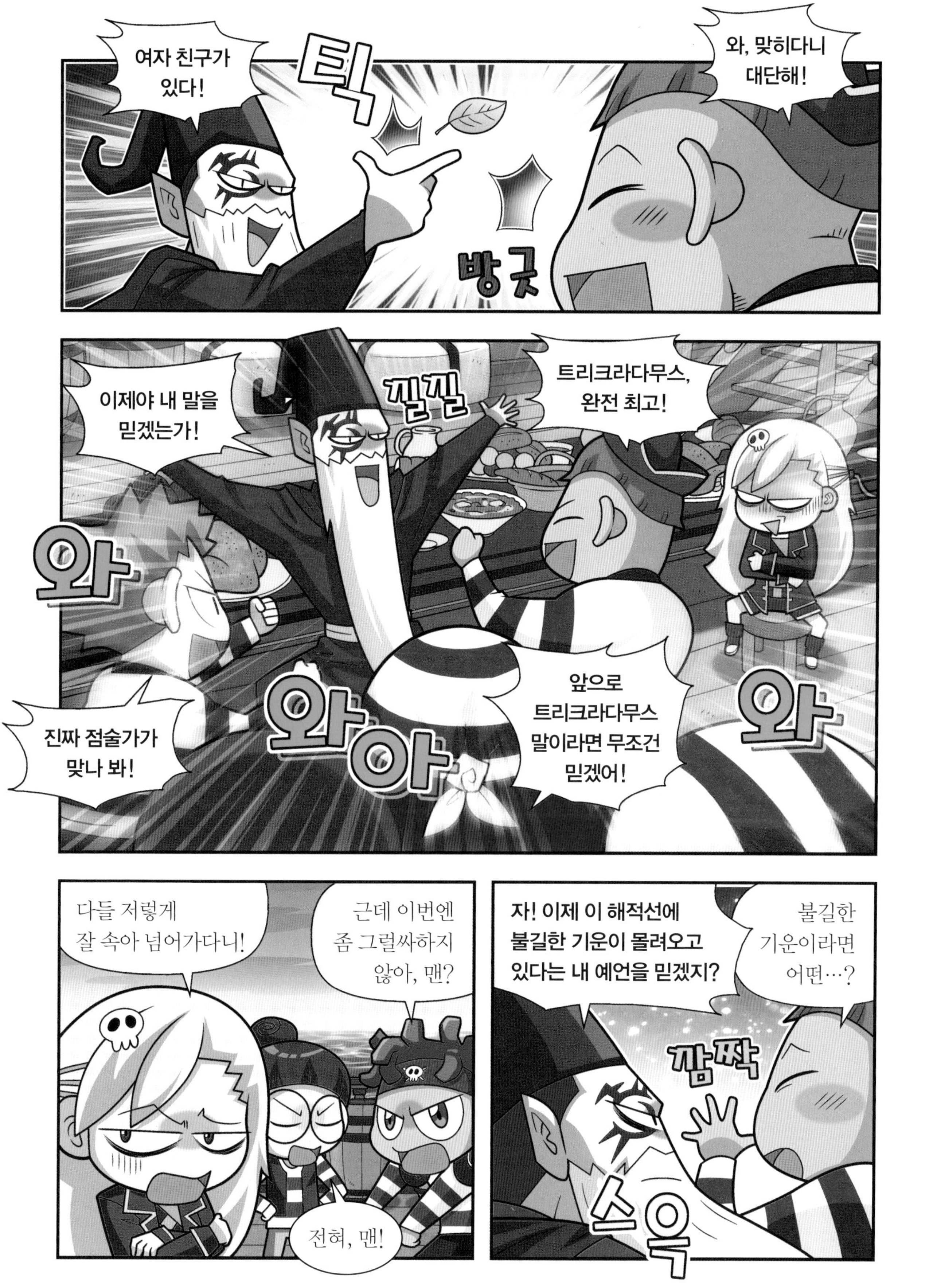

여자 친구가 있다!
틱
와, 맞히다니 대단해!
방긋
이제야 내 말을 믿겠는가!
찔찔
트리크라다무스, 완전 최고!
와
진짜 점술가가 맞나 봐!
와아
앞으로 트리크라다무스 말이라면 무조건 믿겠어!
와
다들 저렇게 잘 속아 넘어가다니!
근데 이번엔 좀 그럴싸하지 않아, 맨?
전혀, 맨!
자! 이제 이 해적선에 불길한 기운이 몰려오고 있다는 내 예언을 믿겠지?
불길한 기운이라면 어떤…?
깜짝
스윽

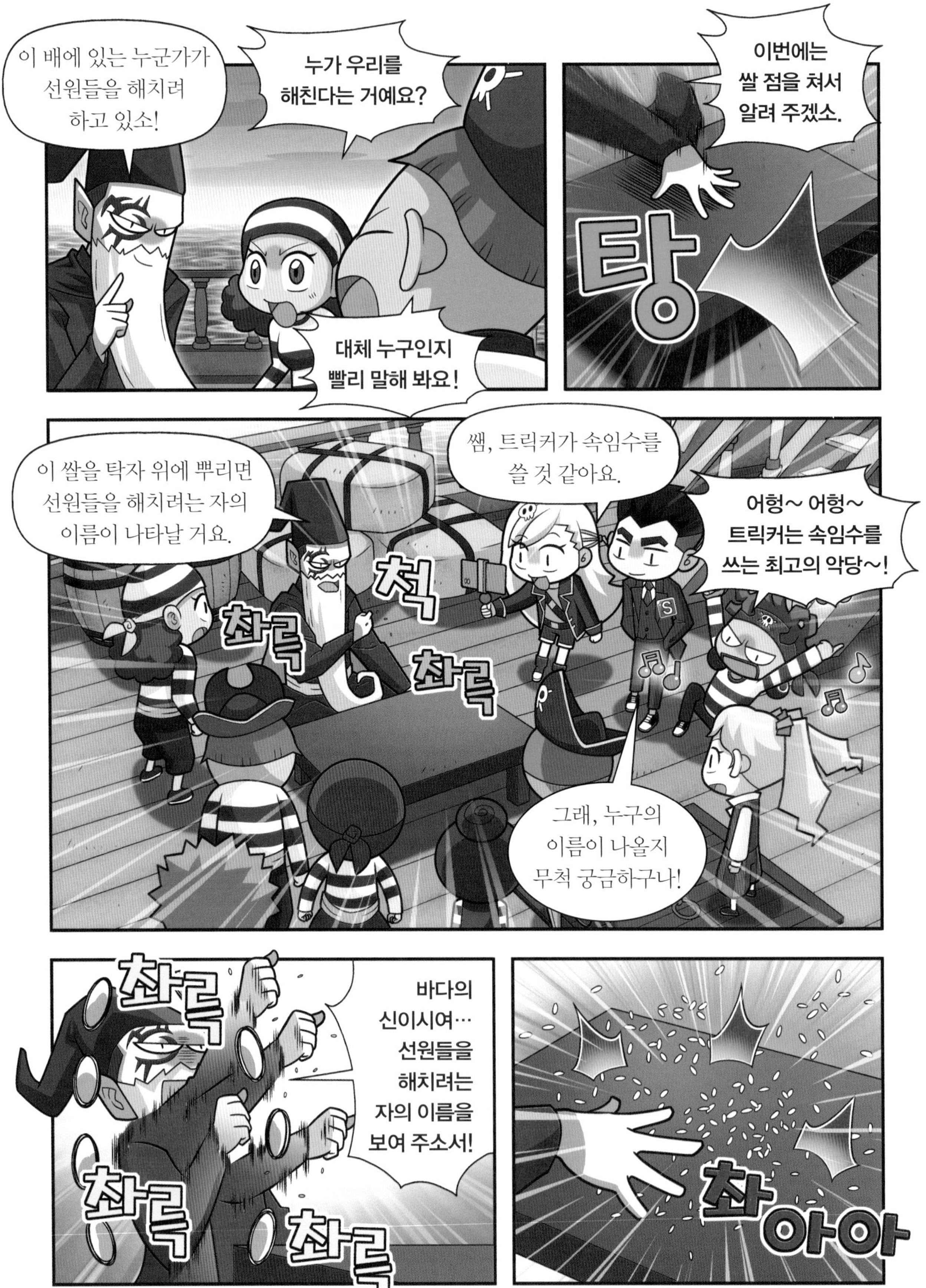
이 배에 있는 누군가가 선원들을 해치려 하고 있소!
누가 우리를 해친다는 거예요?
대체 누구인지 빨리 말해 봐요!
이번에는 쌀 점을 쳐서 알려 주겠소.
탕
이 쌀을 탁자 위에 뿌리면 선원들을 해치려는 자의 이름이 나타날 거요.
척
촤락
촤락
쌤, 트릭커가 속임수를 쓸 것 같아요.
어헝~ 어헝~ 트릭커는 속임수를 쓰는 최고의 악당~!
그래, 누구의 이름이 나올지 무척 궁금하구나!
촤락
바다의 신이시여… 선원들을 해치려는 자의 이름을 보여 주소서!
촤락
촤락
촤아아

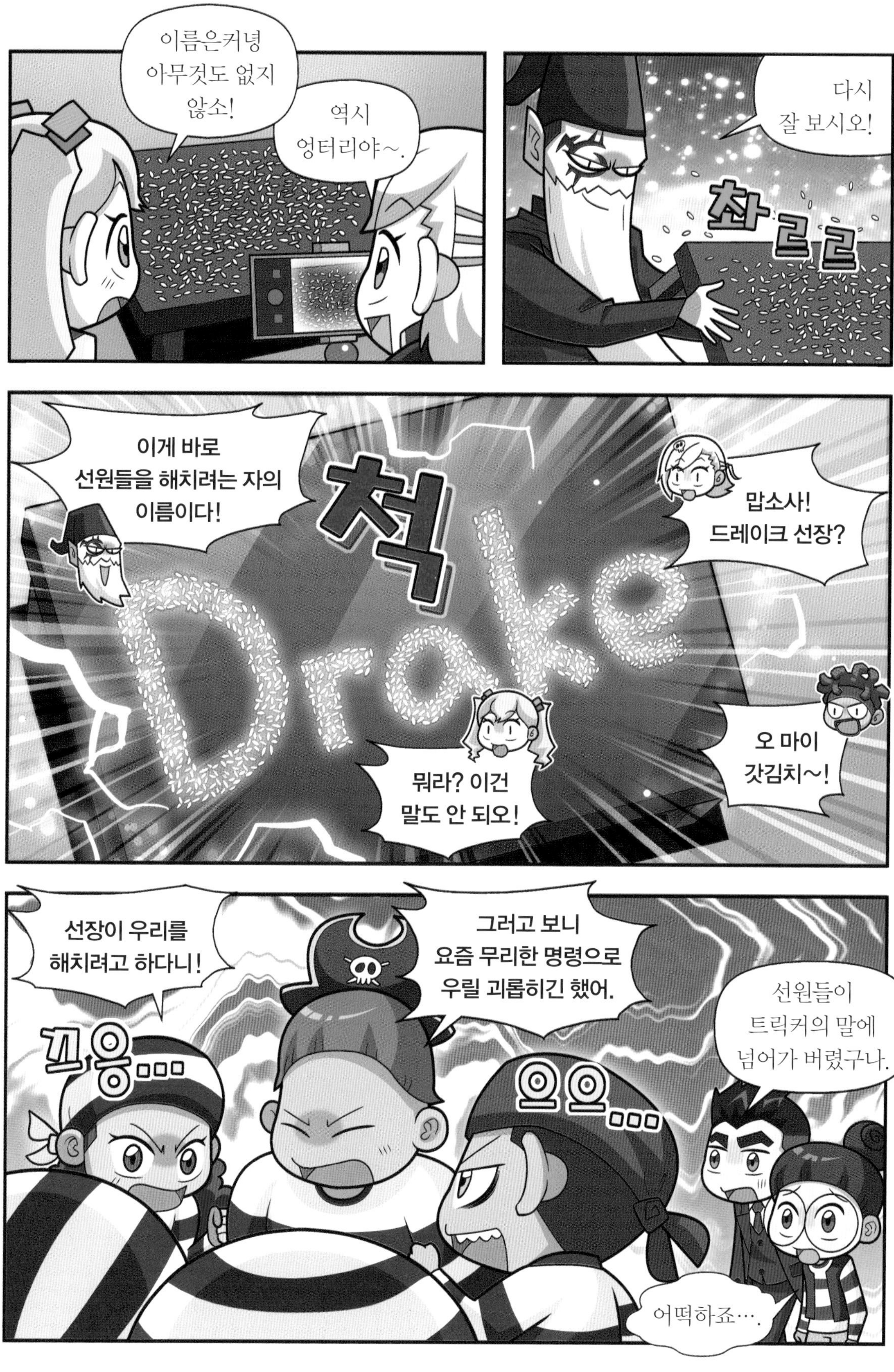
이름은커녕 아무것도 없지 않소!
역시 엉터리야~.
다시 잘 보시오!
촤르르
이게 바로 선원들을 해치려는 자의 이름이다!
척
Drake
맙소사! 드레이크 선장?
뭐라? 이건 말도 안 되오!
오 마이 갓김치~!
선장이 우리를 해치려고 하다니!
그러고 보니 요즘 무리한 명령으로 우릴 괴롭히긴 했어.
끄응...
으으...
선원들이 트릭커의 말에 넘어가 버렸구나.
어떡하죠….

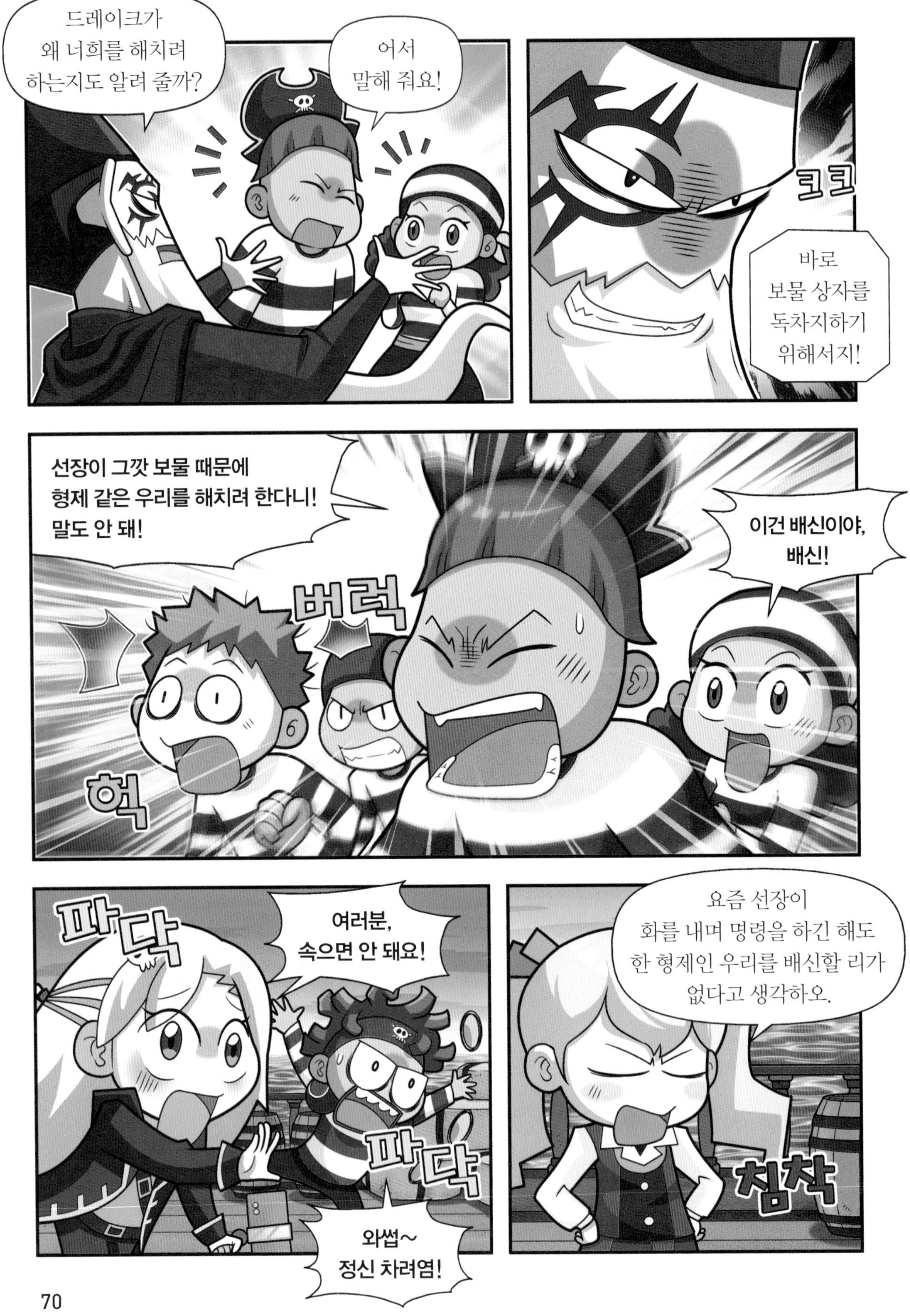
드레이크가 왜 너희를 해치려 하는지도 알려 줄까?
어서 말해 줘요!
크크
바로 보물 상자를 독차지하기 위해서지!
선장이 그깟 보물 때문에 형제 같은 우리를 해치려 한다니! 말도 안 돼!
버럭
헉
이건 배신이야, 배신!
파닥
여러분, 속으면 안 돼요!
파닥
와썹~ 정신 차려염!
요즘 선장이 화를 내며 명령을 하긴 해도 한 형제인 우리를 배신할 리가 없다고 생각하오.
침착

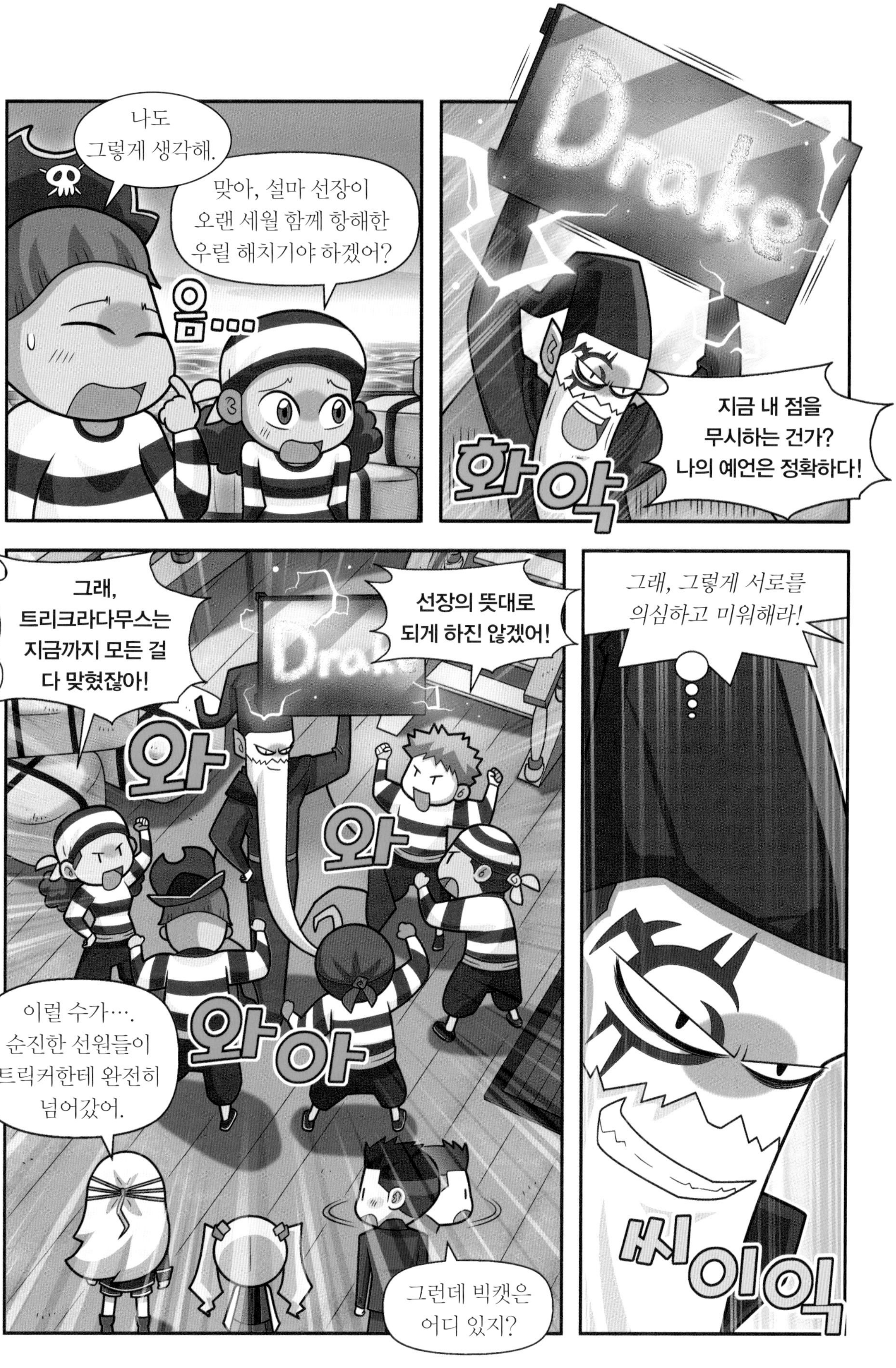

나도 그렇게 생각해.
맞아, 설마 선장이 오랜 세월 함께 항해한 우릴 해치기야 하겠어?
음….
Drake
지금 내 점을 무시하는 건가? 나의 예언은 정확하다!
화악
그래, 트리크라다무스는 지금까지 모든 걸 다 맞혔잖아!
선장의 뜻대로 되게 하진 않겠어!
와
와
와아
이럴 수가…. 순진한 선원들이 트릭커한테 완전히 넘어갔어.
그런데 빅캣은 어디 있지?
그래, 그렇게 서로를 의심하고 미워해라!
씨이익

Chapter 4

선상에서 생긴 일

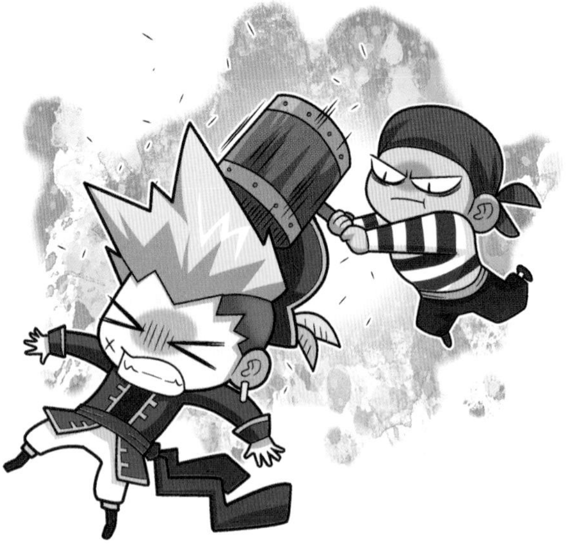

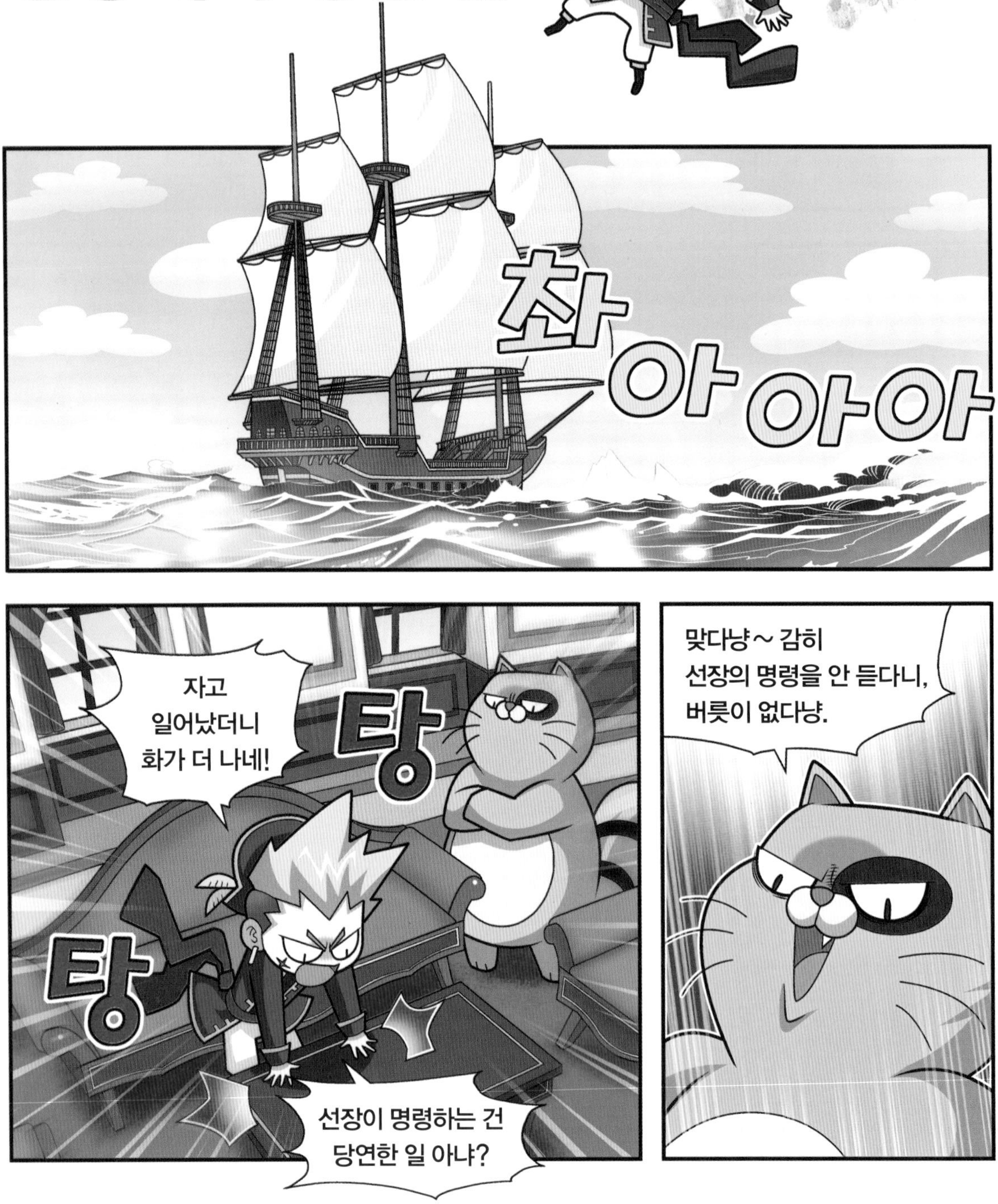

촤아아아아
자고 일어났더니 화가 더 나네!
탕
탕
선장이 명령하는 건 당연한 일 아냐?
맞다냥~ 감히 선장의 명령을 안 듣다니, 버릇이 없다냥.

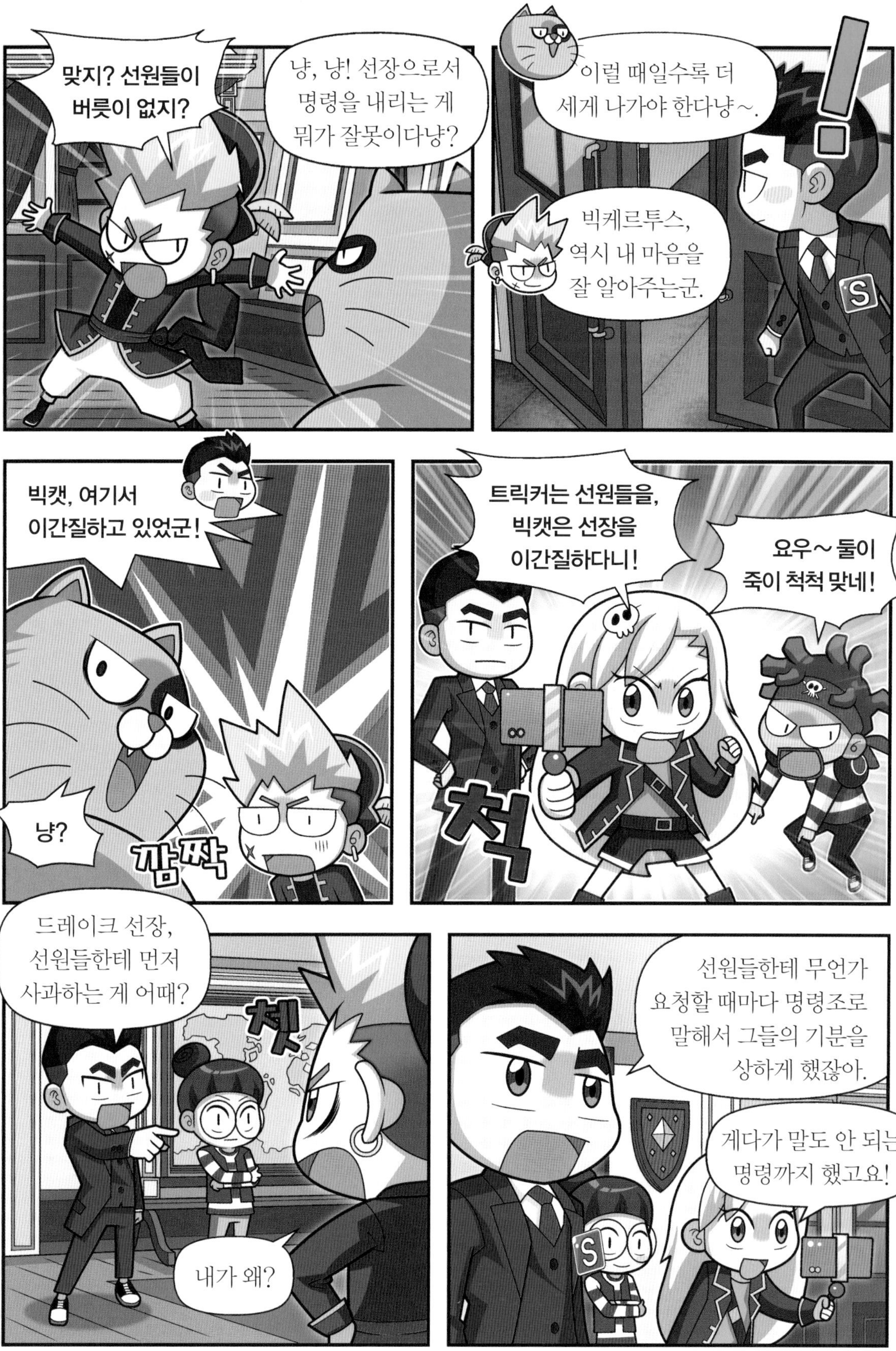
맞지? 선원들이 버릇이 없지?
냥, 냥! 선장으로서 명령을 내리는 게 뭐가 잘못이다냥?
이럴 때일수록 더 세게 나가야 한다냥~.
빅케르투스, 역시 내 마음을 잘 알아주는군.
빅캣, 여기서 이간질하고 있었군!
냥?
깜짝
트릭커는 선원들을, 빅캣은 선장을 이간질하다니!
요우~ 둘이 죽이 척척 맞네!
척
드레이크 선장, 선원들한테 먼저 사과하는 게 어때?
척
내가 왜?
선원들한테 무언가 요청할 때마다 명령조로 말해서 그들의 기분을 상하게 했잖아.
게다가 말도 안 되는 명령까지 했고요!

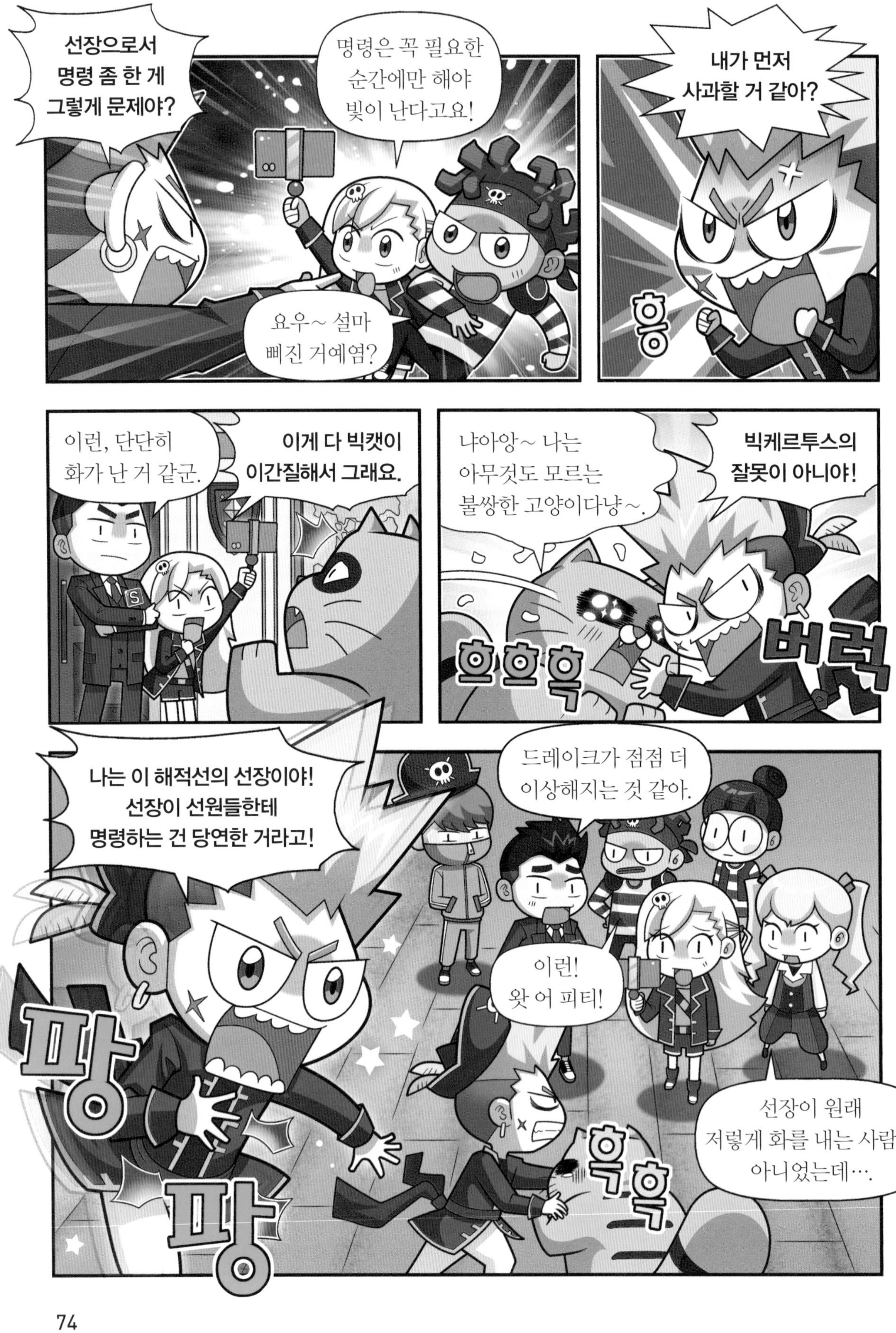

선장으로서
명령 좀 한 게
그렇게 문제야?
명령은 꼭 필요한
순간에만 해야
빛이 난다고요!
요우~ 설마
삐진 거예염?
내가 먼저
사과할 거 같아?
흥
이런, 단단히
화가 난 거 같군.
이게 다 빅캣이
이간질해서 그래요.
냐아앙~ 나는
아무것도 모르는
불쌍한 고양이다냥~.
빅케르투스의
잘못이 아니야!
흐흐흑
버럭
나는 이 해적선의 선장이야!
선장이 선원들한테
명령하는 건 당연한 거라고!
드레이크가 점점 더
이상해지는 것 같아.
이런!
왓 어 피티!
선장이 원래
저렇게 화를 내는 사람이
아니었는데….
팡
팡
흑흑

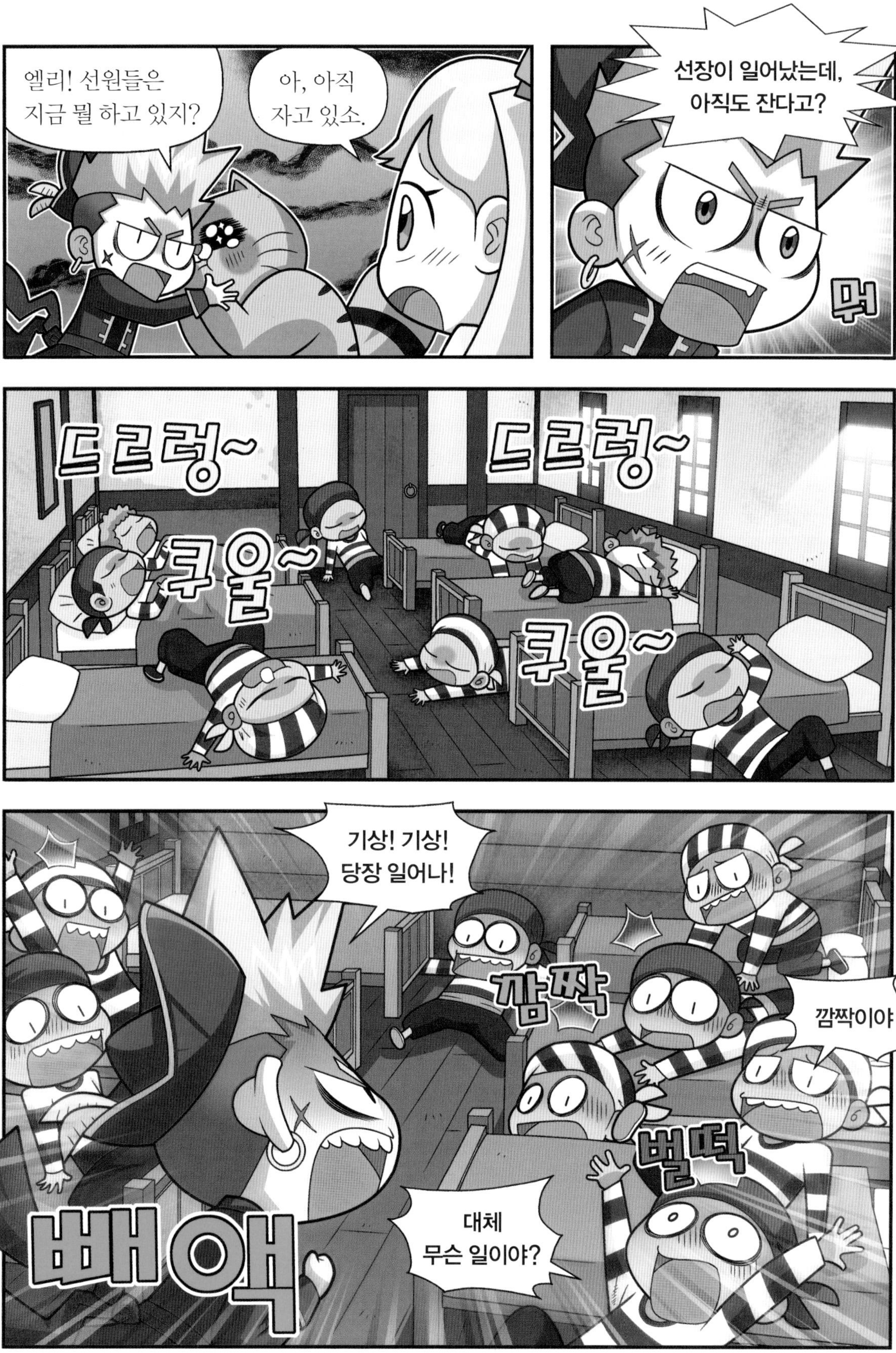
엘리! 선원들은
지금 뭘 하고 있지?
아, 아직
자고 있소.
선장이 일어났는데,
아직도 잔다고?
뭐
드르렁~
드르렁~
쿠울~
쿠울~
기상! 기상!
당장 일어나!
깜짝
깜짝이야!
벌떡
빼액
대체
무슨 일이야?

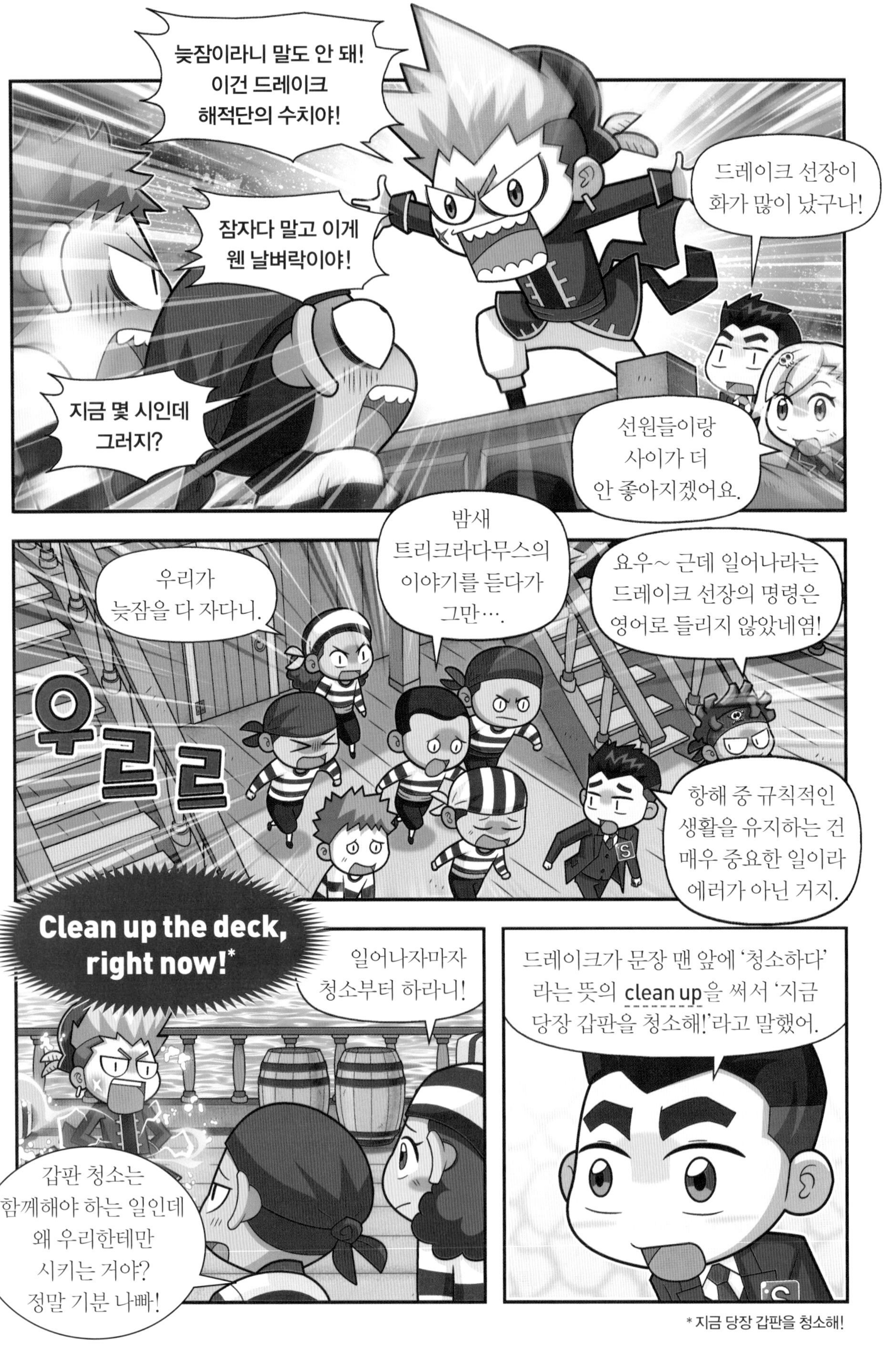

늦잠이라니 말도 안 돼! 이건 드레이크 해적단의 수치야!
잠자다 말고 이게 웬 날벼락이야!
지금 몇 시인데 그러지?
드레이크 선장이 화가 많이 났구나!
선원들이랑 사이가 더 안 좋아지겠어요.
우리가 늦잠을 다 자다니.
밤새 트리크라다무스의 이야기를 듣다가 그만….
요우~ 근데 일어나라는 드레이크 선장의 명령은 영어로 들리지 않았네염!
우르르
항해 중 규칙적인 생활을 유지하는 건 매우 중요한 일이라 에러가 아닌 거지.
Clean up the deck, right now!*
일어나자마자 청소부터 하라니!
갑판 청소는 함께해야 하는 일인데 왜 우리한테만 시키는 거야? 정말 기분 나빠!
드레이크가 문장 맨 앞에 '청소하다'라는 뜻의 clean up을 써서 '지금 당장 갑판을 청소해!'라고 말했어.

* 지금 당장 갑판을 청소해!

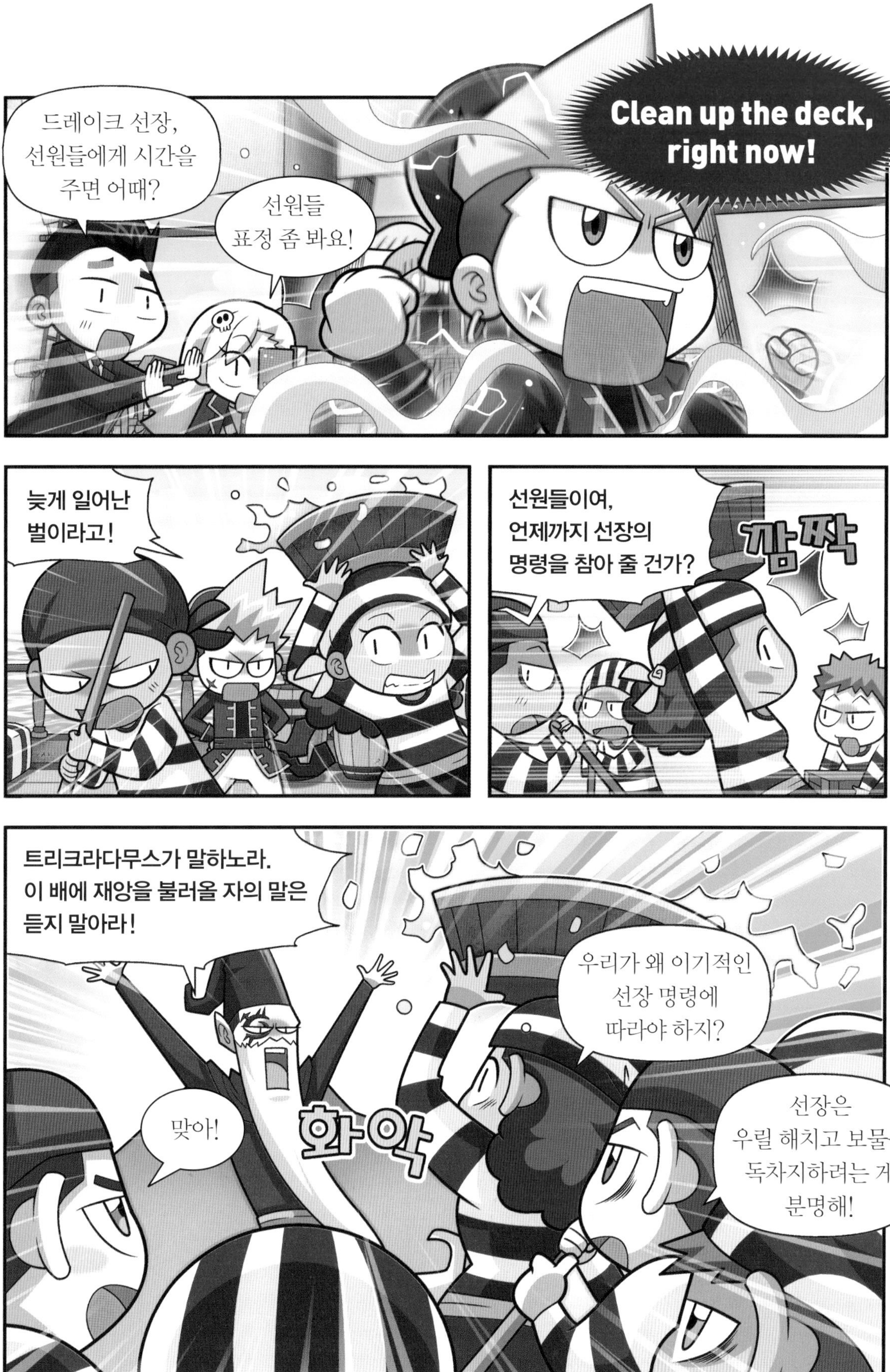
드레이크 선장,
선원들에게 시간을
주면 어때?
선원들
표정 좀 봐요!
Clean up the deck,
right now!
늦게 일어난
벌이라고!
선원들이여,
언제까지 선장의
명령을 참아 줄 건가?
깜짝
트리크라다무스가 말하노라.
이 배에 재앙을 불러올 자의 말은
듣지 말아라!
우리가 왜 이기적인
선장 명령에
따라야 하지?
맞아!
화악
선장은
우릴 해치고 보물을
독차지하려는 게
분명해!

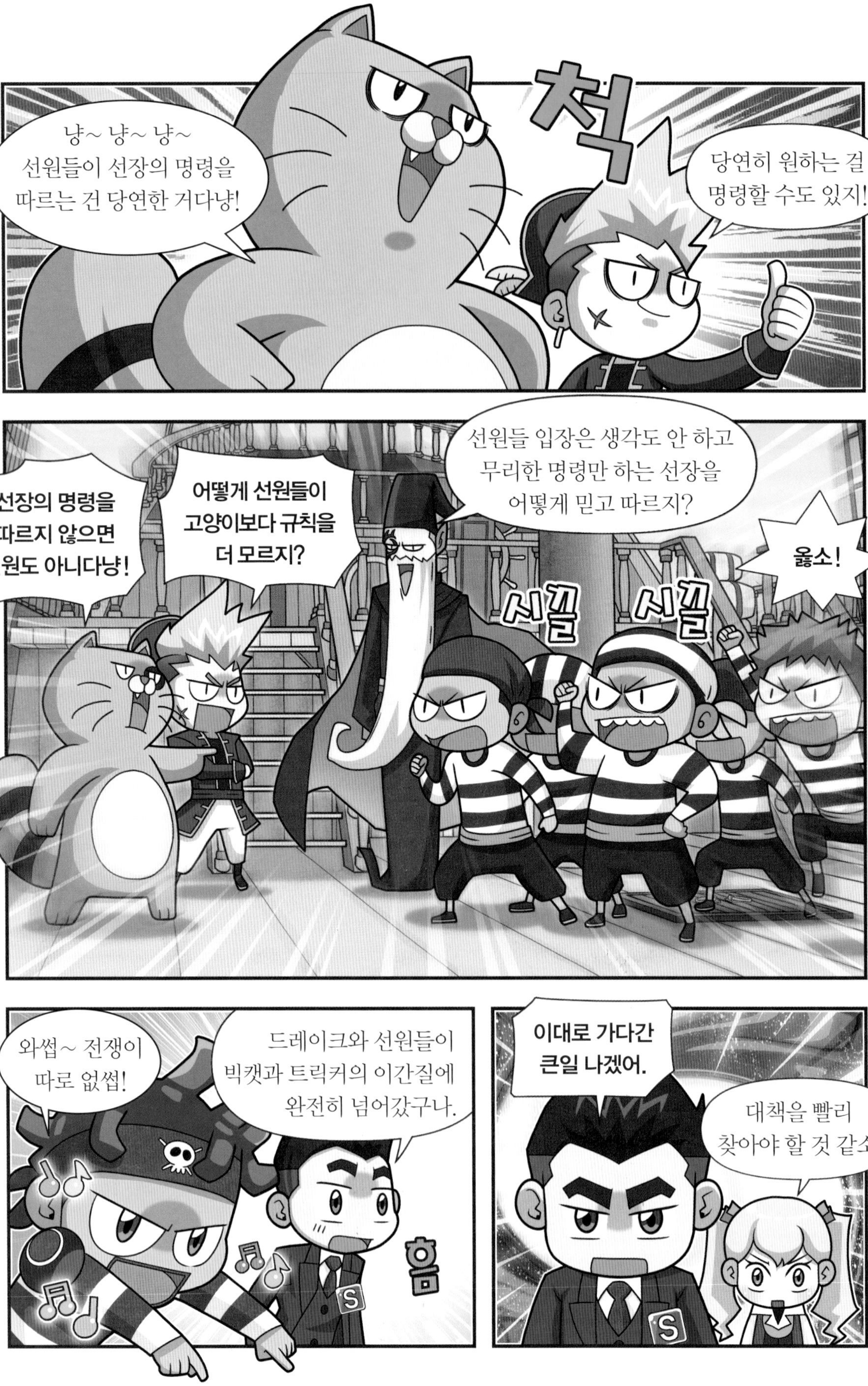
냥~ 냥~ 냥~
선원들이 선장의 명령을 따르는 건 당연한 거다냥!
척
당연히 원하는 걸 명령할 수도 있지!
선장의 명령을 따르지 않으면 선원도 아니다냥!
어떻게 선원들이 고양이보다 규칙을 더 모르지?
선원들 입장은 생각도 안 하고 무리한 명령만 하는 선장을 어떻게 믿고 따르지?
옳소!
시끌 시끌
와썹~ 전쟁이 따로 없썹!
드레이크와 선원들이 빅캣과 트릭커의 이간질에 완전히 넘어갔구나.
흠
이대로 가다간 큰일 나겠어.
대책을 빨리 찾아야 할 것 같소.

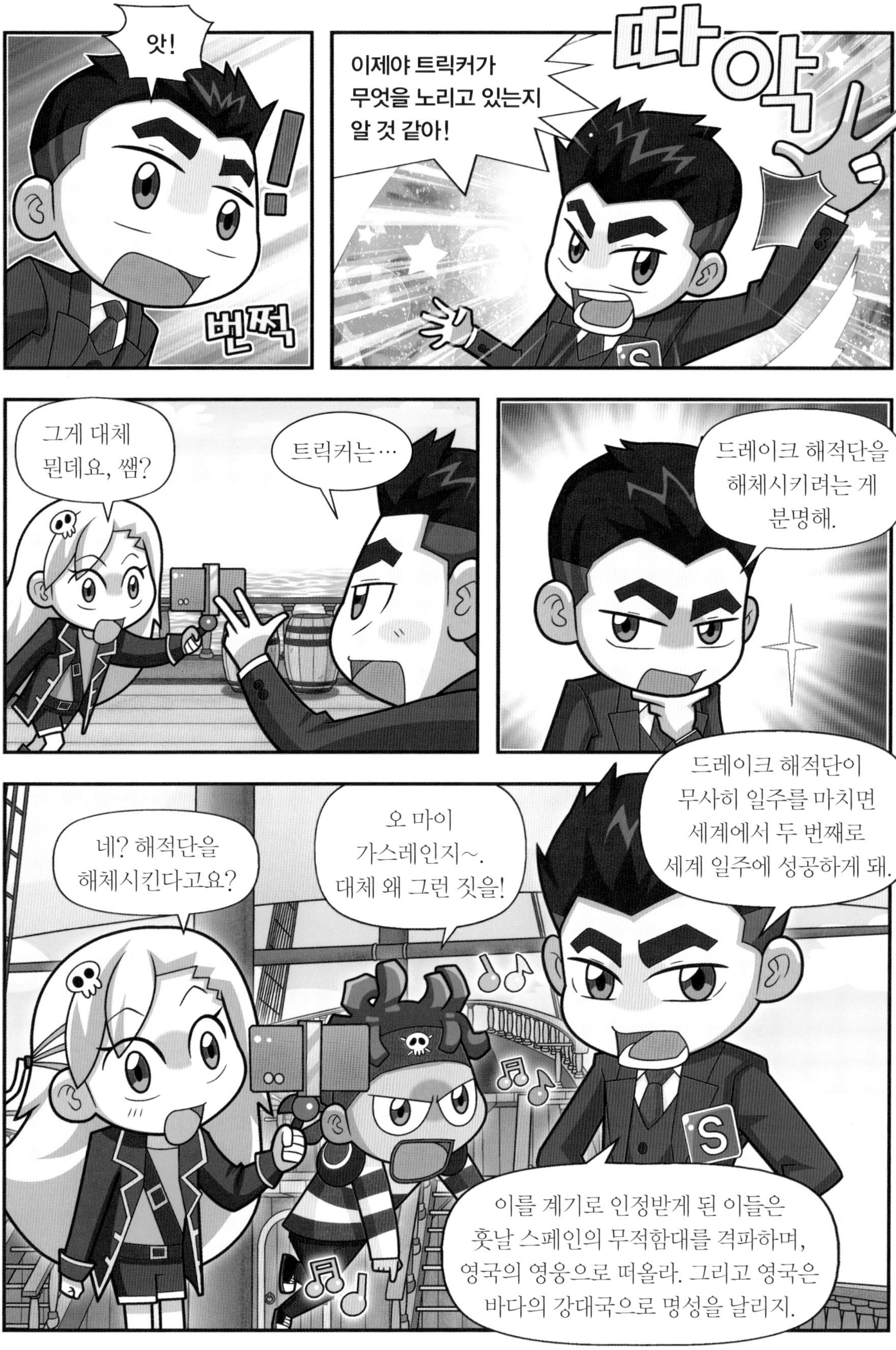
앗!
번쩍
따악
이제야 트릭커가 무엇을 노리고 있는지 알 것 같아!
그게 대체 뭔데요, 쌤?
트릭커는…
드레이크 해적단을 해체시키려는 게 분명해.
드레이크 해적단이 무사히 일주를 마치면 세계에서 두 번째로 세계 일주에 성공하게 돼.
오 마이 가스레인지~. 대체 왜 그런 짓을!
네? 해적단을 해체시킨다고요?
이를 계기로 인정받게 된 이들은 훗날 스페인의 무적함대를 격파하며, 영국의 영웅으로 떠올라. 그리고 영국은 바다의 강대국으로 명성을 날리지.

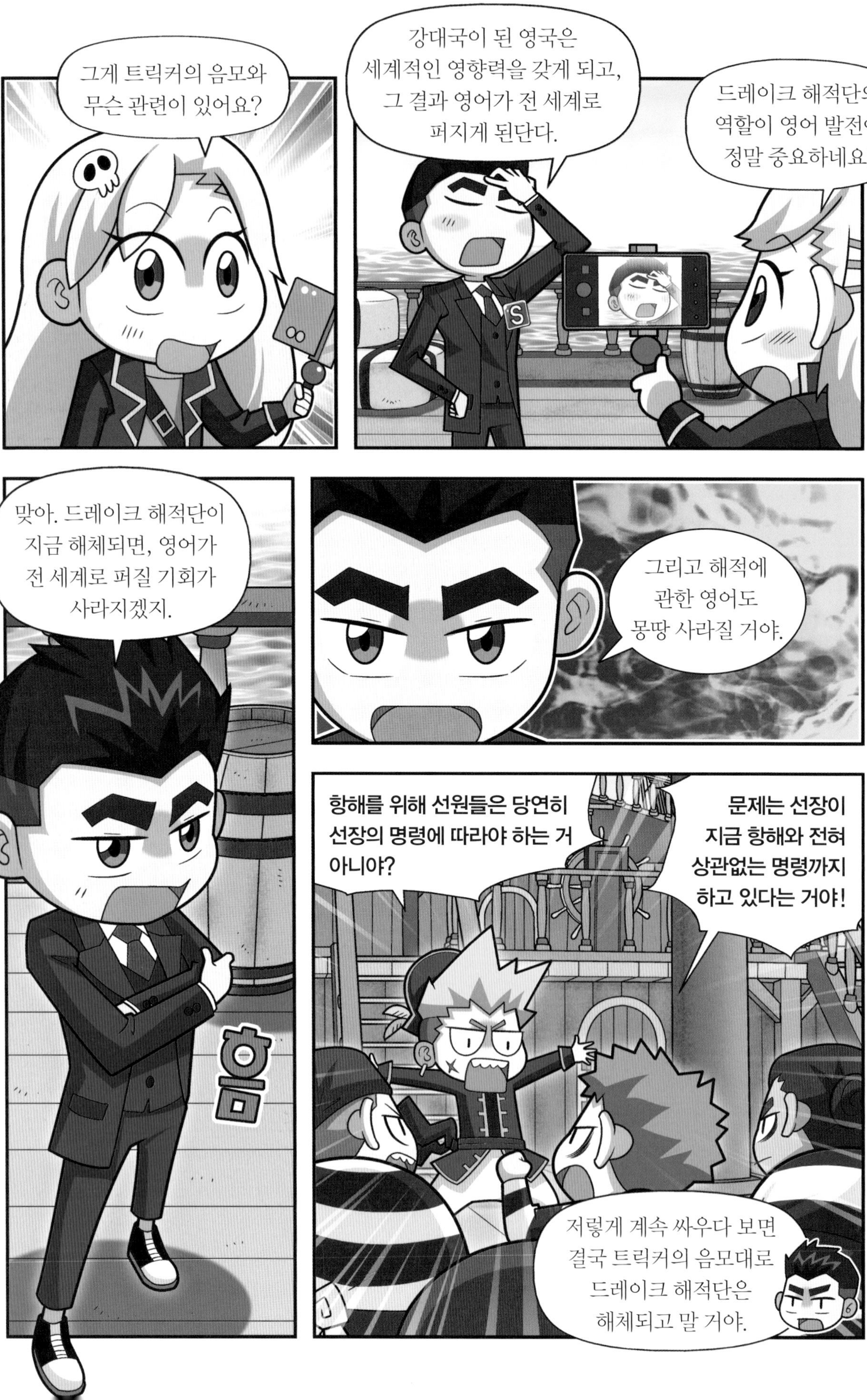

그게 트릭커의 음모와 무슨 관련이 있어요?
강대국이 된 영국은 세계적인 영향력을 갖게 되고, 그 결과 영어가 전 세계로 퍼지게 된단다.
드레이크 해적단의 역할이 영어 발전에 정말 중요하네요!
맞아. 드레이크 해적단이 지금 해체되면, 영어가 전 세계로 퍼질 기회가 사라지겠지.
흠
그리고 해적에 관한 영어도 몽땅 사라질 거야.
항해를 위해 선원들은 당연히 선장의 명령에 따라야 하는 거 아니야?
문제는 선장이 지금 항해와 전혀 상관없는 명령까지 하고 있다는 거야!
저렇게 계속 싸우다 보면 결국 트릭커의 음모대로 드레이크 해적단은 해체되고 말 거야.

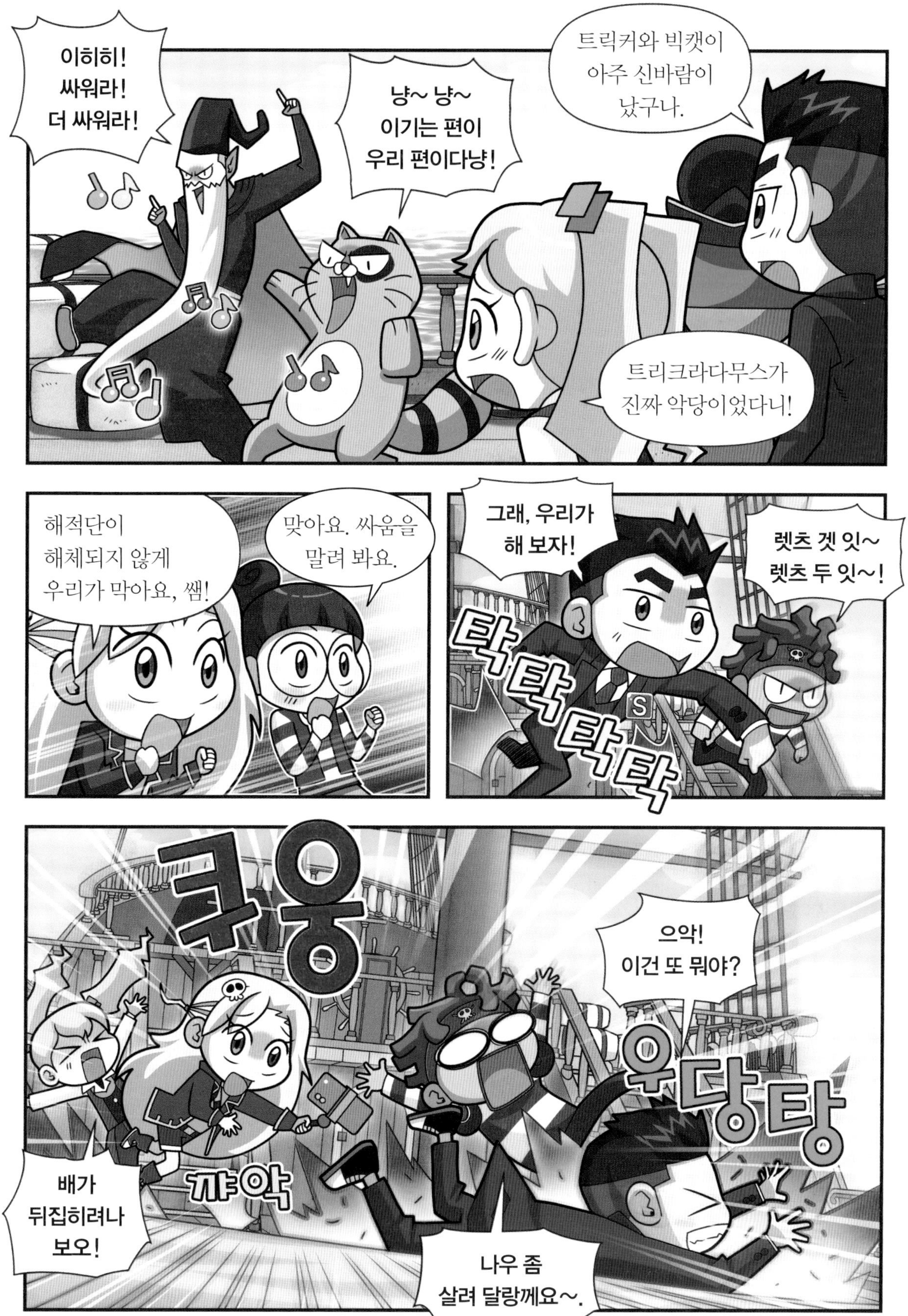

이히히!
싸워라!
더 싸워라!
냥~ 냥~
이기는 편이
우리 편이다냥!
트릭커와 빅캣이
아주 신바람이
났구나.
트리크라다무스가
진짜 악당이었다니!
해적단이
해체되지 않게
우리가 막아요, 쌤!
맞아요. 싸움을
말려 봐요.
그래, 우리가
해 보자!
렛츠 겟 잇~
렛츠 두 잇~!
탁탁탁탁
쿠웅
으악!
이건 또 뭐야?
우당탕
꺄악
배가
뒤집히려나
보오!
나우 좀
살려 달랑께요~.

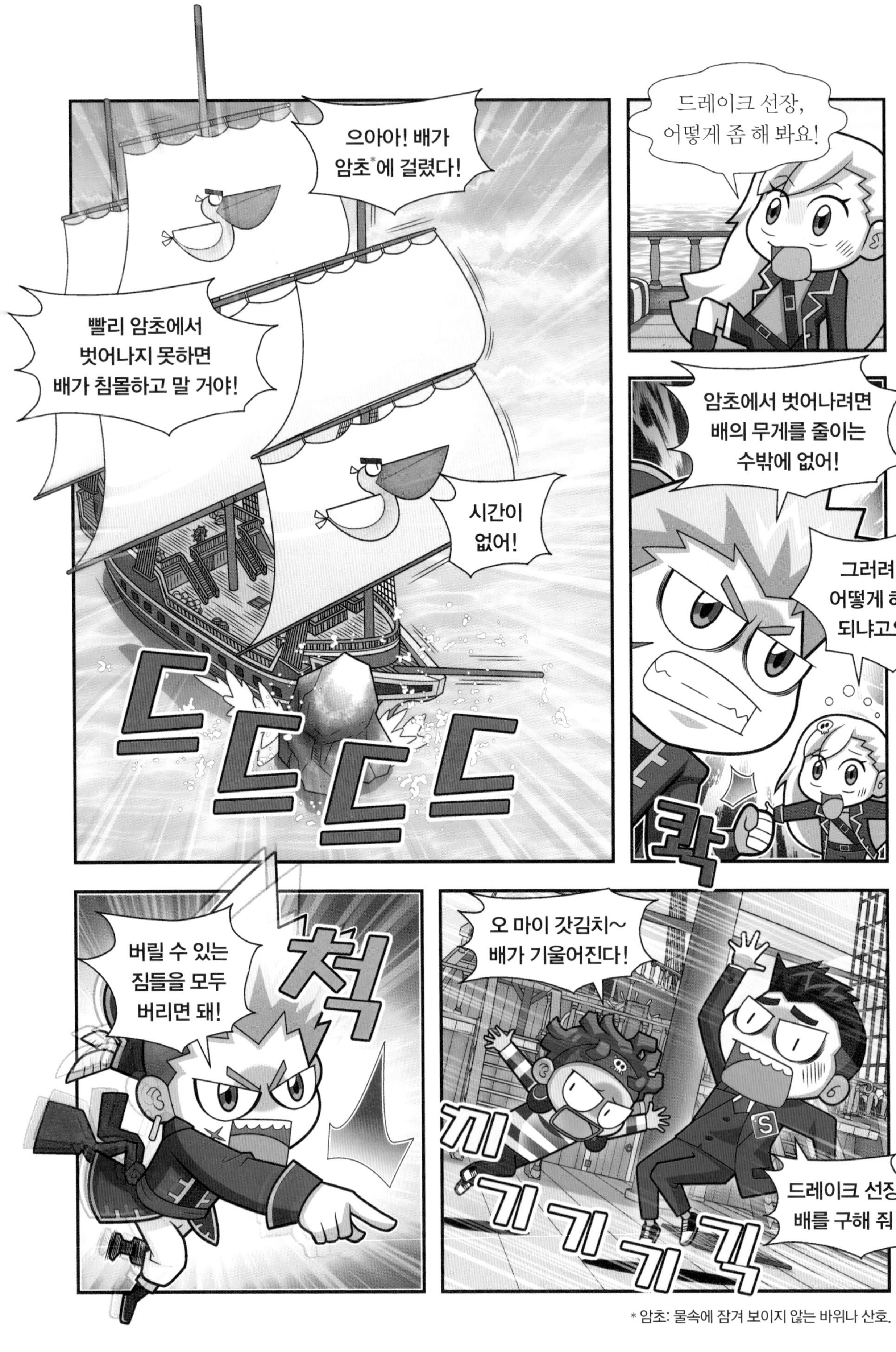
으아아! 배가 암초*에 걸렸다!
빨리 암초에서 벗어나지 못하면 배가 침몰하고 말 거야!
시간이 없어!
드드드드
드레이크 선장, 어떻게 좀 해 봐요!
암초에서 벗어나려면 배의 무게를 줄이는 수밖에 없어!
그러려면 어떻게 해야 되냐고요!
콱
버릴 수 있는 짐들을 모두 버리면 돼!
척
오 마이 갓김치~ 배가 기울어진다!
끼기기긱
드레이크 선장, 배를 구해 줘!

* 암초: 물속에 잠겨 보이지 않는 바위나 산호.

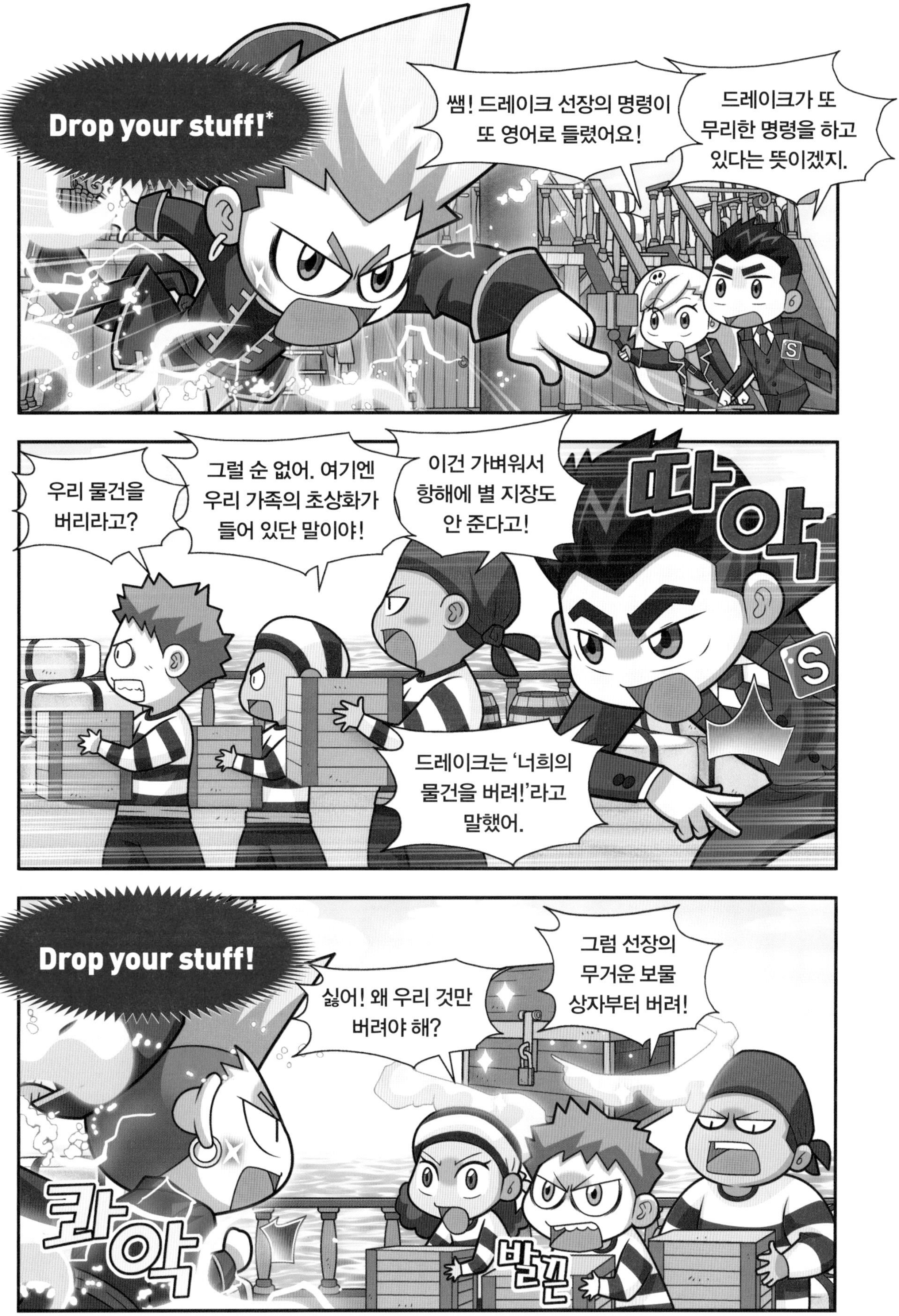
Drop your stuff!*
쌤! 드레이크 선장의 명령이 또 영어로 들렸어요!
드레이크가 또 무리한 명령을 하고 있다는 뜻이겠지.
우리 물건을 버리라고?
그럴 순 없어. 여기엔 우리 가족의 초상화가 들어 있단 말이야!
이건 가벼워서 항해에 별 지장도 안 준다고!
따악
드레이크는 '너희의 물건을 버려!'라고 말했어.
Drop your stuff!
싫어! 왜 우리 것만 버려야 해?
그럼 선장의 무거운 보물 상자부터 버려!
콰악
발끈

* 너희의 물건을 버려!

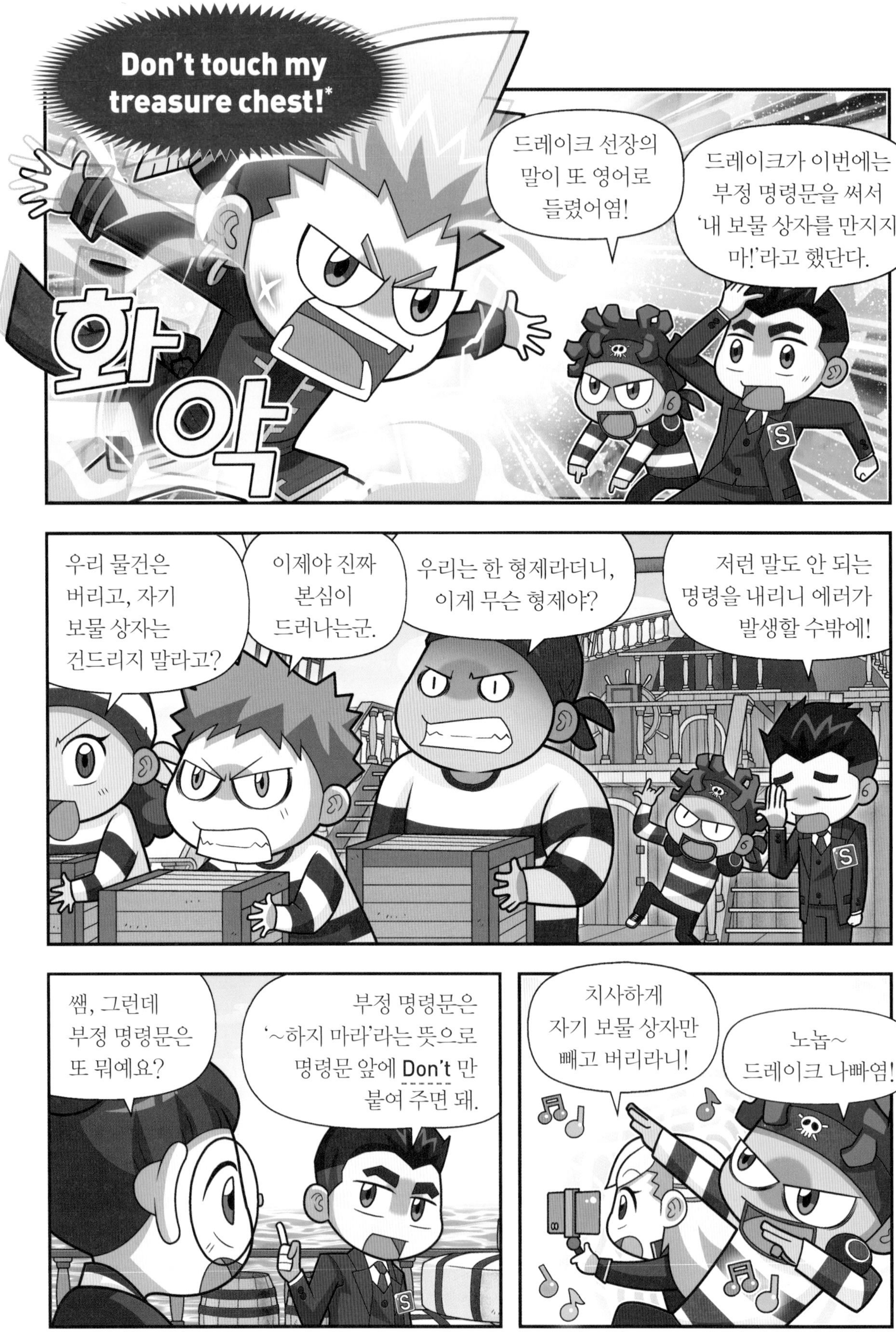
Don't touch my treasure chest!*
화악
드레이크 선장의 말이 또 영어로 들렸어염!
드레이크가 이번에는 부정 명령문을 써서 '내 보물 상자를 만지지 마!'라고 했단다.
우리 물건은 버리고, 자기 보물 상자는 건드리지 말라고?
이제야 진짜 본심이 드러나는군.
우리는 한 형제라더니, 이게 무슨 형제야?
저런 말도 안 되는 명령을 내리니 에러가 발생할 수밖에!
쌤, 그런데 부정 명령문은 또 뭐예요?
부정 명령문은 '~하지 마라'라는 뜻으로 명령문 앞에 Don't 만 붙여 주면 돼.
치사하게 자기 보물 상자만 빼고 버리라니!
노놉~ 드레이크 나빠염!

* 내 보물 상자를 만지지 마!

* 이시원 선생님이 직접 가르쳐 주는 강의를 확인하고 싶다면 145쪽을 펼쳐 보세요.

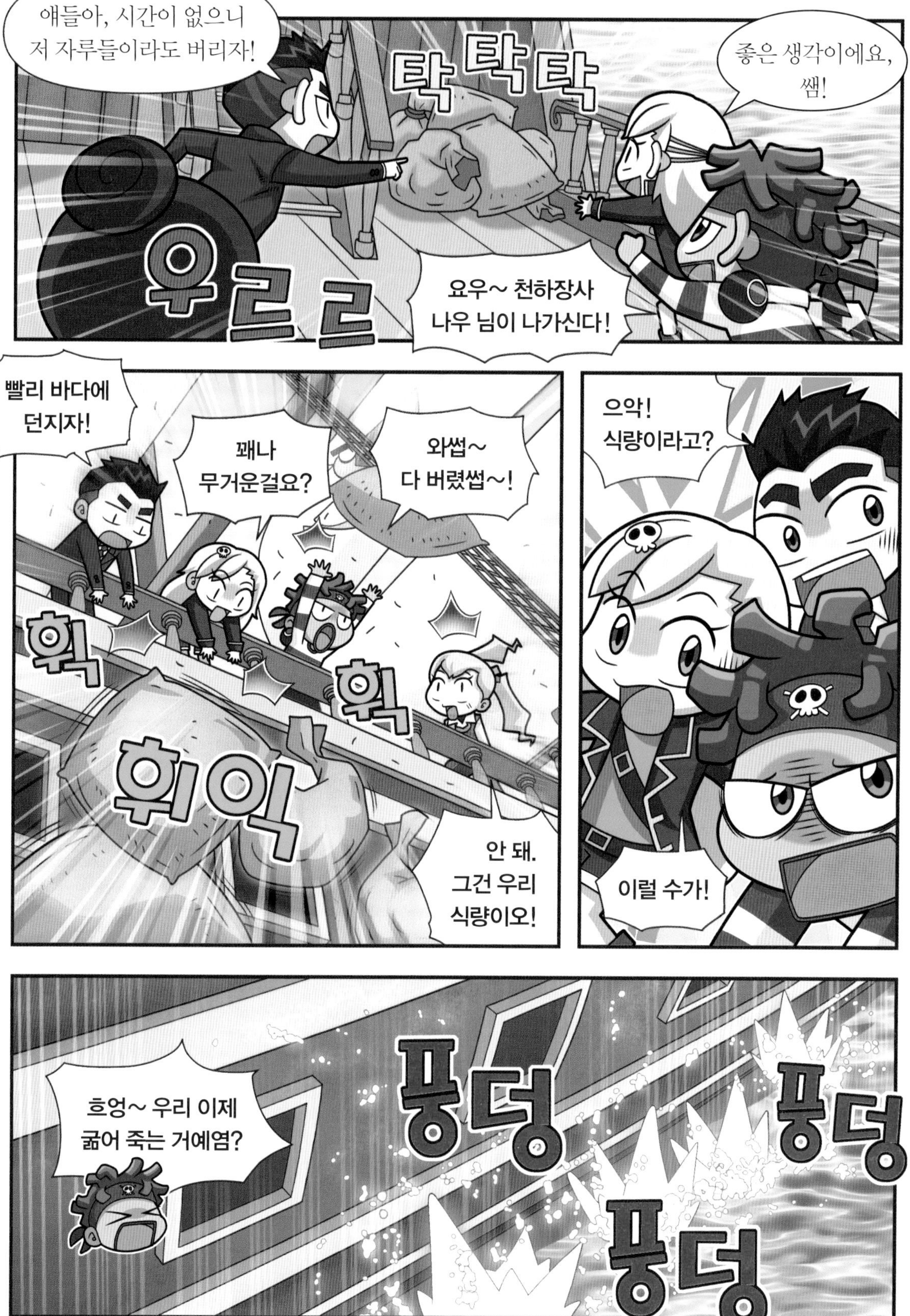
애들아, 시간이 없으니 저 자루들이라도 버리자!
탁 탁 탁
좋은 생각이에요, 쌤!
우르르
요우~ 천하장사 나우 님이 나가신다!
빨리 바다에 던지자!
꽤나 무거운걸요?
와썹~ 다 버렸썹~!
휙
휙
휘익
안 돼. 그건 우리 식량이오!
으악! 식량이라고?
이럴 수가!
흐엉~ 우리 이제 굶어 죽는 거예염?
풍덩
풍덩
풍덩

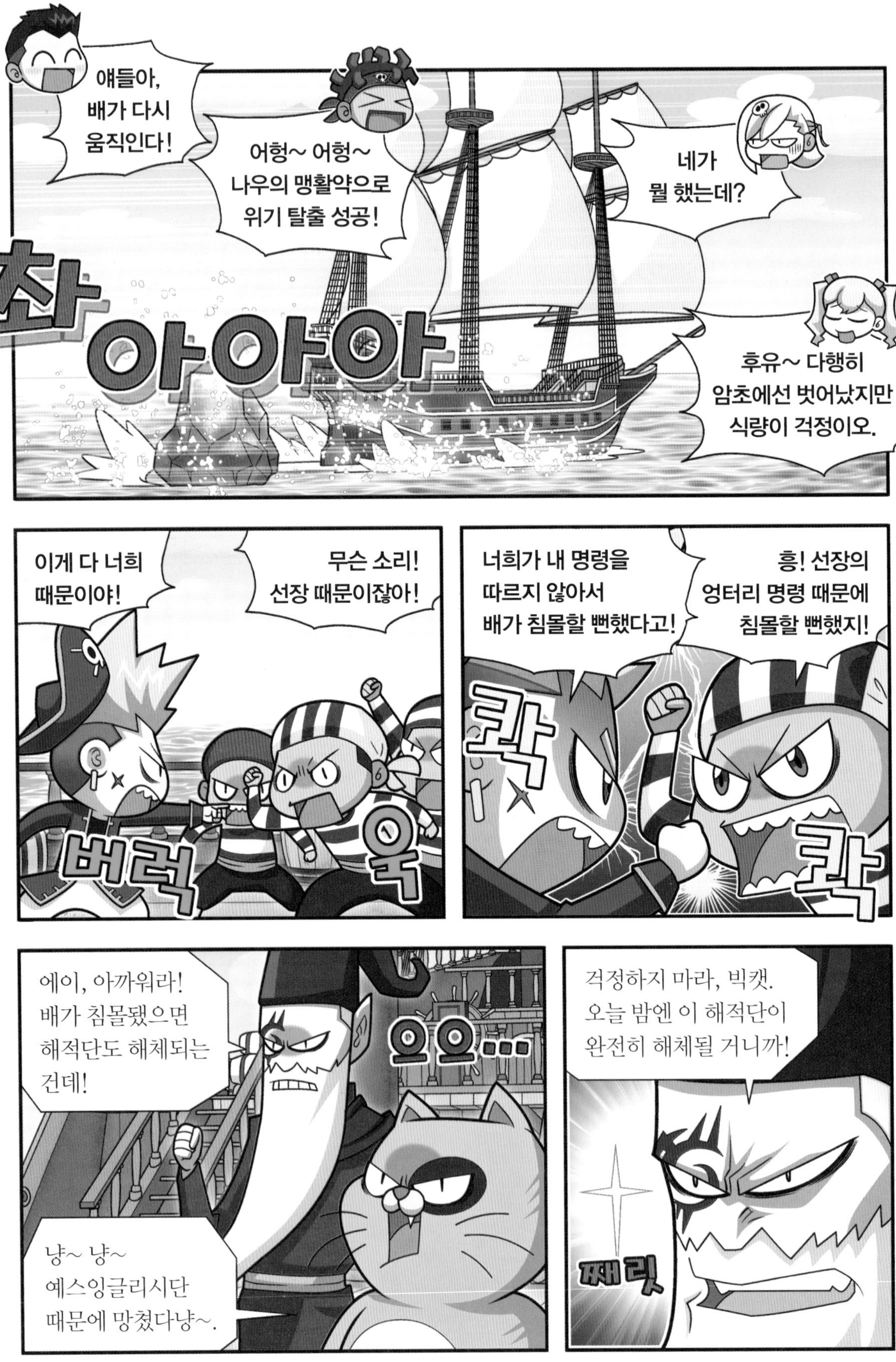
얘들아, 배가 다시 움직인다!
어헝~ 어헝~ 나우의 맹활약으로 위기 탈출 성공!
네가 뭘 했는데?
촤아아아아
후유~ 다행히 암초에선 벗어났지만 식량이 걱정이오.
이게 다 너희 때문이야!
무슨 소리! 선장 때문이잖아!
버럭
욱
너희가 내 명령을 따르지 않아서 배가 침몰할 뻔했다고!
흥! 선장의 엉터리 명령 때문에 침몰할 뻔했지!
콰
콰
에이, 아까워라! 배가 침몰됐으면 해적단도 해체되는 건데!
으으...
냥~ 냥~ 예스잉글리시단 때문에 망쳤다냥~.
걱정하지 마라, 빅캣. 오늘 밤엔 이 해적단이 완전히 해체될 거니까!
째릿

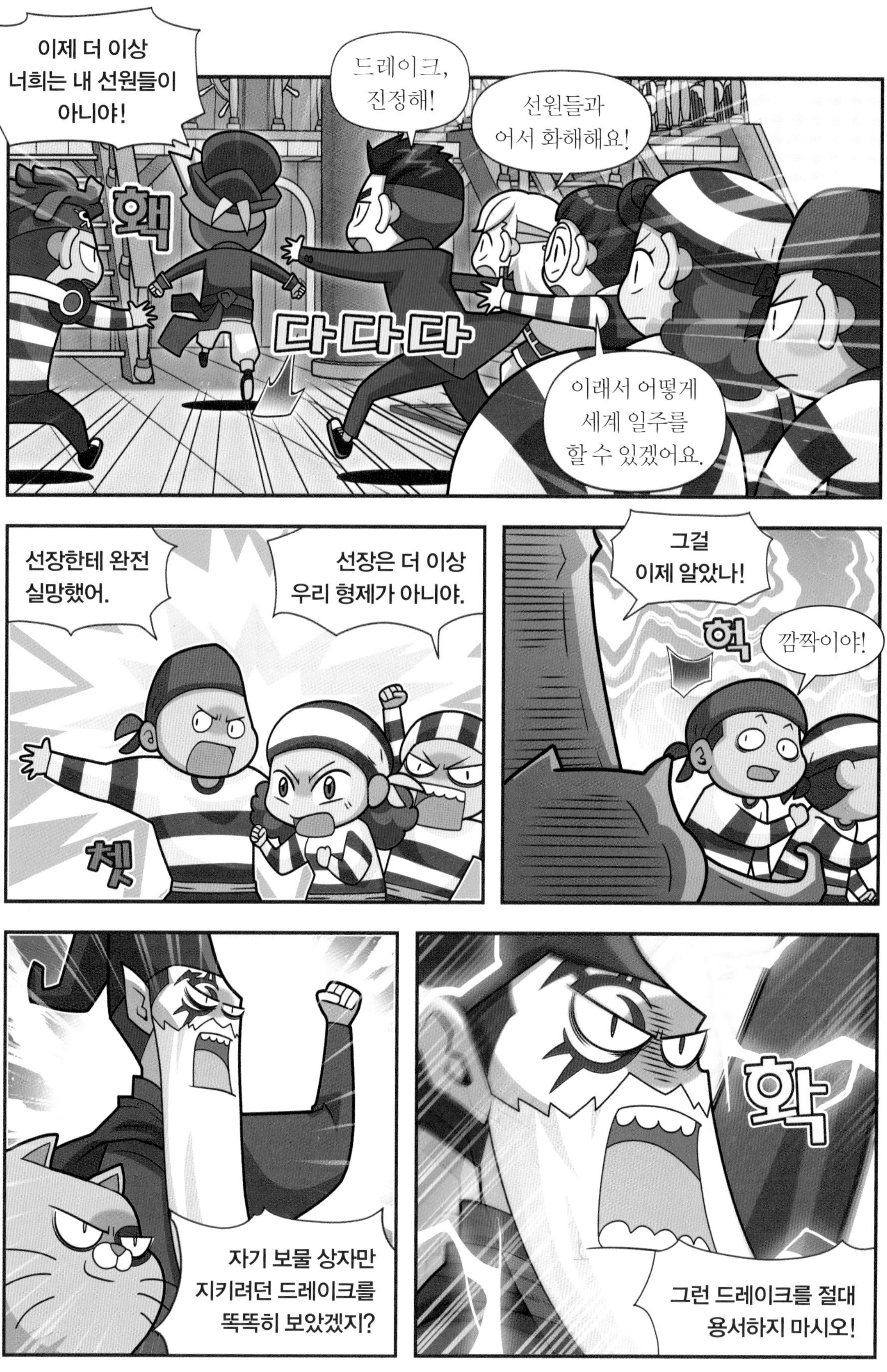
이제 더 이상 너희는 내 선원들이 아니야!
드레이크, 진정해!
선원들과 어서 화해해요!
홱
다다다다
이래서 어떻게 세계 일주를 할 수 있겠어요.
선장한테 완전 실망했어.
선장은 더 이상 우리 형제가 아니야.
칫
그걸 이제 알았나!
헉
깜짝이야!
자기 보물 상자만 지키려던 드레이크를 똑똑히 보았겠지?
확
그런 드레이크를 절대 용서하지 마시오!

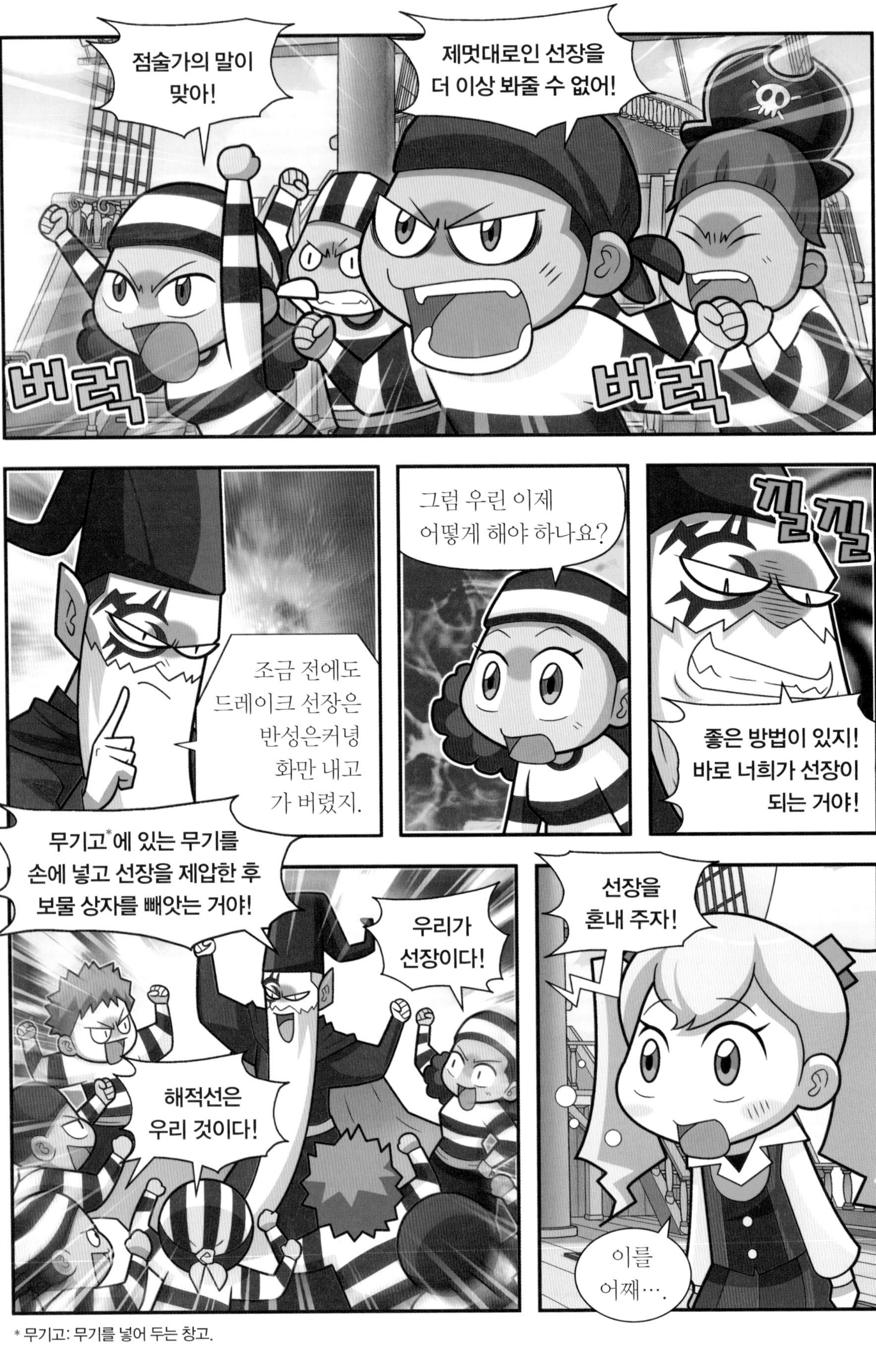
점술가의 말이 맞아!
제멋대로인 선장을 더 이상 봐줄 수 없어!
버럭
버럭
조금 전에도 드레이크 선장은 반성은커녕 화만 내고 가 버렸지.
그럼 우린 이제 어떻게 해야 하나요?
낄낄
좋은 방법이 있지! 바로 너희가 선장이 되는 거야!
무기고*에 있는 무기를 손에 넣고 선장을 제압한 후 보물 상자를 빼앗는 거야!
우리가 선장이다!
해적선은 우리 것이다!
선장을 혼내 주자!
이를 어째….

* 무기고: 무기를 넣어 두는 창고.

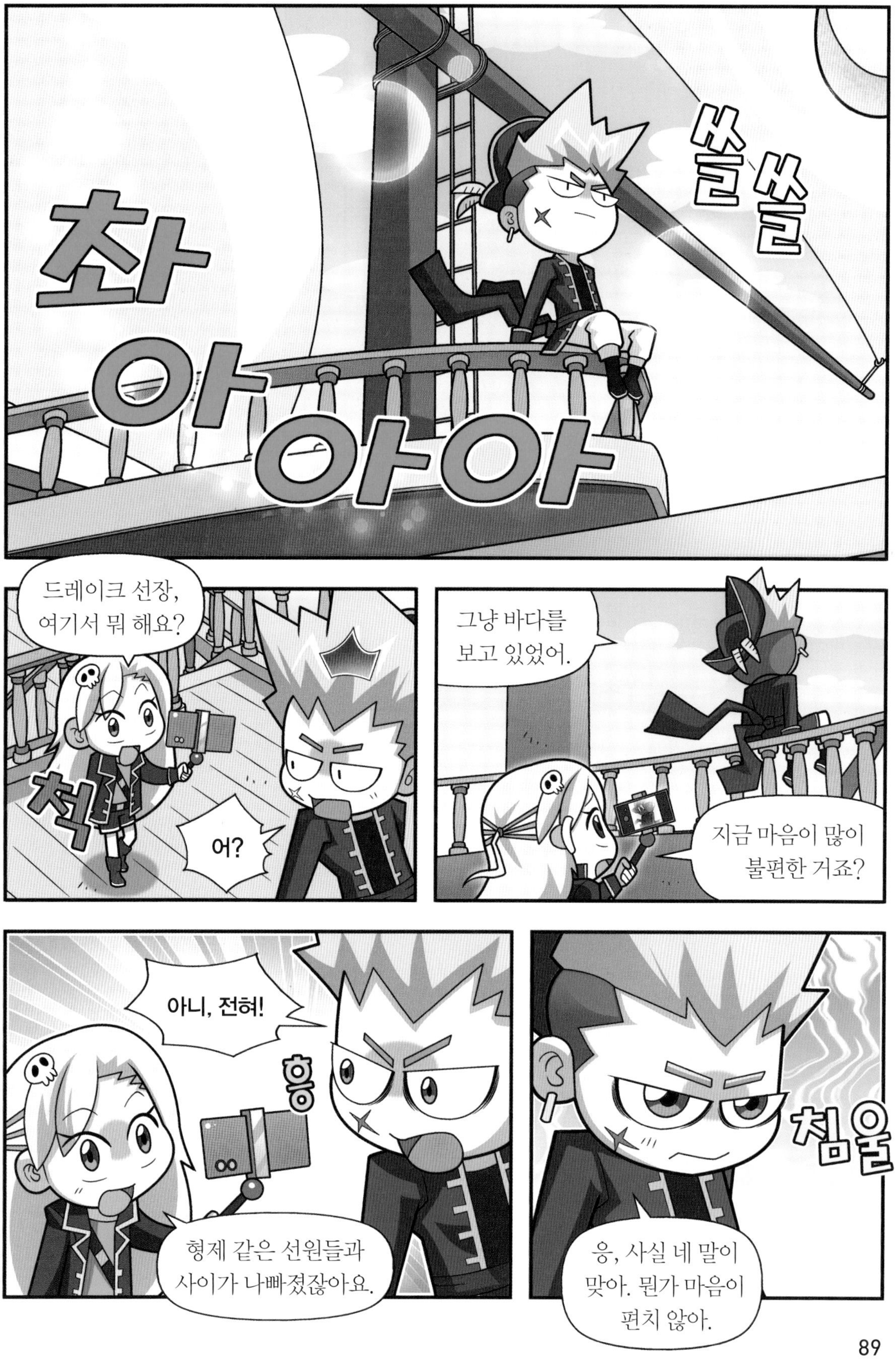

쏠쏠
촤아아아
드레이크 선장, 여기서 뭐 해요?
척
어?
그냥 바다를 보고 있었어.
지금 마음이 많이 불편한 거죠?
아니, 전혀!
흥
형제 같은 선원들과 사이가 나빠졌잖아요.
침울
응, 사실 네 말이 맞아. 뭔가 마음이 편치 않아.

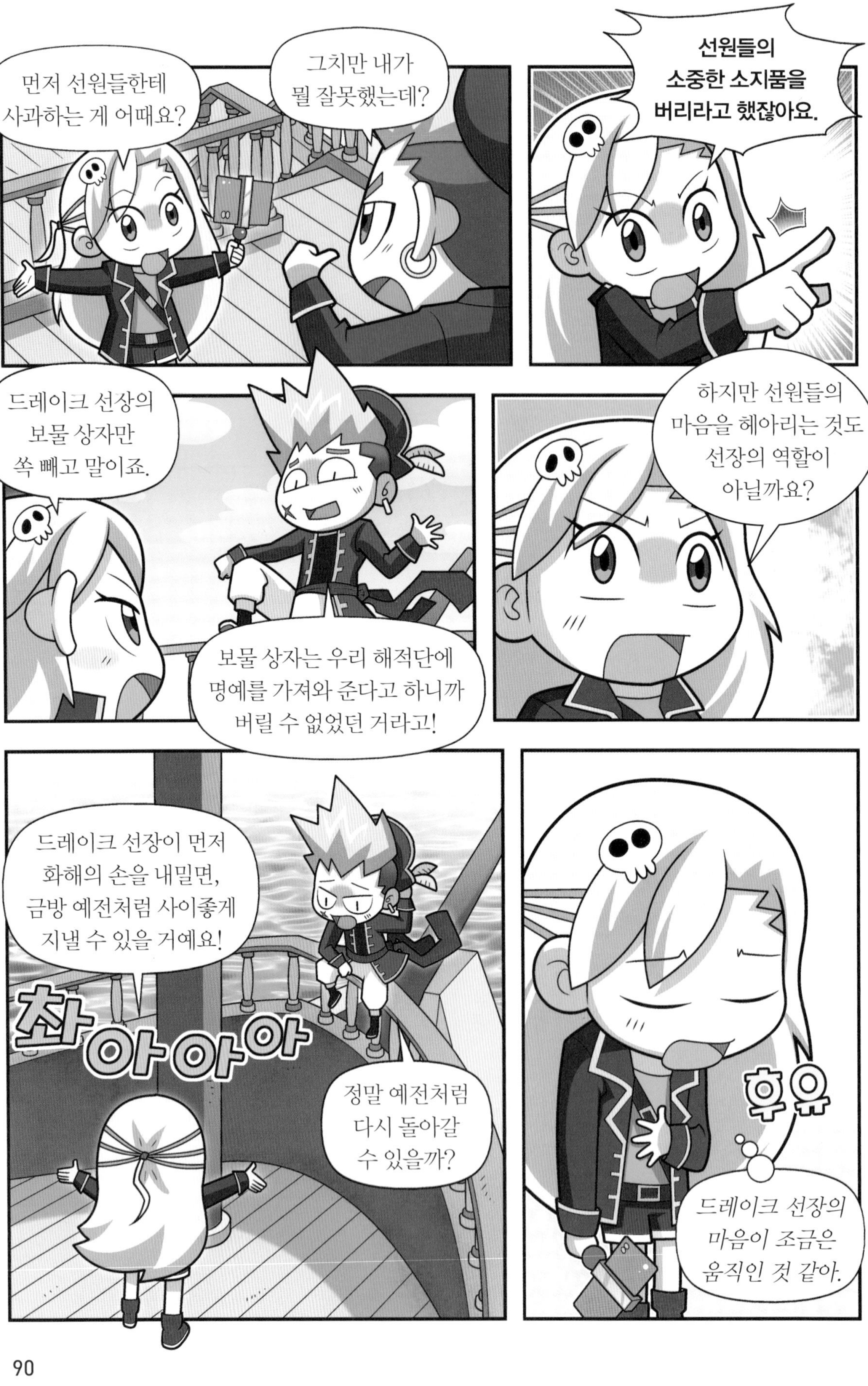
먼저 선원들한테 사과하는 게 어때요?
그치만 내가 뭘 잘못했는데?
선원들의 소중한 소지품을 버리라고 했잖아요.
드레이크 선장의 보물 상자만 쏙 빼고 말이죠.
보물 상자는 우리 해적단에 명예를 가져와 준다고 하니까 버릴 수 없었던 거라고!
하지만 선원들의 마음을 헤아리는 것도 선장의 역할이 아닐까요?
드레이크 선장이 먼저 화해의 손을 내밀면, 금방 예전처럼 사이좋게 지낼 수 있을 거예요!
촤아아아
정말 예전처럼 다시 돌아갈 수 있을까?
후유
드레이크 선장의 마음이 조금은 움직인 것 같아.

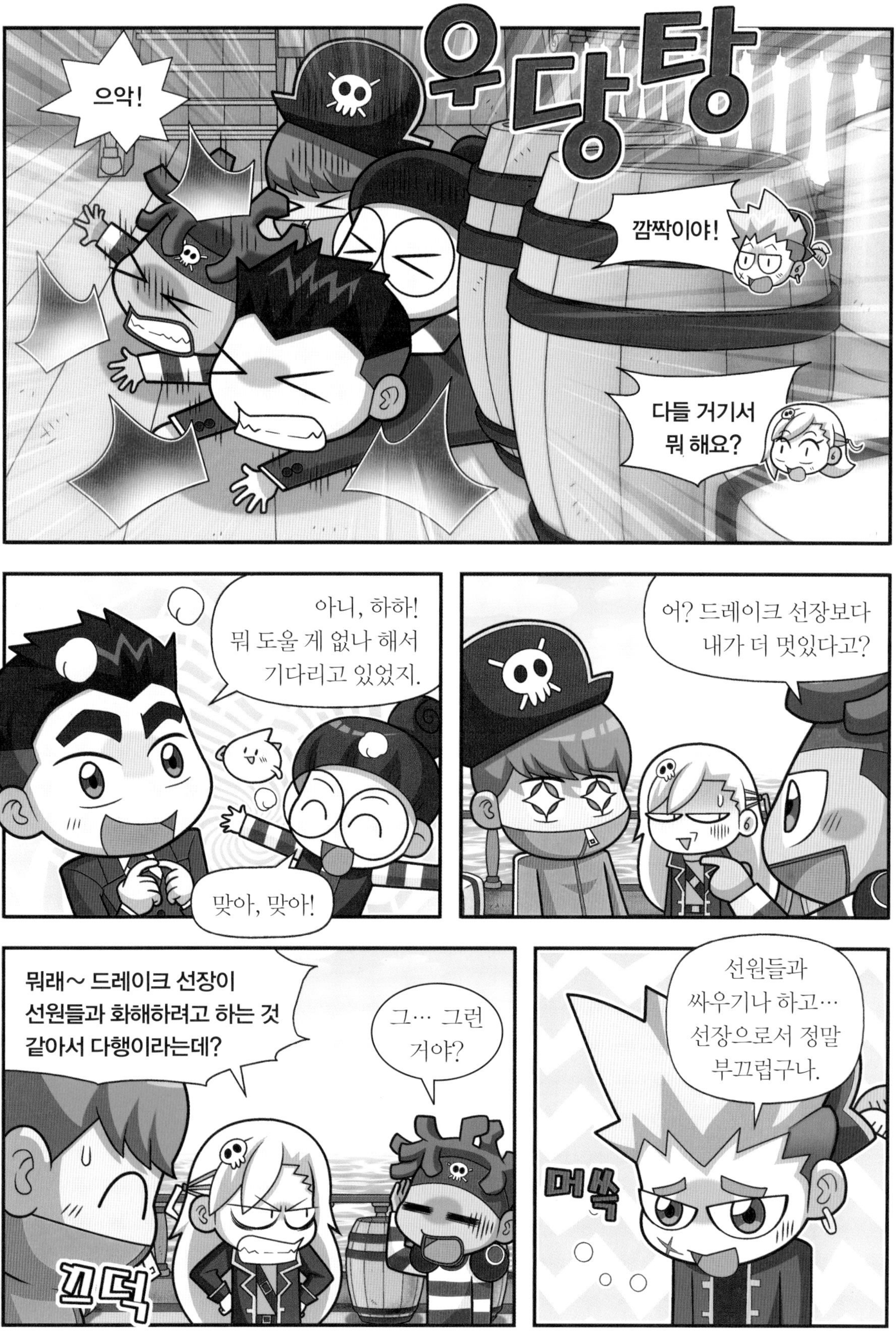

우당탕
으악!
깜짝이야!
다들 거기서 뭐 해요?
아니, 하하! 뭐 도울 게 없나 해서 기다리고 있었지.
맞아, 맞아!
어? 드레이크 선장보다 내가 더 멋있다고?
뭐래~ 드레이크 선장이 선원들과 화해하려고 하는 것 같아서 다행이라는데?
그… 그런 거야?
끄덕
선원들과 싸우기나 하고… 선장으로서 정말 부끄럽구나.
머쓱

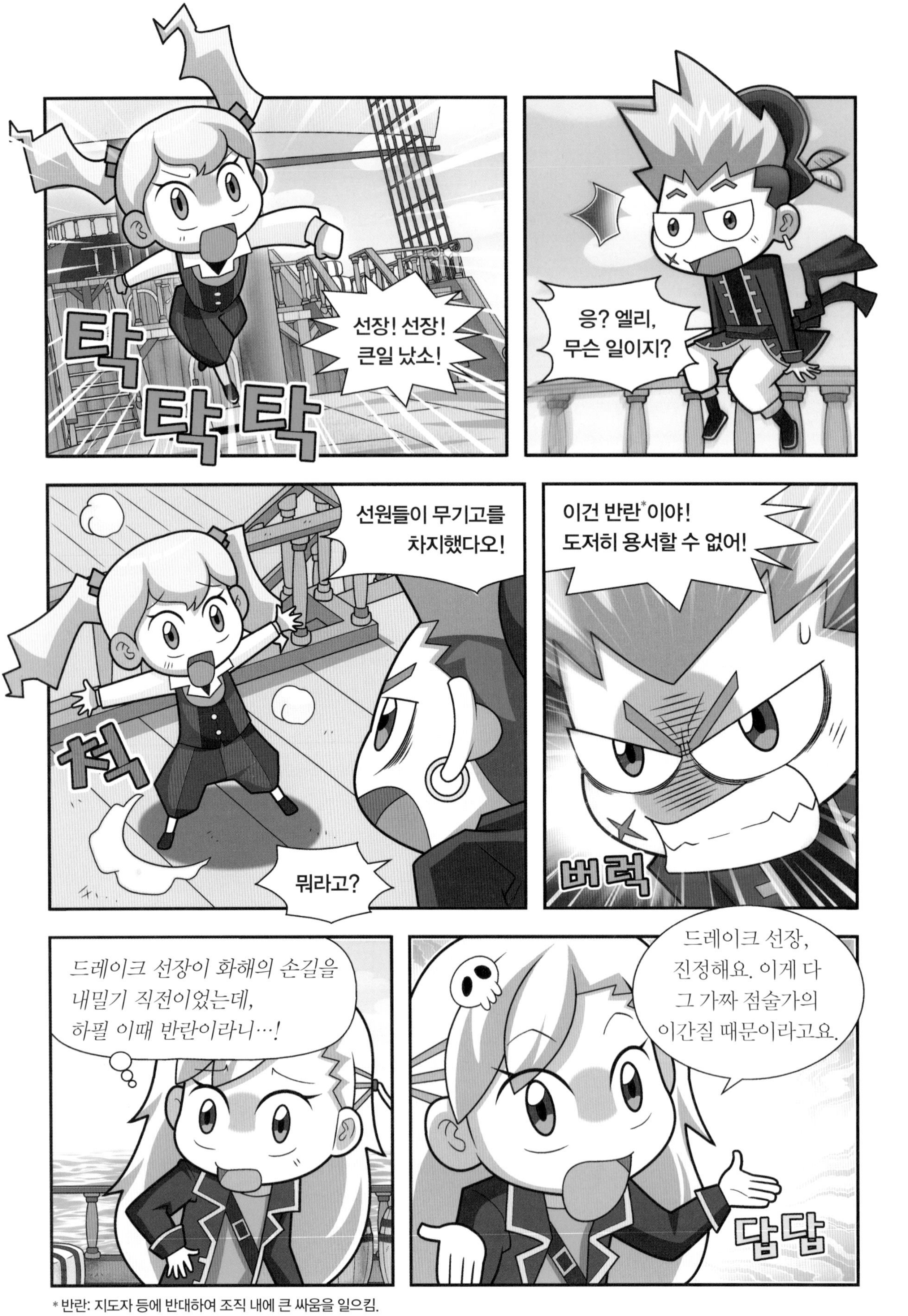

탁 탁 탁
선장! 선장! 큰일 났소!
응? 엘리, 무슨 일이지?
선원들이 무기고를 차지했다오!
척
뭐라고?
이건 반란*이야! 도저히 용서할 수 없어!
버럭
드레이크 선장이 화해의 손길을 내밀기 직전이었는데, 하필 이때 반란이라니…!
드레이크 선장, 진정해요. 이게 다 그 가짜 점술가의 이간질 때문이라고요.
답답

* 반란: 지도자 등에 반대하여 조직 내에 큰 싸움을 일으킴.

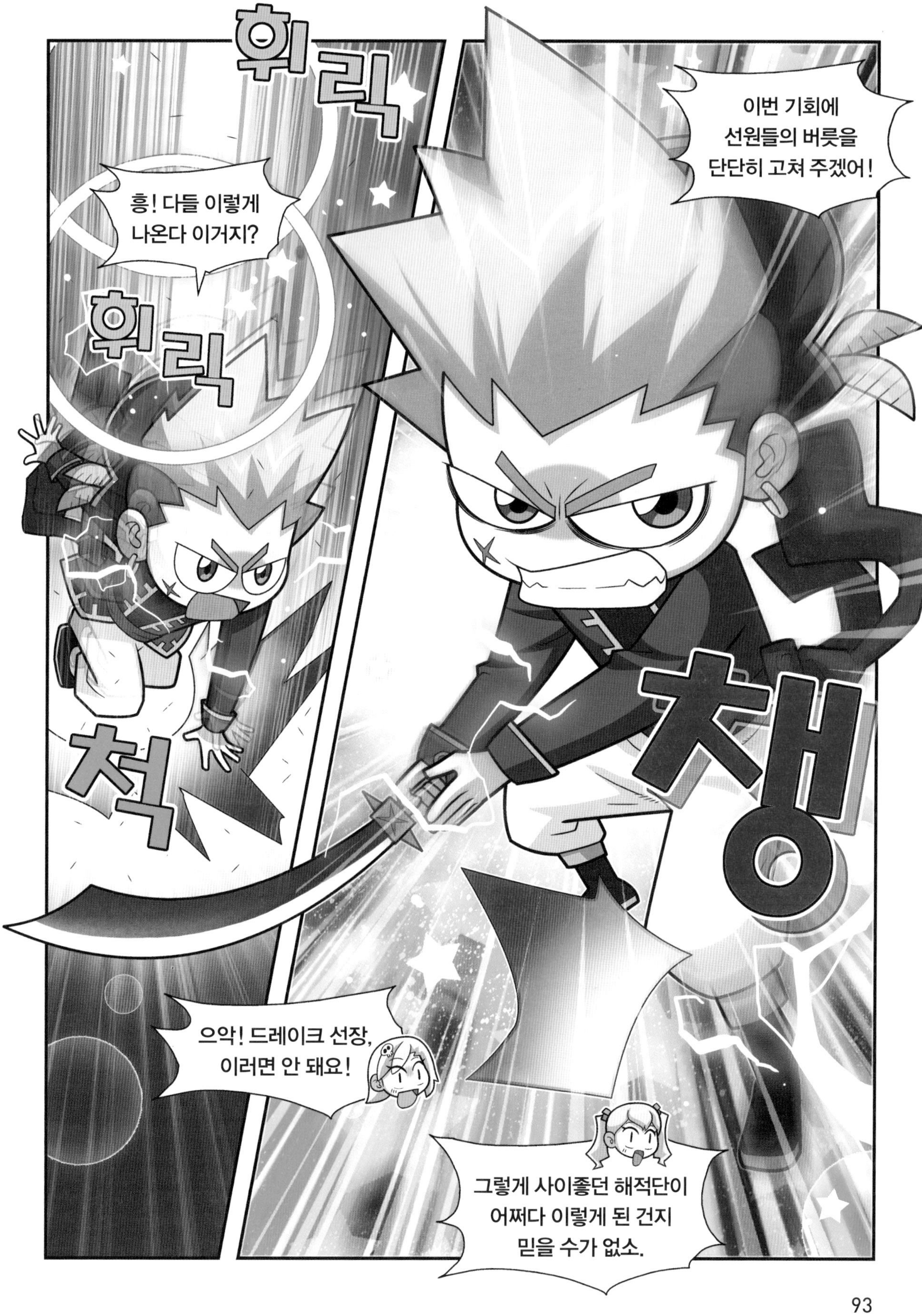
휘리릭
흥! 다들 이렇게 나온다 이거지?
휘리릭
척
이번 기회에 선원들의 버릇을 단단히 고쳐 주겠어!
챙
으악! 드레이크 선장, 이러면 안 돼요!
그렇게 사이좋던 해적단이 어쩌다 이렇게 된 건지 믿을 수가 없소.

Chapter 5

대왕 문어의 등장

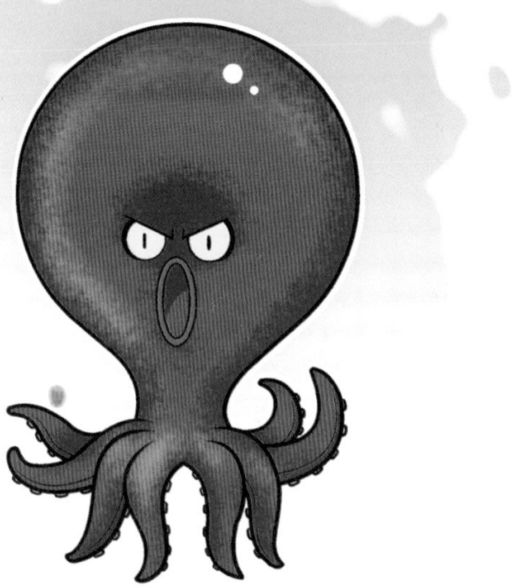

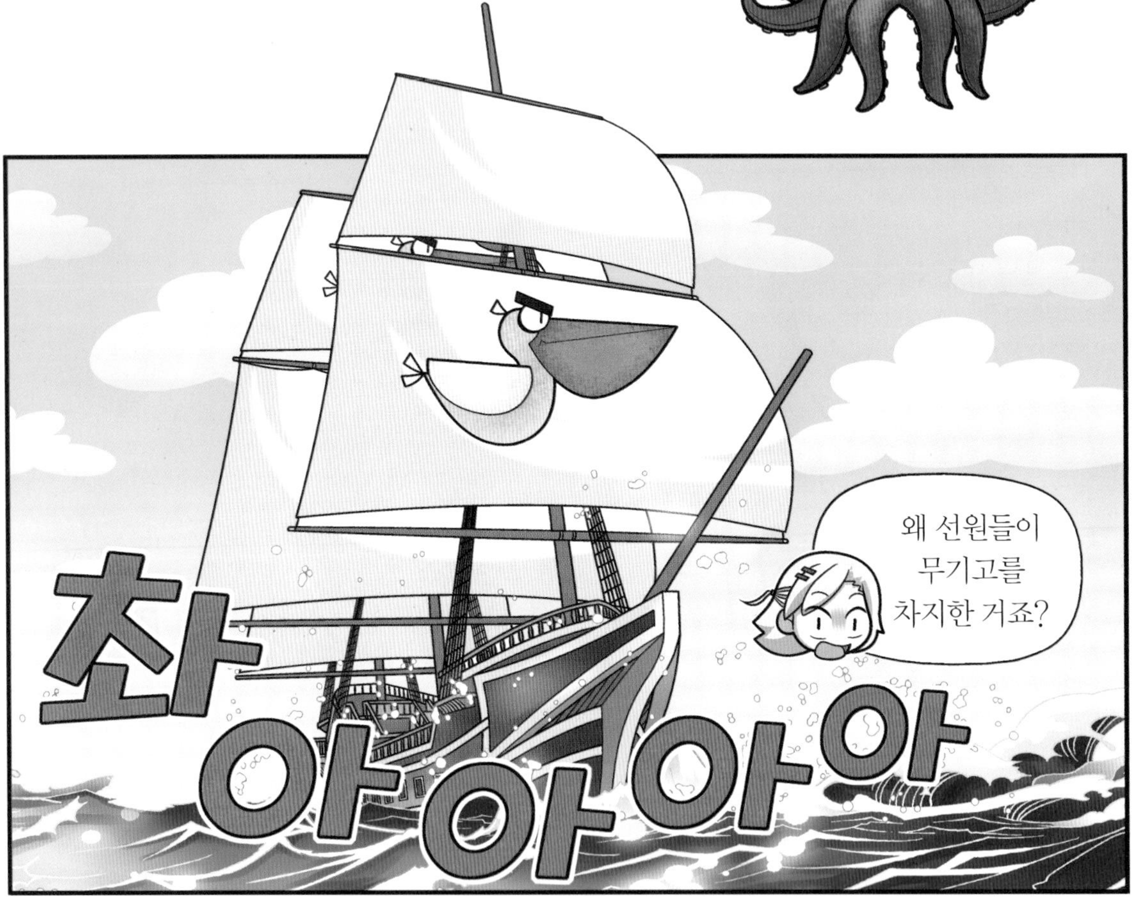
왜 선원들이 무기고를 차지한 거죠?
촤아아아아

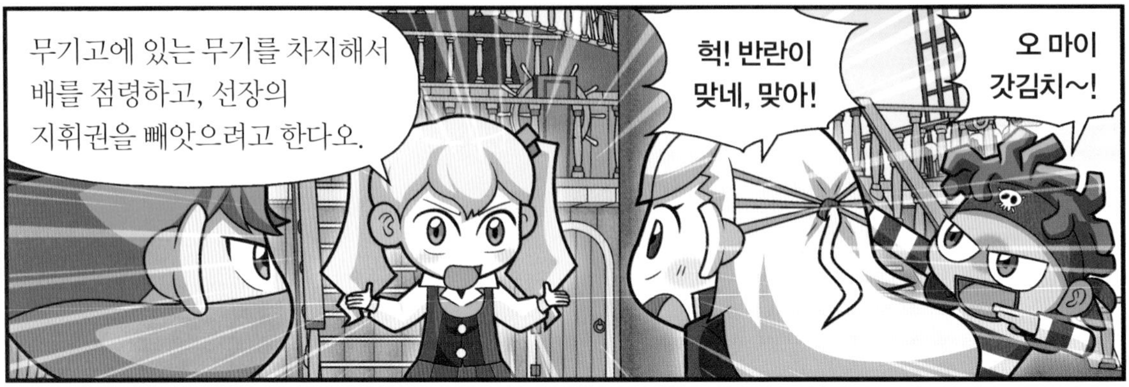
무기고에 있는 무기를 차지해서 배를 점령하고, 선장의 지휘권을 빼앗으려고 한다오.
헉! 반란이 맞네, 맞아!
오 마이 갓김치~!

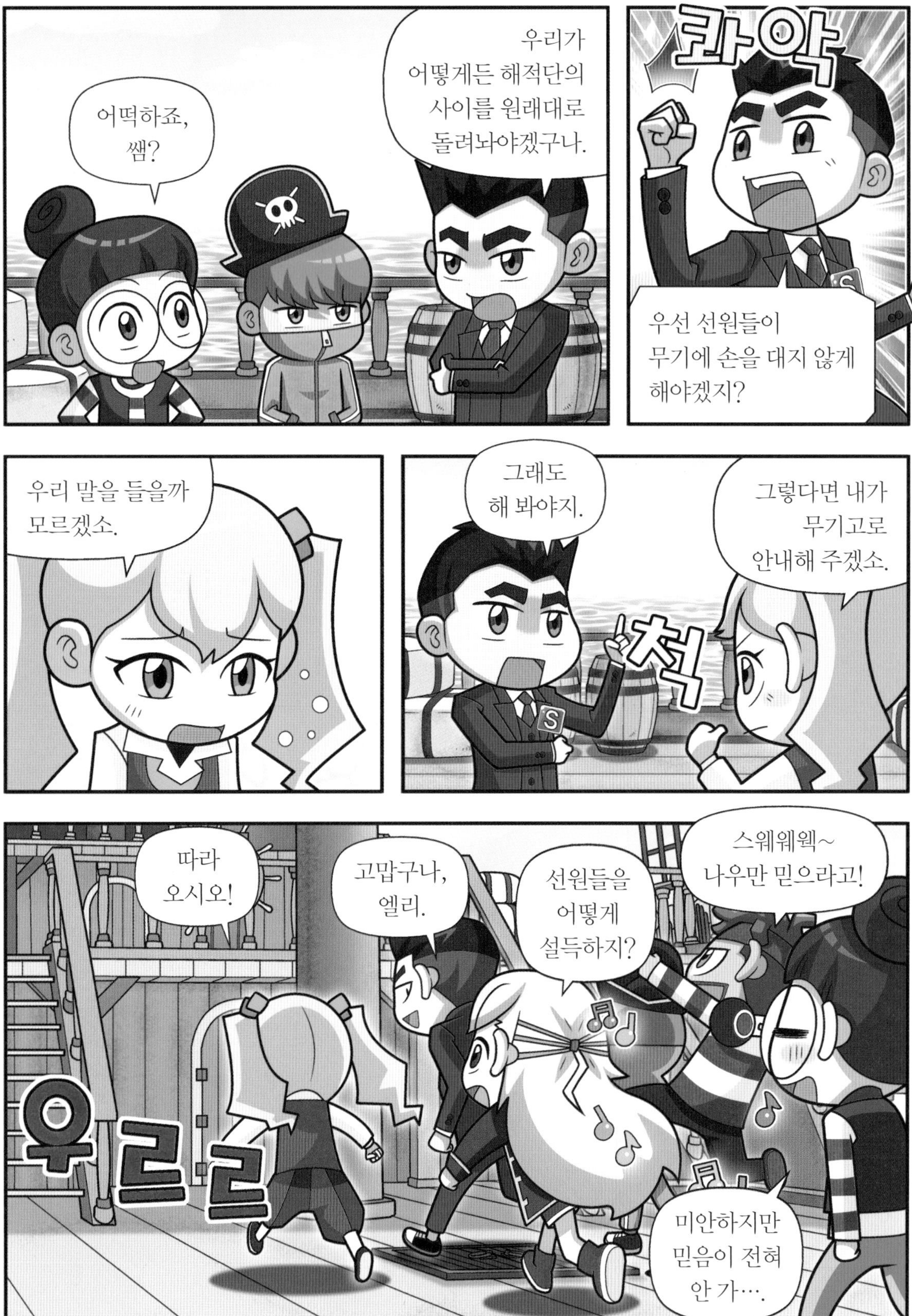
어떡하죠,
쌤?
우리가
어떻게든 해적단의
사이를 원래대로
돌려놔야겠구나.
콰악
우선 선원들이
무기에 손을 대지 않게
해야겠지?
우리 말을 들을까
모르겠소.
그래도
해 봐야지.
척
그렇다면 내가
무기고로
안내해 주겠소.
따라
오시오!
고맙구나,
엘리.
선원들을
어떻게
설득하지?
스웨웨웩~
나우만 믿으라고!
우르르
미안하지만
믿음이 전혀
안 가….

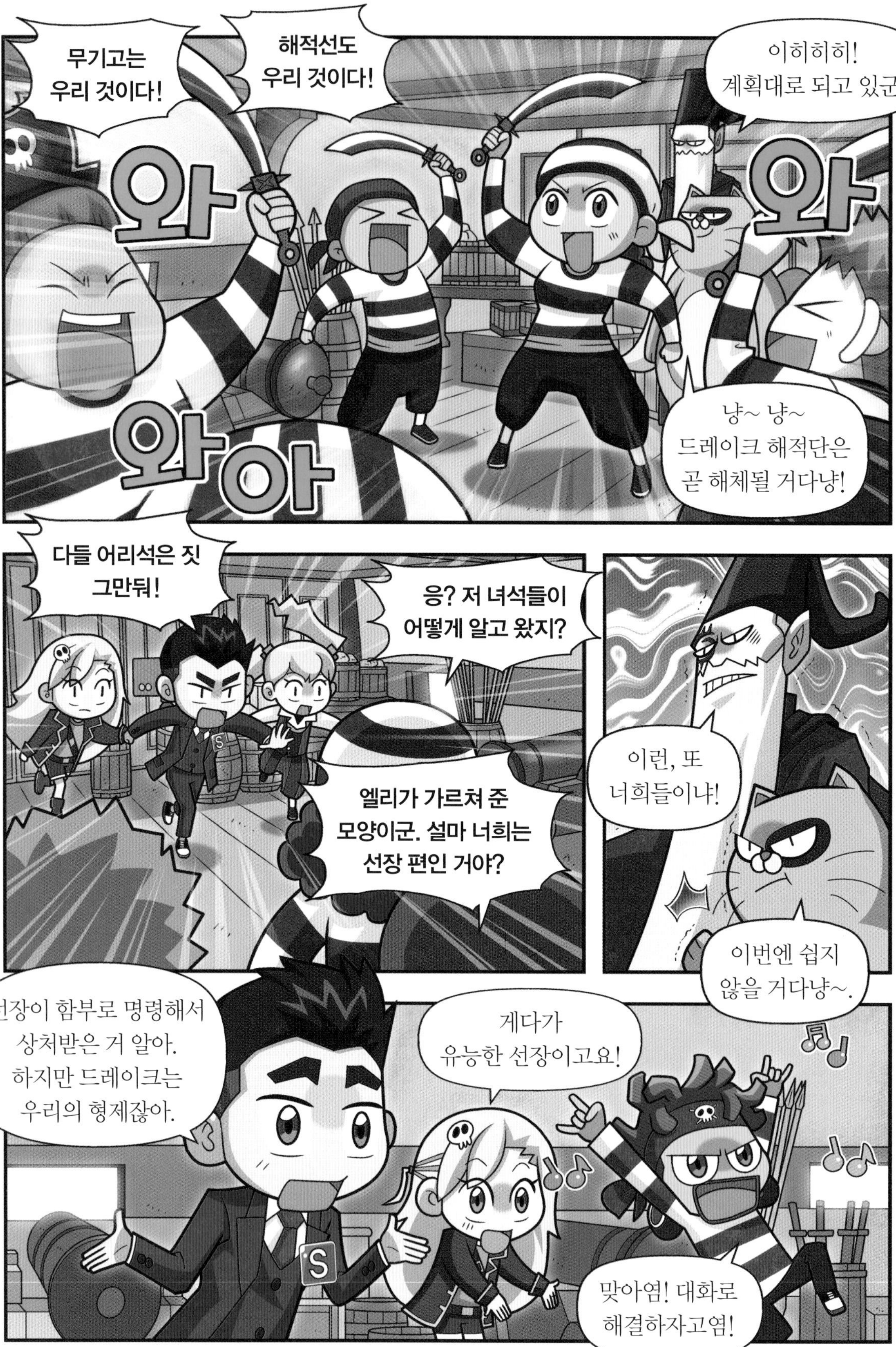
무기고는 우리 것이다!
해적선도 우리 것이다!
이히히히! 계획대로 되고 있군.
와
와
와아
냥~ 냥~ 드레이크 해적단은 곧 해체될 거다냥!
다들 어리석은 짓 그만둬!
응? 저 녀석들이 어떻게 알고 왔지?
엘리가 가르쳐 준 모양이군. 설마 너희는 선장 편인 거야?
이런, 또 너희들이냐!
이번엔 쉽지 않을 거다냥~.
선장이 함부로 명령해서 상처받은 거 알아. 하지만 드레이크는 우리의 형제잖아.
게다가 유능한 선장이고요!
맞아염! 대화로 해결하자고염!

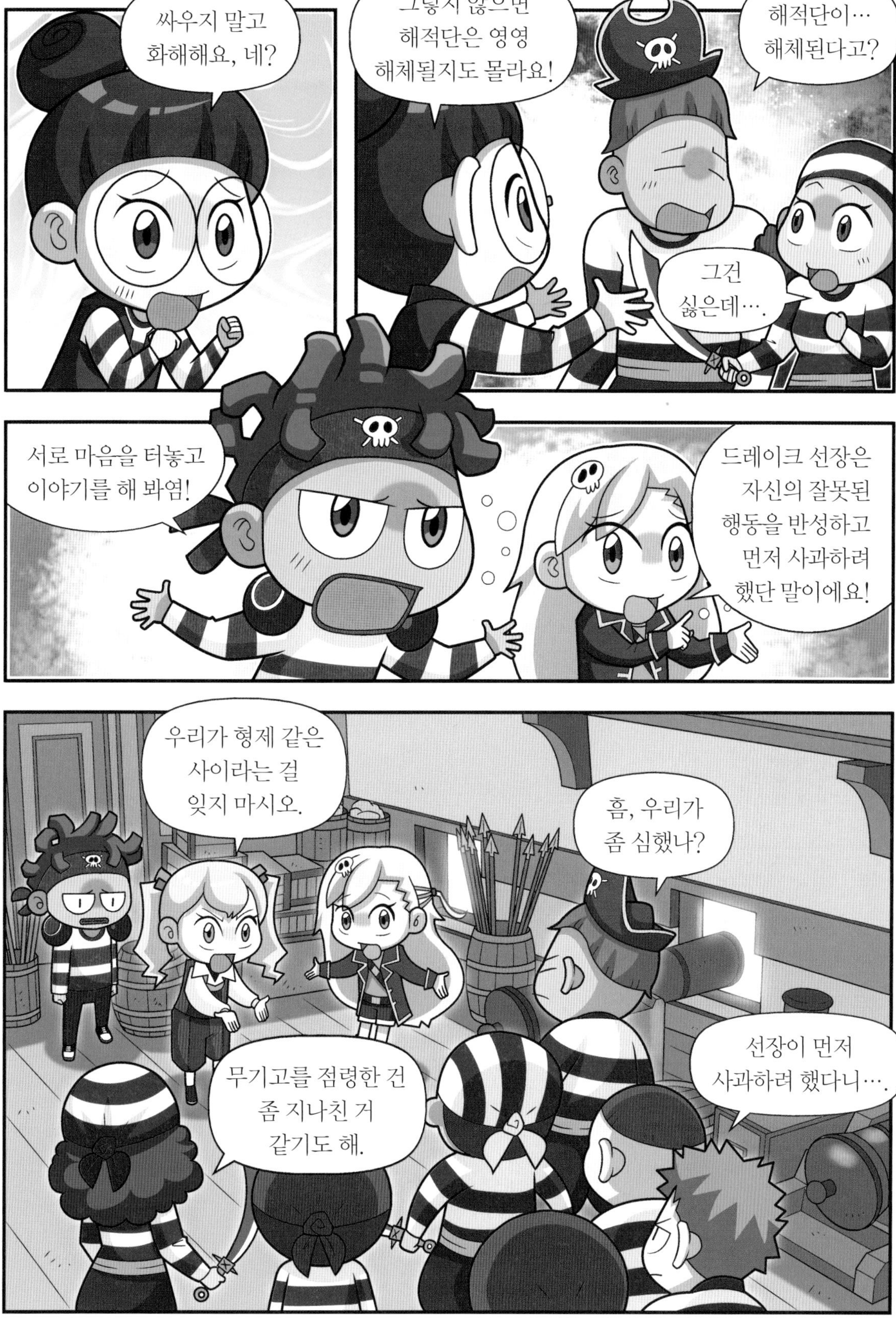

싸우지 말고
화해해요, 네?
그렇지 않으면
해적단은 영영
해체될지도 몰라요!
해적단이…
해체된다고?
그건
싫은데….
서로 마음을 터놓고
이야기를 해 봐염!
드레이크 선장은
자신의 잘못된
행동을 반성하고
먼저 사과하려
했단 말이에요!
우리가 형제 같은
사이라는 걸
잊지 마시오.
흠, 우리가
좀 심했나?
선장이 먼저
사과하려 했다니….
무기고를 점령한 건
좀 지나친 거
같기도 해.

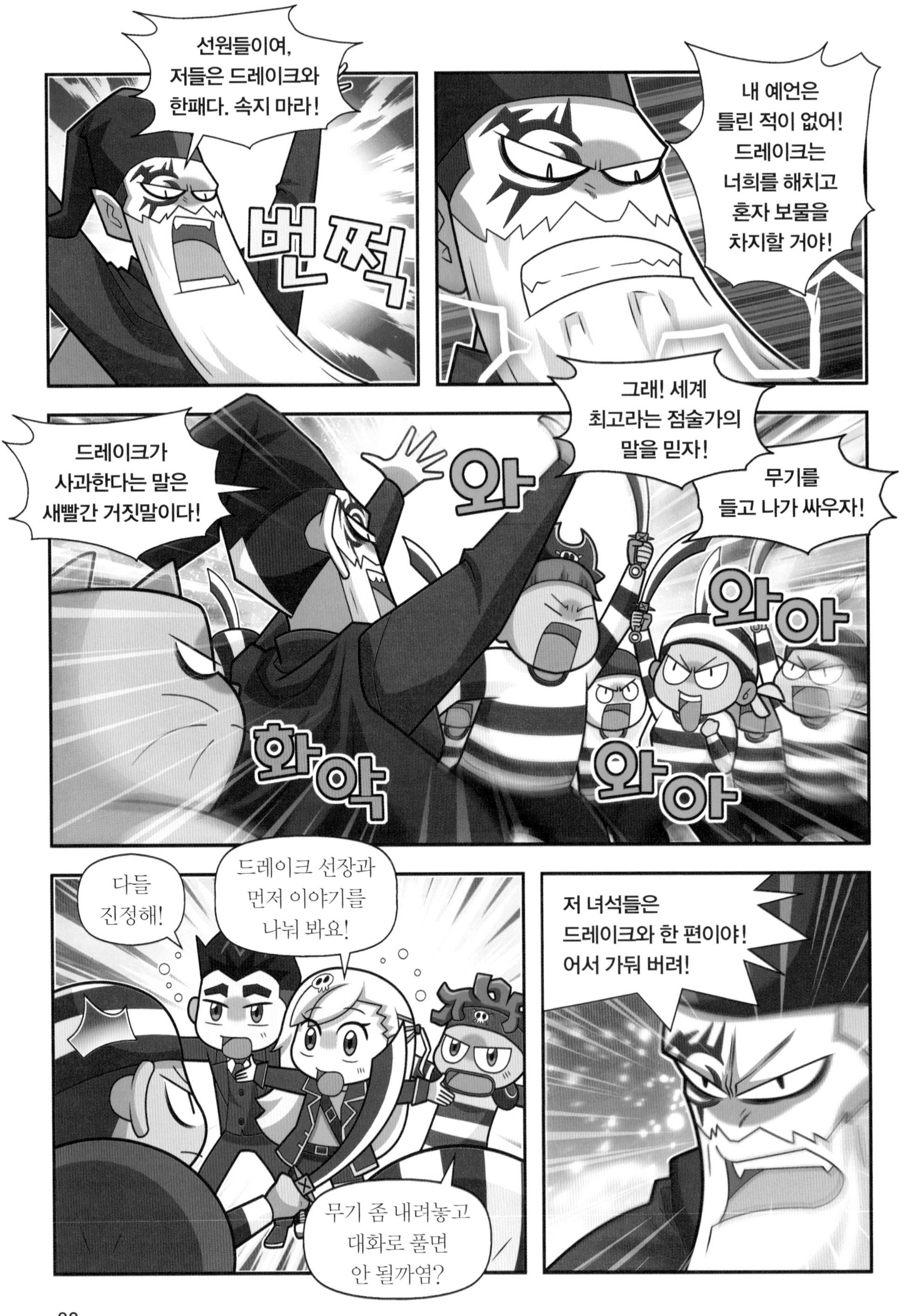
선원들이여, 저들은 드레이크와 한패다. 속지 마라!
번쩍
내 예언은 틀린 적이 없어! 드레이크는 너희를 해치고 혼자 보물을 차지할 거야!
드레이크가 사과한다는 말은 새빨간 거짓말이다!
와
그래! 세계 최고라는 점술가의 말을 믿자!
무기를 들고 나가 싸우자!
와아
화악
와아
다들 진정해!
드레이크 선장과 먼저 이야기를 나눠 봐요!
무기 좀 내려놓고 대화로 풀면 안 될까염?
저 녀석들은 드레이크와 한 편이야! 어서 가둬 버려!

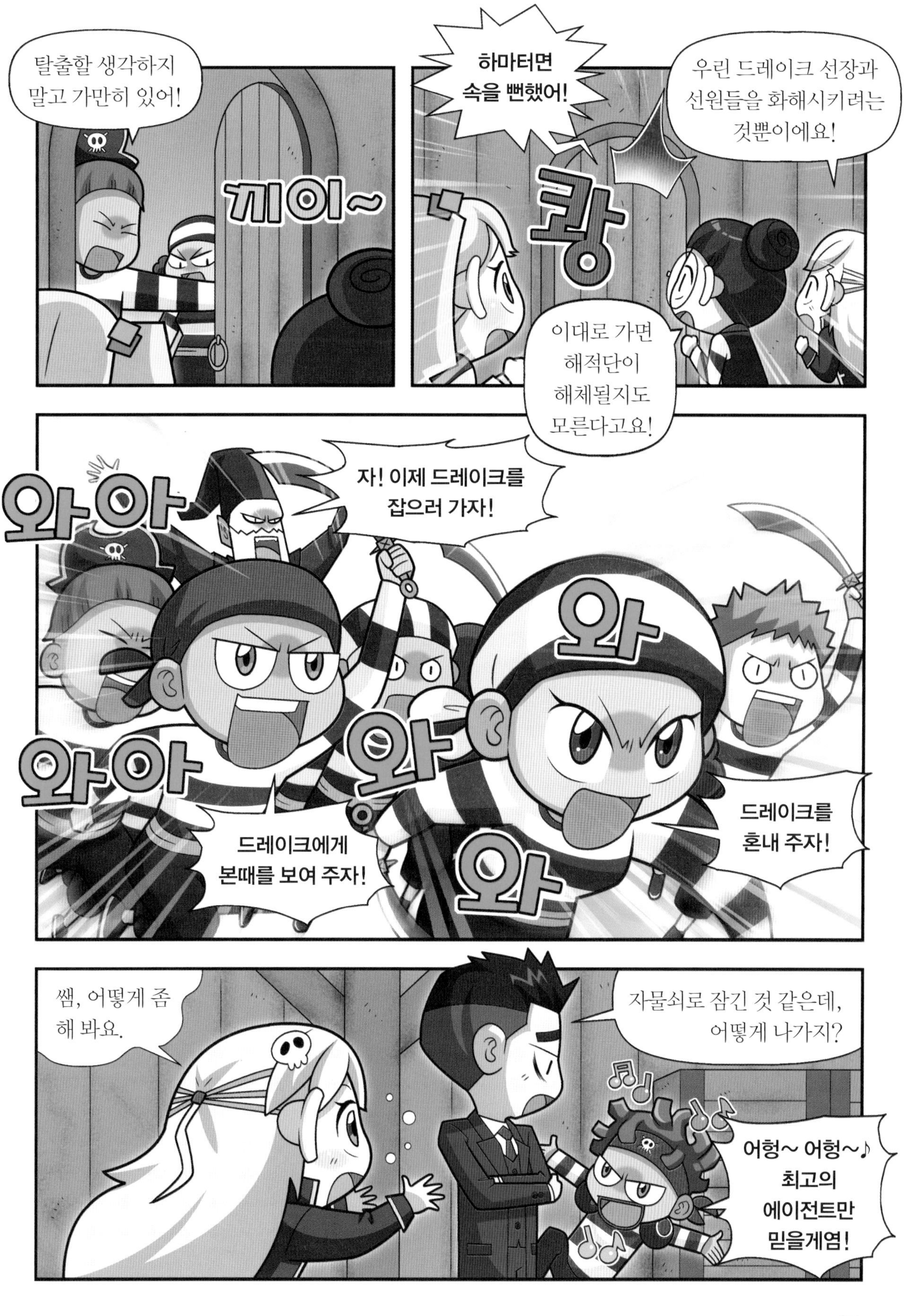
탈출할 생각하지 말고 가만히 있어!
끼이~
하마터면 속을 뻔했어!
콰앙
우린 드레이크 선장과 선원들을 화해시키려는 것뿐이에요!
이대로 가면 해적단이 해체될지도 모른다고요!
와아
자! 이제 드레이크를 잡으러 가자!
와
와아
와
드레이크에게 본때를 보여 주자!
와
드레이크를 혼내 주자!
쌤, 어떻게 좀 해 봐요.
자물쇠로 잠긴 것 같은데, 어떻게 나가지?
어헝~ 어헝~♪ 최고의 에이전트만 믿을게염!

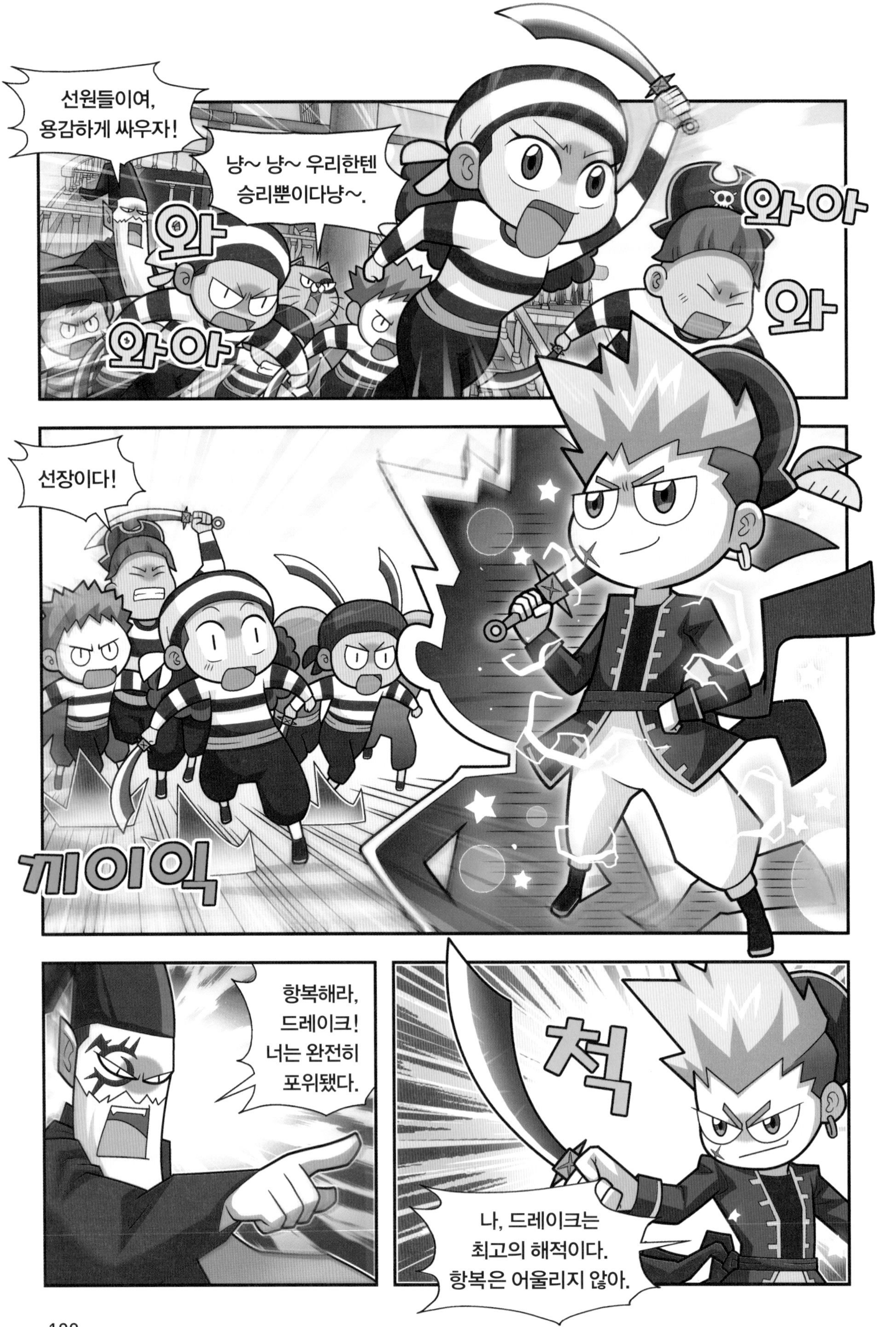
선원들이여,
용감하게 싸우자!
냥~ 냥~ 우리한텐
승리뿐이다냥~.
와
와아
와아
와
선장이다!
끼이익
항복해라,
드레이크!
너는 완전히
포위됐다.
척
나, 드레이크는
최고의 해적이다.
항복은 어울리지 않아.

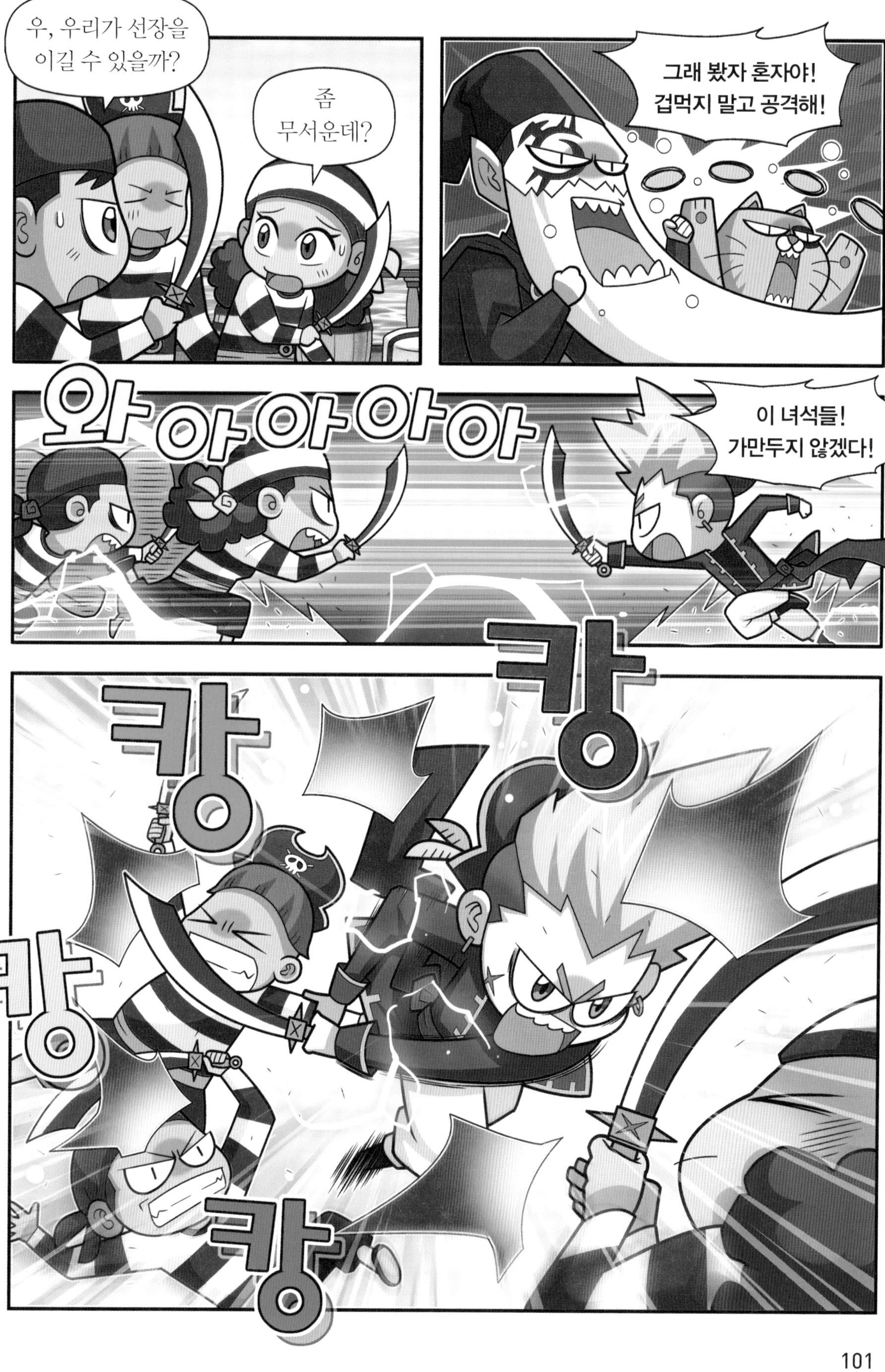
우, 우리가 선장을 이길 수 있을까?
좀 무서운데?
그래 봤자 혼자야! 겁먹지 말고 공격해!
와아아아아
이 녀석들! 가만두지 않겠다!
캉
캉
캉
캉

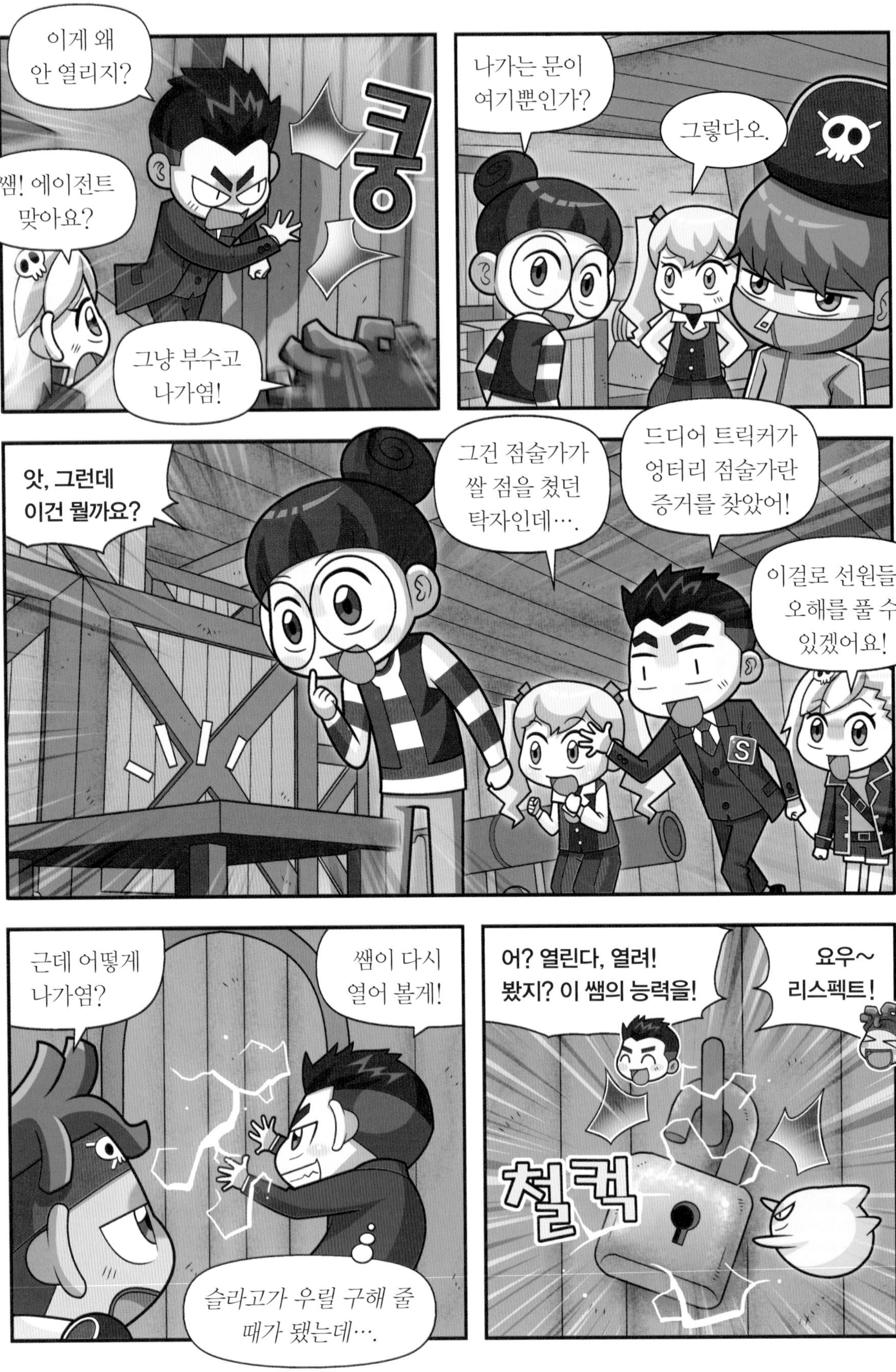

이게 왜
안 열리지?
쿵
쌤! 에이전트
맞아요?
그냥 부수고
나가염!
나가는 문이
여기뿐인가?
그렇다오.
앗, 그런데
이건 뭘까요?
그건 점술가가
쌀 점을 쳤던
탁자인데….
드디어 트릭커가
엉터리 점술가란
증거를 찾았어!
이걸로 선원들의
오해를 풀 수
있겠어요!
S
근데 어떻게
나가염?
쌤이 다시
열어 볼게!
슬라고가 우릴 구해 줄
때가 됐는데….
어? 열린다, 열려!
봤지? 이 쌤의 능력을!
요우~
리스펙트!
철컥

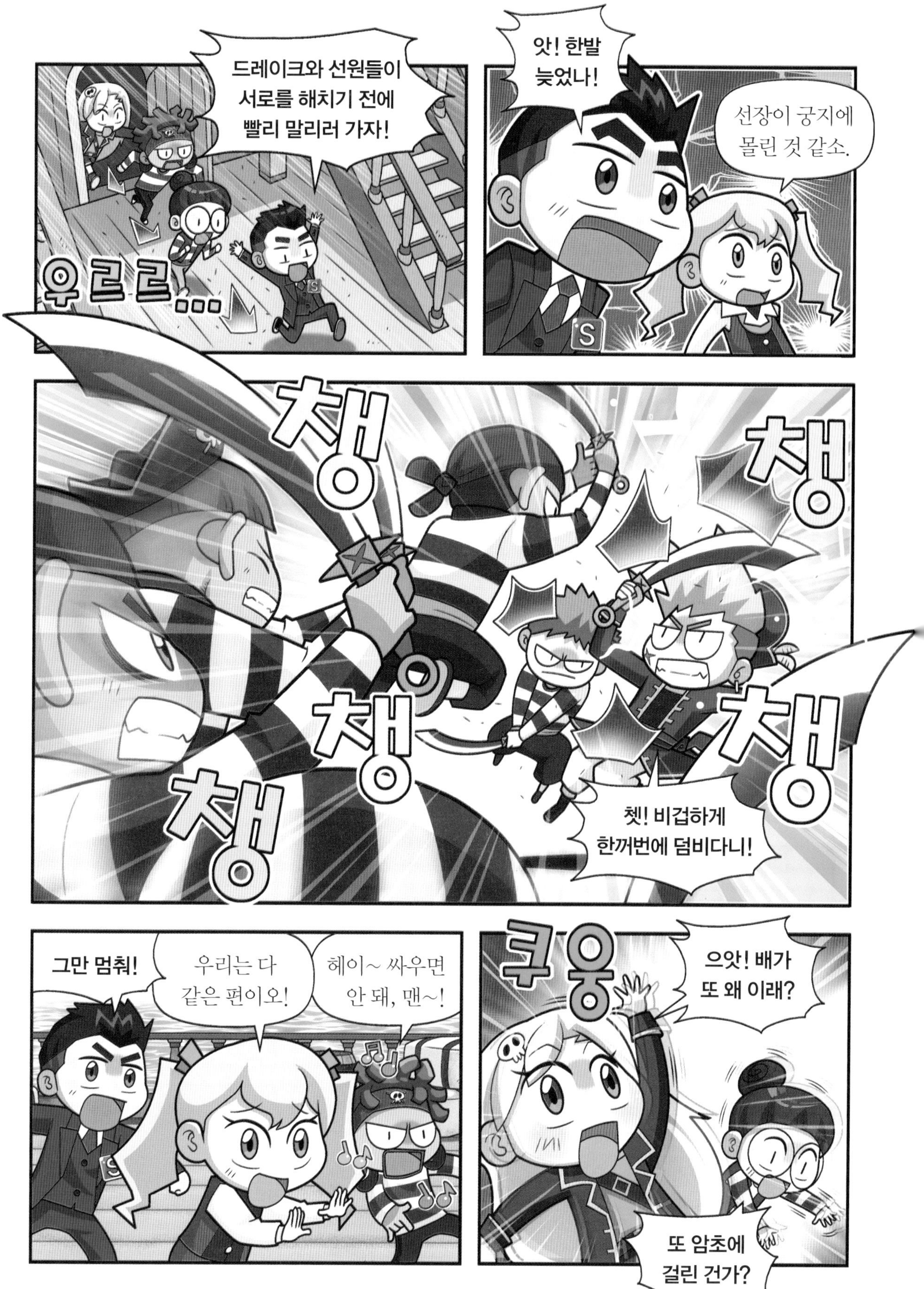
드레이크와 선원들이
서로를 해치기 전에
빨리 말리러 가자!
우르르...
앗! 한발
늦었나!
선장이 궁지에
몰린 것 같소.
챙
챙
챙
챙
챙
쳇! 비겁하게
한꺼번에 덤비다니!
그만 멈춰!
우리는 다
같은 편이오!
헤이~ 싸우면
안 돼, 맨~!
쿠웅
으앗! 배가
또 왜 이래?
또 암초에
걸린 건가?

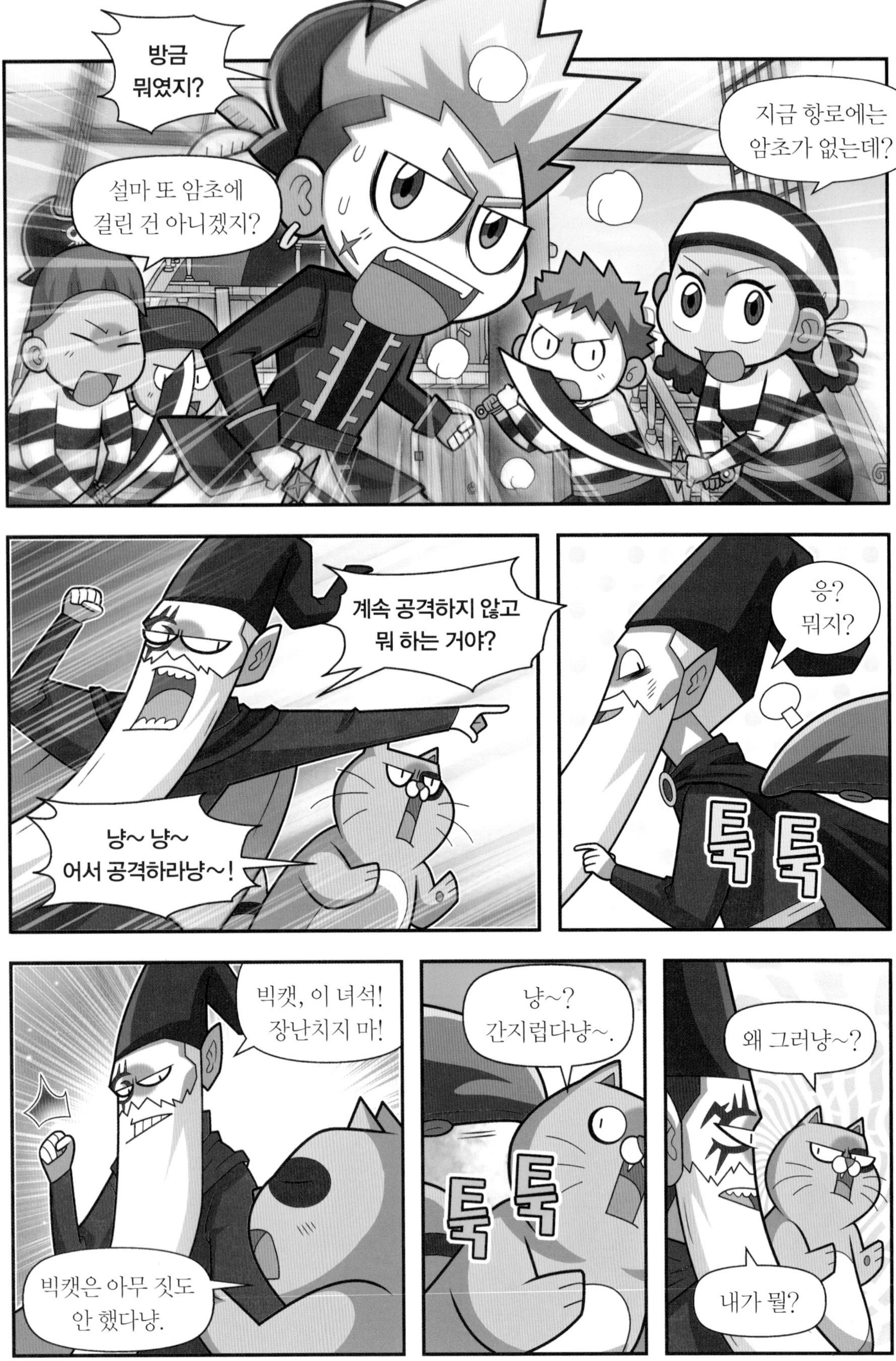
방금 뭐였지?
설마 또 암초에 걸린 건 아니겠지?
지금 항로에는 암초가 없는데?
계속 공격하지 않고 뭐 하는 거야?
냥~ 냥~ 어서 공격하라냥~!
응? 뭐지?
툭 툭
빅캣, 이 녀석! 장난치지 마!
빅캣은 아무 짓도 안 했다냥.
냥~? 간지럽다냥~.
툭 툭
왜 그러냥~?
내가 뭘?

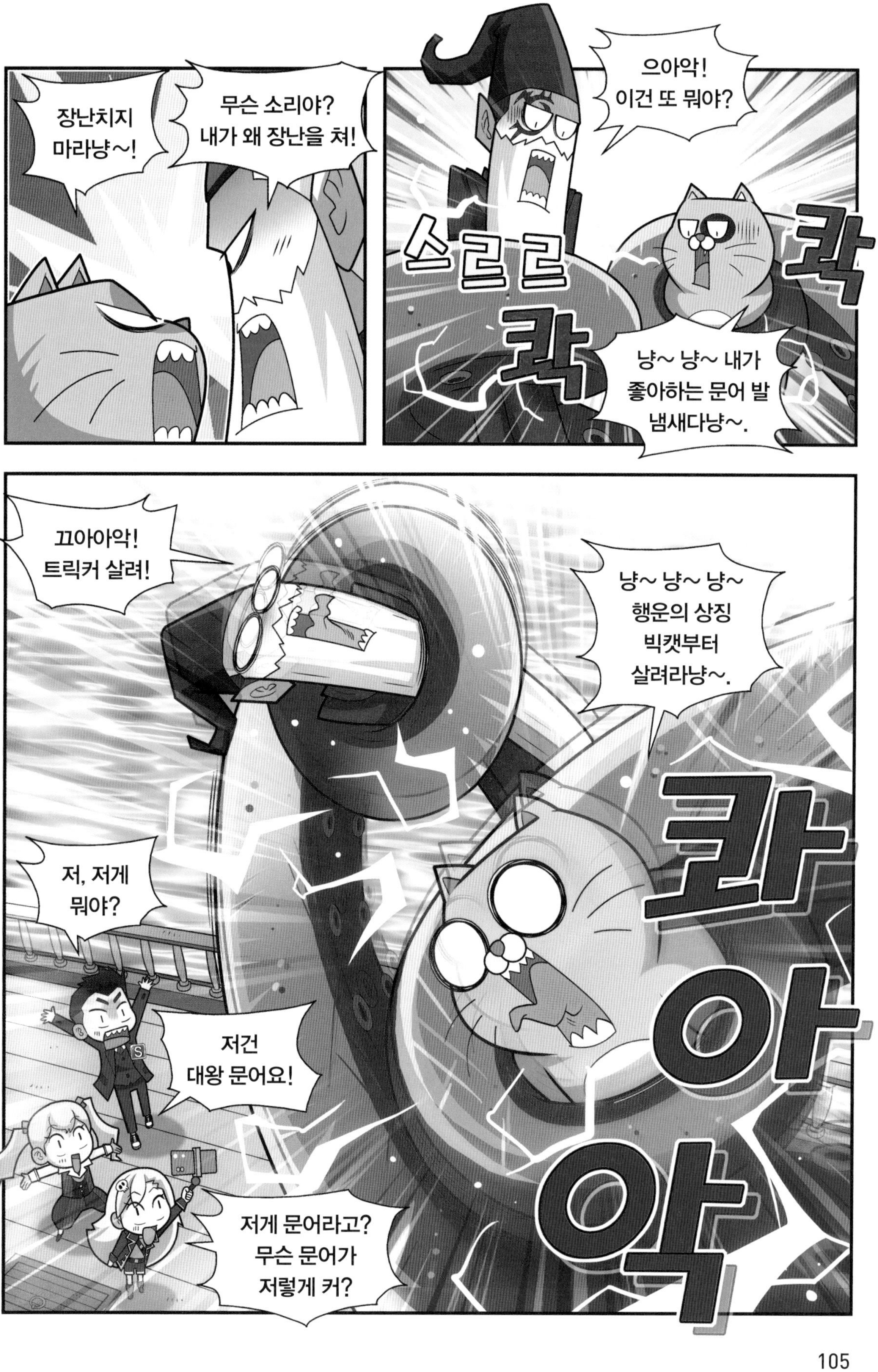
장난치지 마라냥~!
무슨 소리야? 내가 왜 장난을 쳐!
으아악! 이건 또 뭐야?
스르르
콱
콱
냥~ 냥~ 내가 좋아하는 문어 발 냄새다냥~.
끄아아악! 트릭커 살려!
냥~ 냥~ 냥~ 행운의 상징 빅캣부터 살려라냥~.
콰아악
저, 저게 뭐야?
저건 대왕 문어요!
저게 문어라고? 무슨 문어가 저렇게 커?

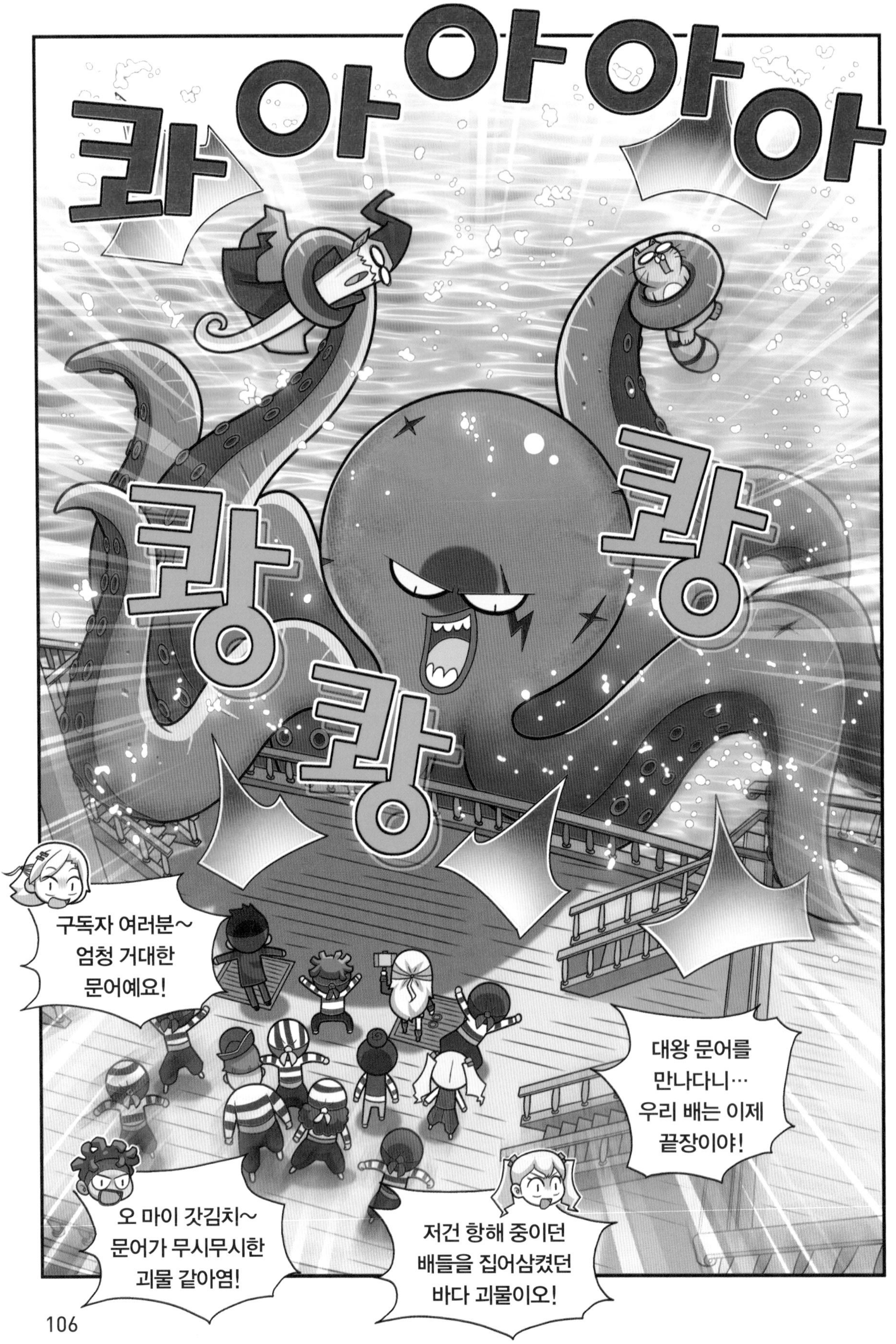
콰아아아아
콰앙
콰앙
콰앙
구독자 여러분~ 엄청 거대한 문어예요!
대왕 문어를 만나다니… 우리 배는 이제 끝장이야!
오 마이 갓김치~ 문어가 무시무시한 괴물 같아염!
저건 항해 중이던 배들을 집어삼켰던 바다 괴물이오!

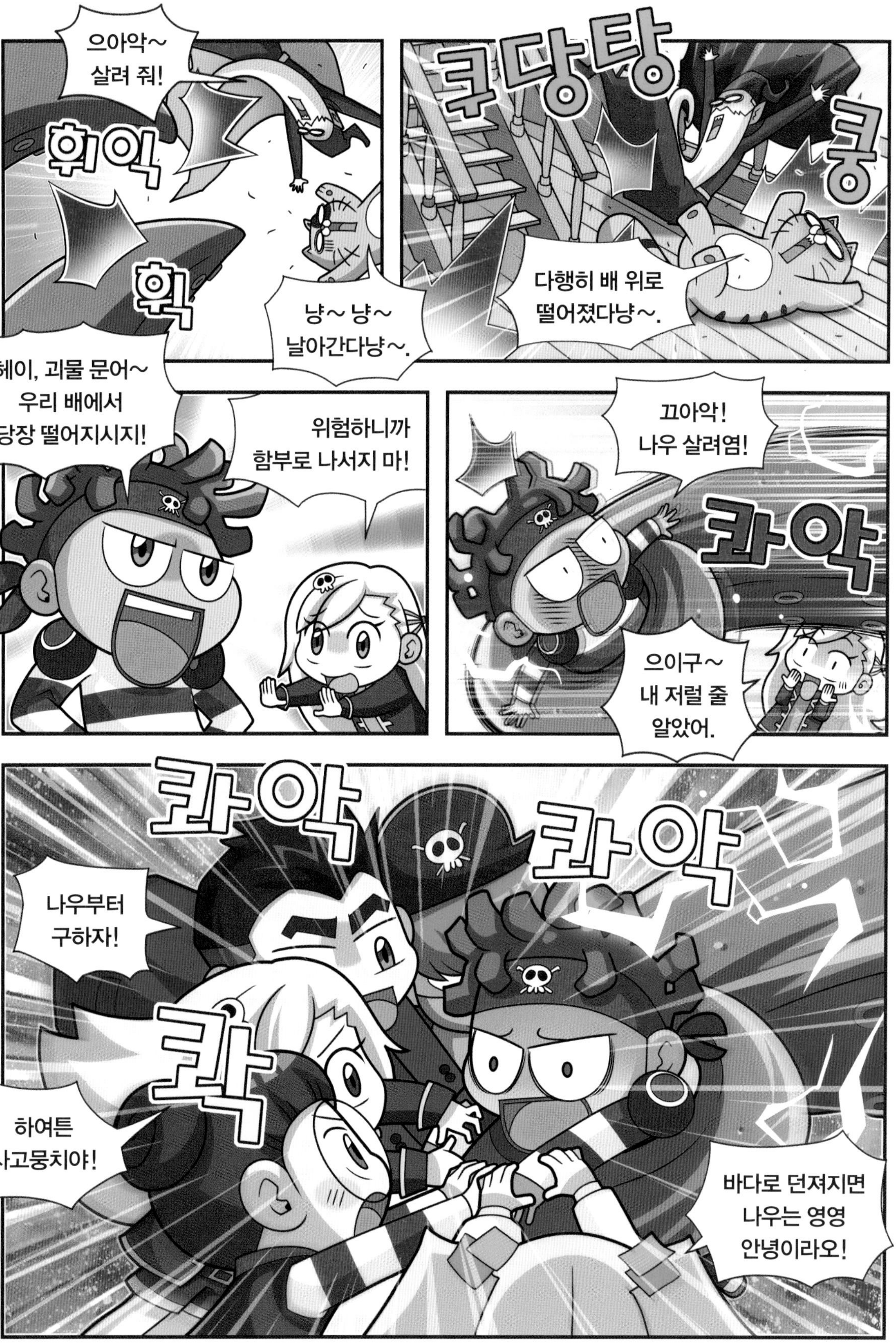

으아악~
살려 줘!
휘익
휙
냥~ 냥~
날아간다냥~.
쿠당탕
쿵
다행히 배 위로
떨어졌다냥~.
헤이, 괴물 문어~
우리 배에서
당장 떨어지시지!
위험하니까
함부로 나서지 마!
끄아악!
나우 살려염!
콰악
으이구~
내 저럴 줄
알았어.
콰악
콰악
나우부터
구하자!
콱
하여튼
사고뭉치야!
바다로 던져지면
나우는 영영
안녕이라오!

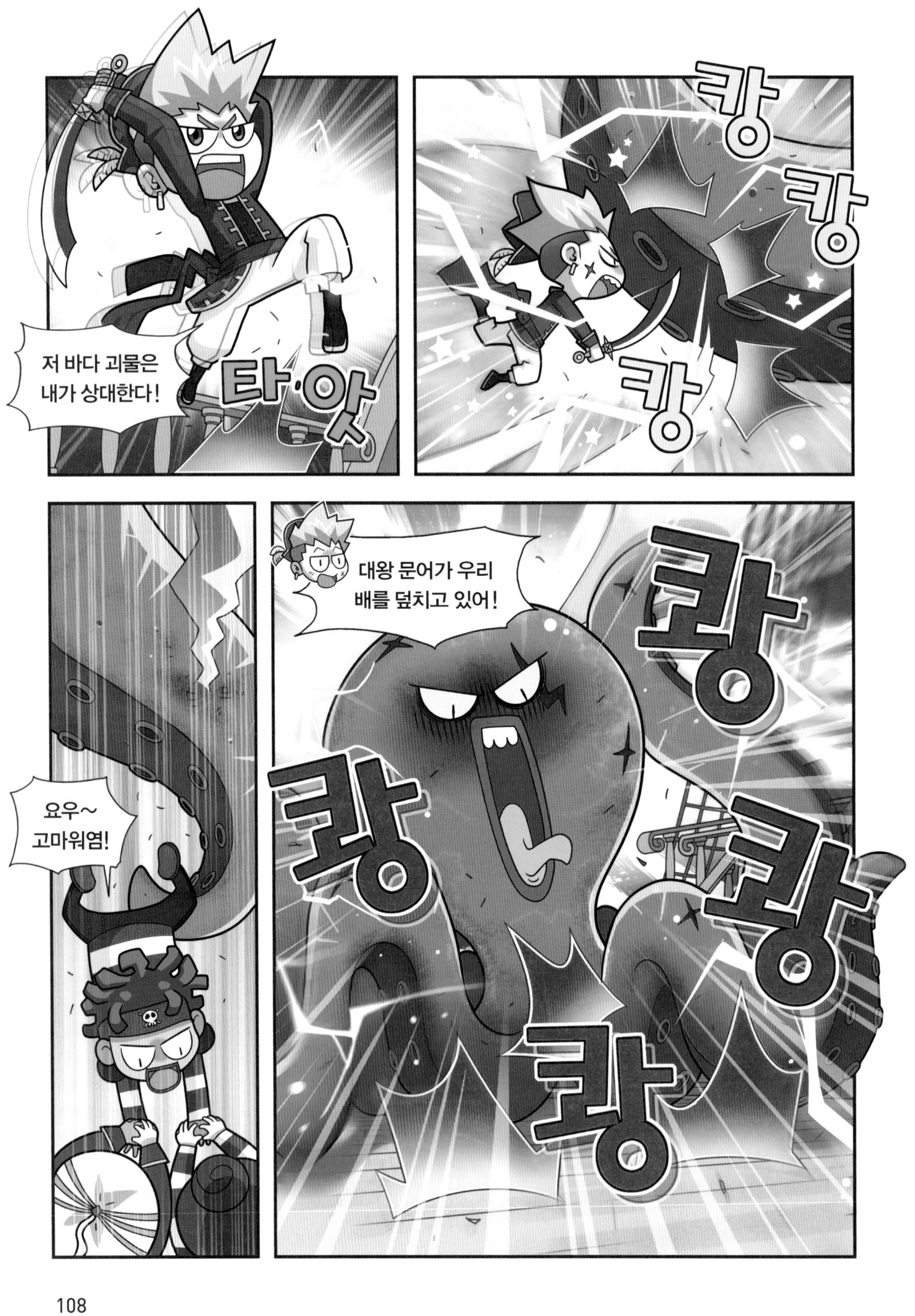

저 바다 괴물은
내가 상대한다!
타앗
캉
캉
캉
대왕 문어가 우리
배를 덮치고 있어!
요우~
고마워염!
쾅
쾅
쾅
쾅

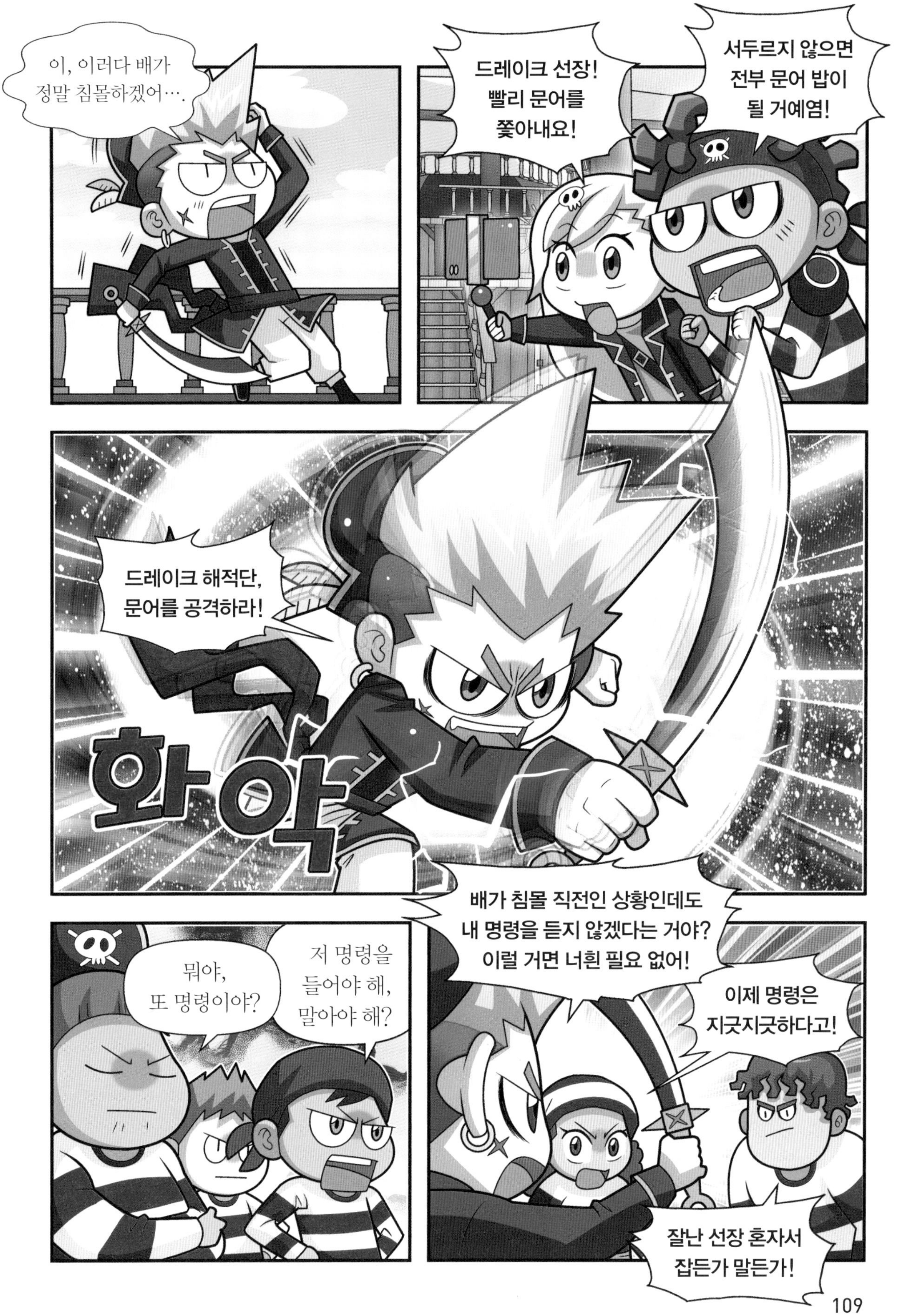
이, 이러다 배가 정말 침몰하겠어….
드레이크 선장! 빨리 문어를 쫓아내요!
서두르지 않으면 전부 문어 밥이 될 거예염!
드레이크 해적단, 문어를 공격하라!
화악
배가 침몰 직전인 상황인데도 내 명령을 듣지 않겠다는 거야? 이럴 거면 너흰 필요 없어!
뭐야, 또 명령이야?
저 명령을 들어야 해, 말아야 해?
이제 명령은 지긋지긋하다고!
잘난 선장 혼자서 잡든가 말든가!

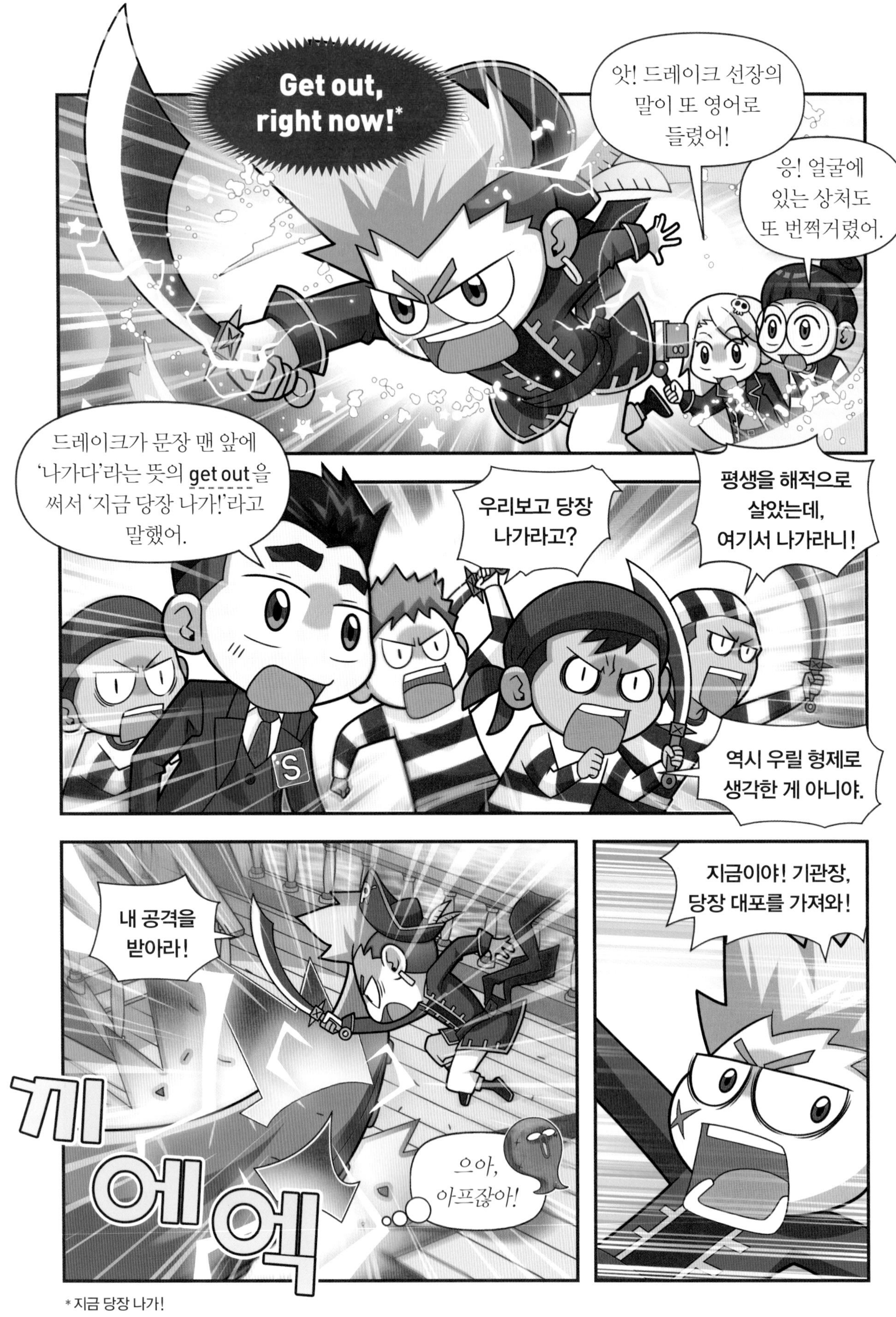
Get out, right now!*
앗! 드레이크 선장의 말이 또 영어로 들렸어!
응! 얼굴에 있는 상처도 또 번쩍거렸어.
드레이크가 문장 맨 앞에 '나가다'라는 뜻의 get out을 써서 '지금 당장 나가!'라고 말했어.
우리보고 당장 나가라고?
평생을 해적으로 살았는데, 여기서 나가라니!
역시 우릴 형제로 생각한 게 아니야.
내 공격을 받아라!
끼에엑
으아, 아프잖아!
지금이야! 기관장, 당장 대포를 가져와!

* 지금 당장 나가!

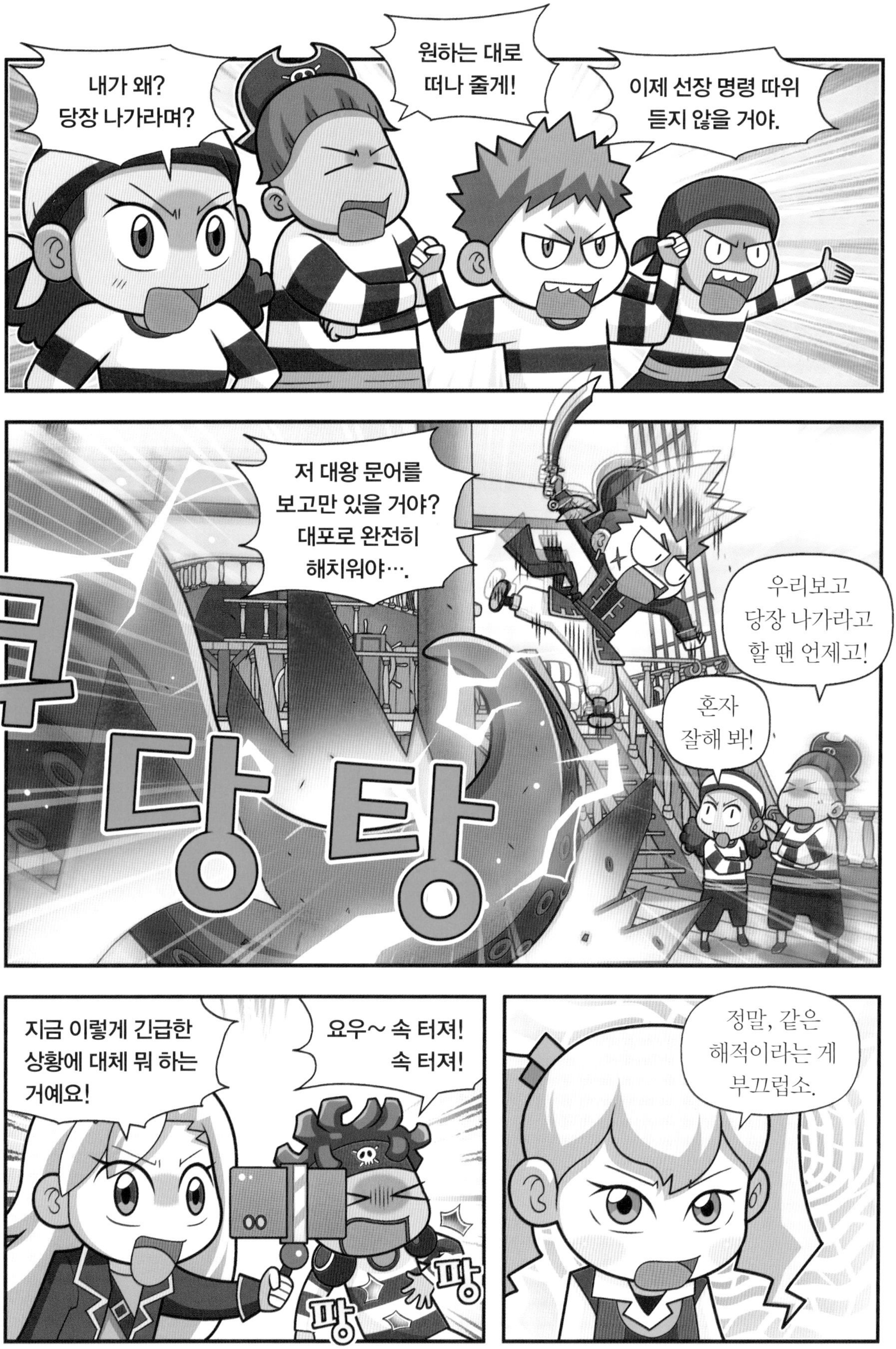

내가 왜? 당장 나가라며?
원하는 대로 떠나 줄게!
이제 선장 명령 따위 듣지 않을 거야.
저 대왕 문어를 보고만 있을 거야? 대포로 완전히 해치워야….
쿠당탕
우리보고 당장 나가라고 할 땐 언제고!
혼자 잘해 봐!
지금 이렇게 긴급한 상황에 대체 뭐 하는 거예요!
요우~ 속 터져! 속 터져!
땅 땅
정말, 같은 해적이라는 게 부끄럽소.

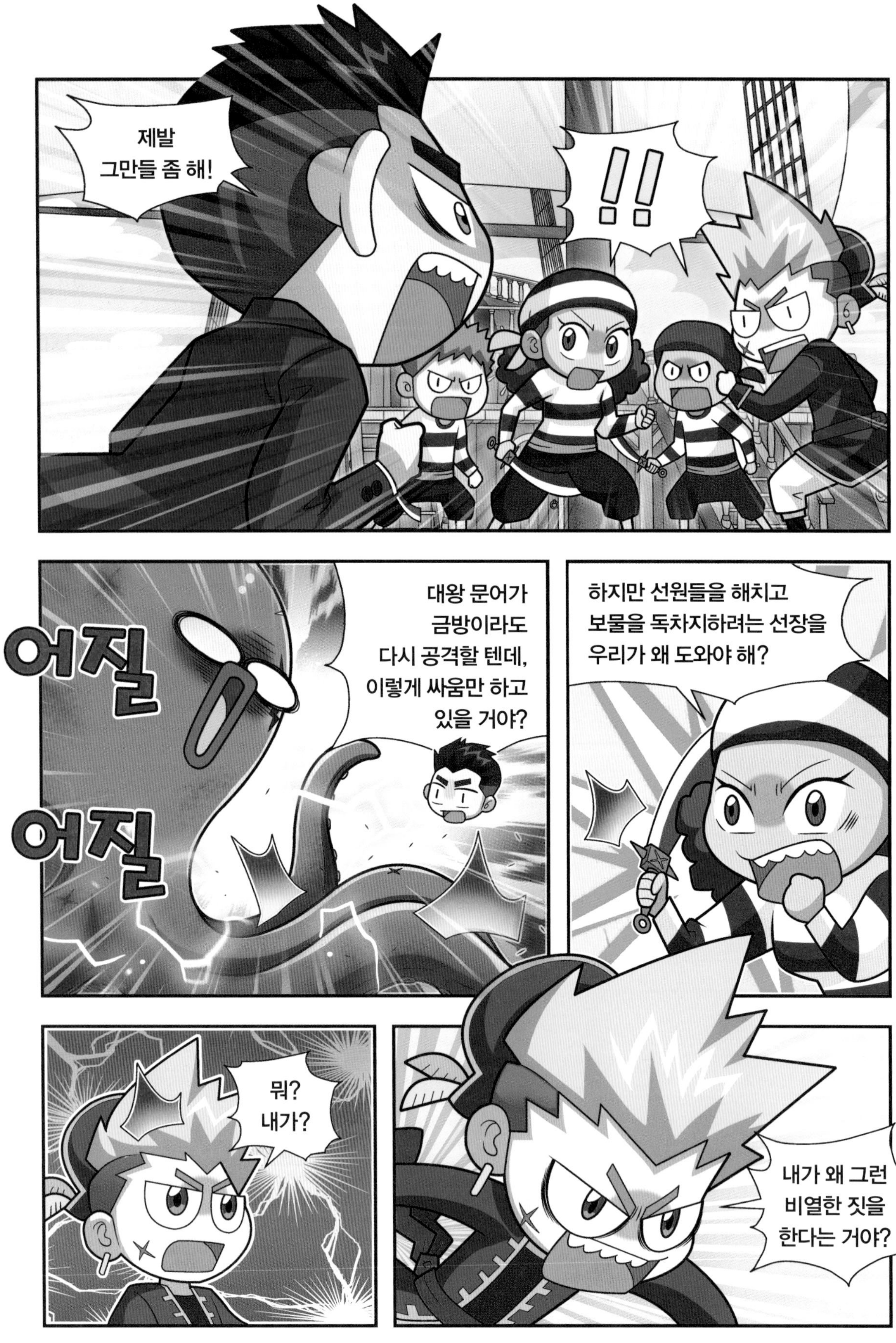
제발
그만들 좀 해!
!!
대왕 문어가
금방이라도
다시 공격할 텐데,
이렇게 싸움만 하고
있을 거야?
어질
어질
하지만 선원들을 해치고
보물을 독차지하려는 선장을
우리가 왜 도와야 해?
뭐?
내가?
내가 왜 그런
비열한 짓을
한다는 거야?

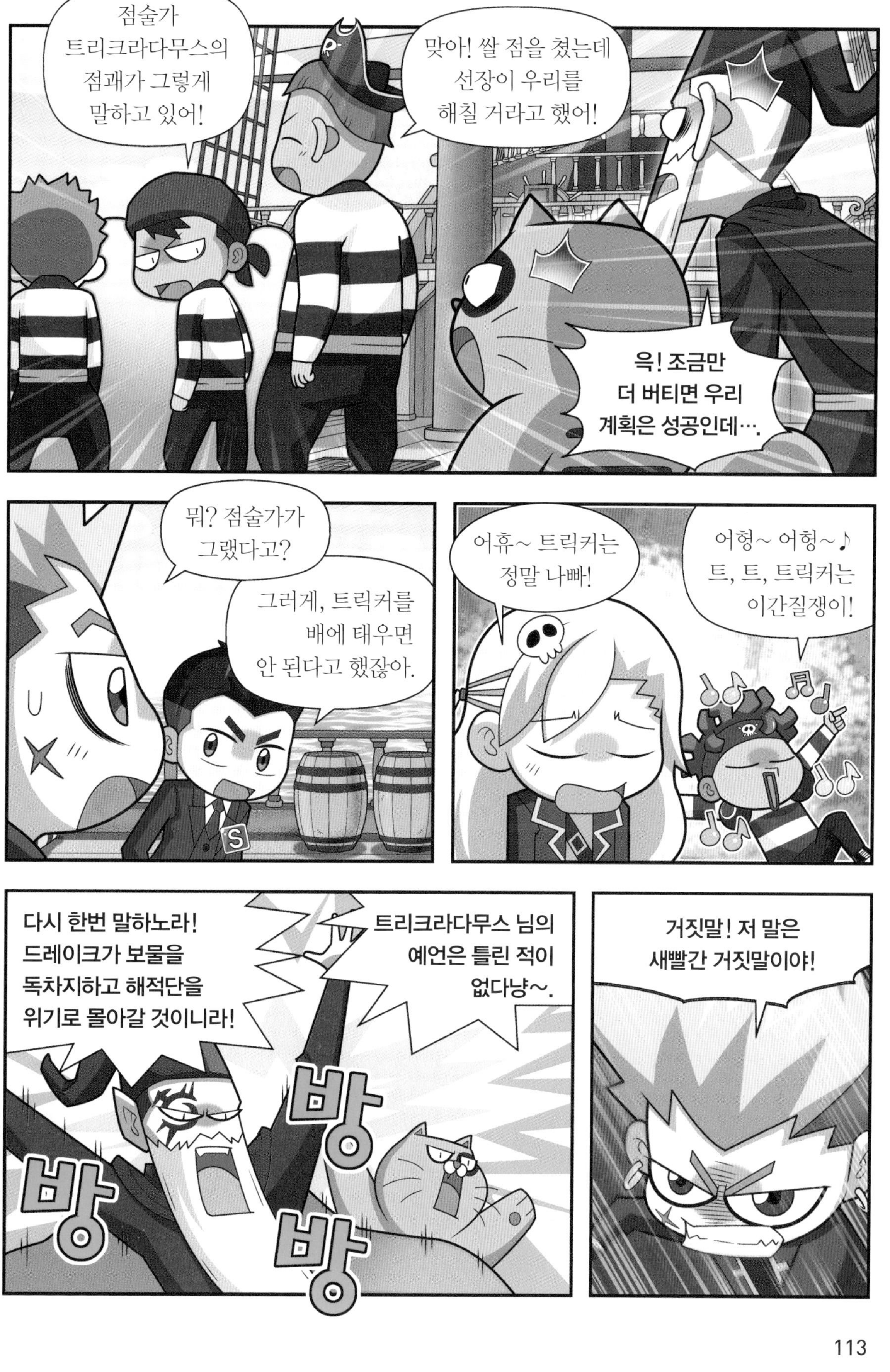
점술가 트리크라다무스의 점괘가 그렇게 말하고 있어!
맞아! 쌀 점을 쳤는데 선장이 우리를 해칠 거라고 했어!
윽! 조금만 더 버티면 우리 계획은 성공인데….
뭐? 점술가가 그랬다고?
그러게, 트릭커를 배에 태우면 안 된다고 했잖아.
어휴~ 트릭커는 정말 나빠!
어헝~ 어헝~♪ 트, 트, 트릭커는 이간질쟁이!
다시 한번 말하노라! 드레이크가 보물을 독차지하고 해적단을 위기로 몰아갈 것이니라!
트리크라다무스 님의 예언은 틀린 적이 없다냥~.
방
방
방
거짓말! 저 말은 새빨간 거짓말이야!

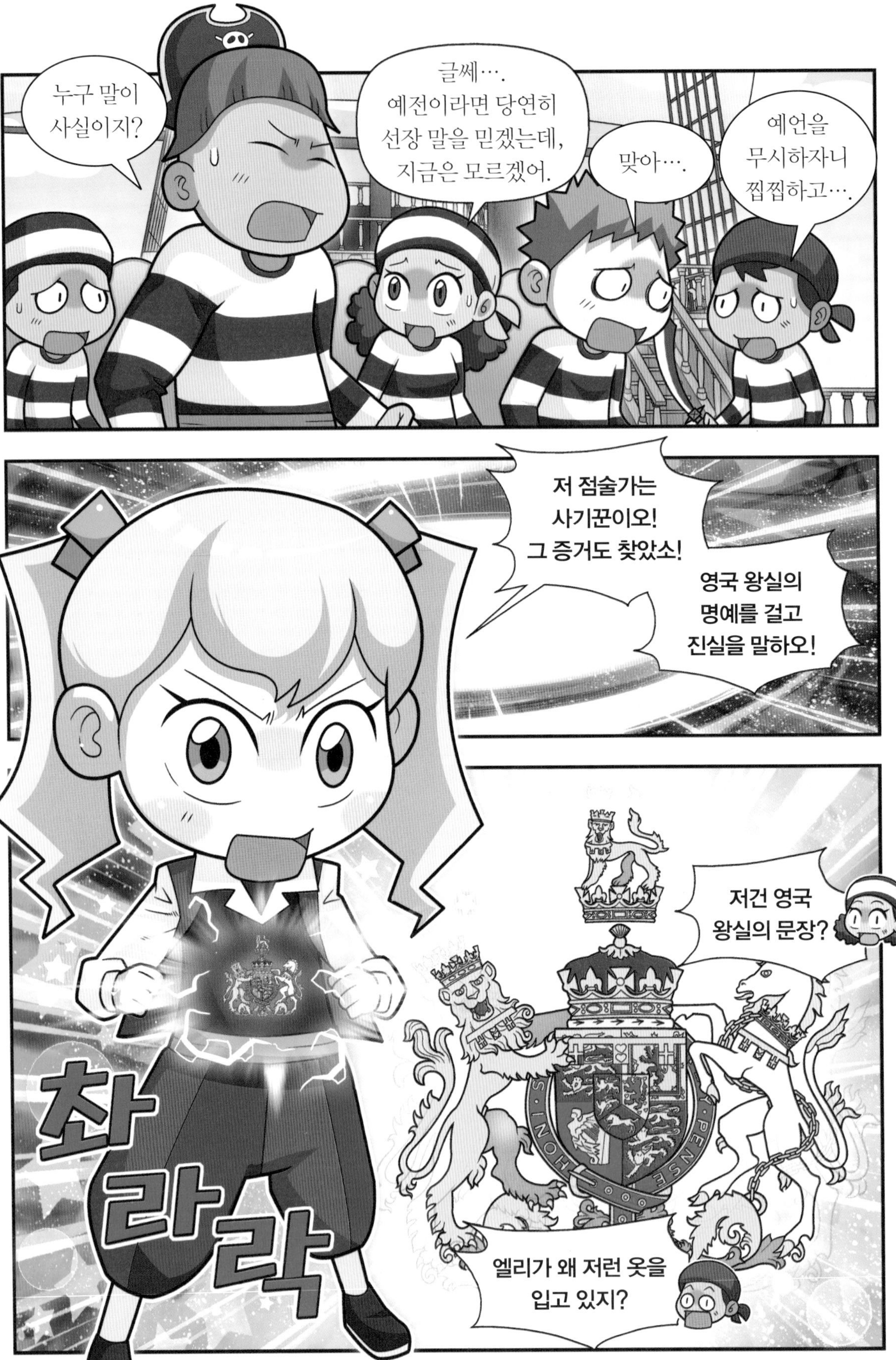
누구 말이 사실이지?
글쎄…. 예전이라면 당연히 선장 말을 믿겠는데, 지금은 모르겠어.
맞아….
예언을 무시하자니 찝찝하고….
저 점술가는 사기꾼이오! 그 증거도 찾았소!
영국 왕실의 명예를 걸고 진실을 말하오!
차라락
저건 영국 왕실의 문장?
엘리가 왜 저런 옷을 입고 있지?

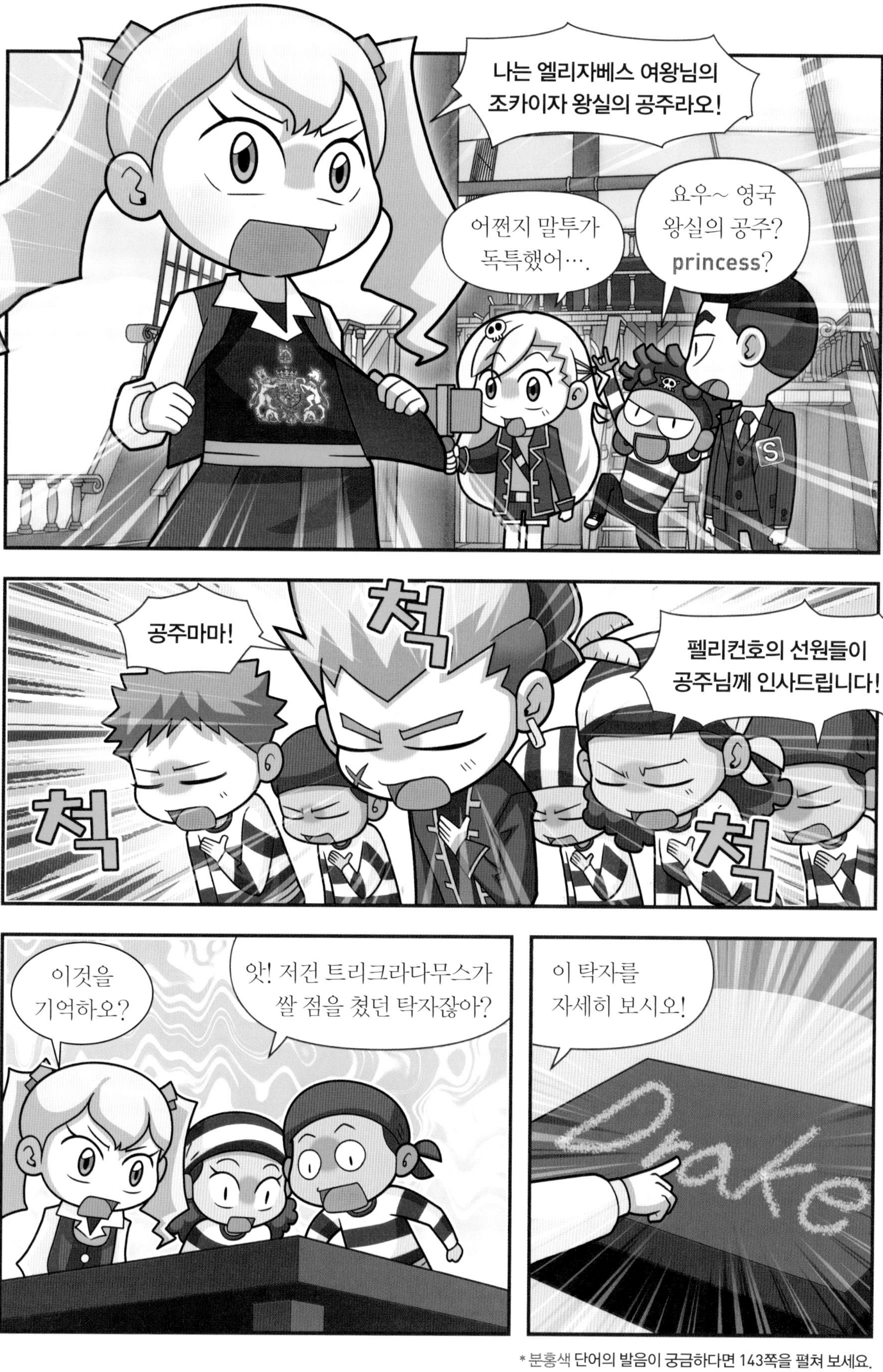
나는 엘리자베스 여왕님의 조카이자 왕실의 공주라오!
어쩐지 말투가 독특했어….
요우~ 영국 왕실의 공주? princess?
공주마마!
척
펠리컨호의 선원들이 공주님께 인사드립니다!
척
척
이것을 기억하오?
앗! 저건 트리크라다무스가 쌀 점을 쳤던 탁자잖아?
이 탁자를 자세히 보시오!
Drake

* 분홍색 단어의 발음이 궁금하다면 143쪽을 펼쳐 보세요.

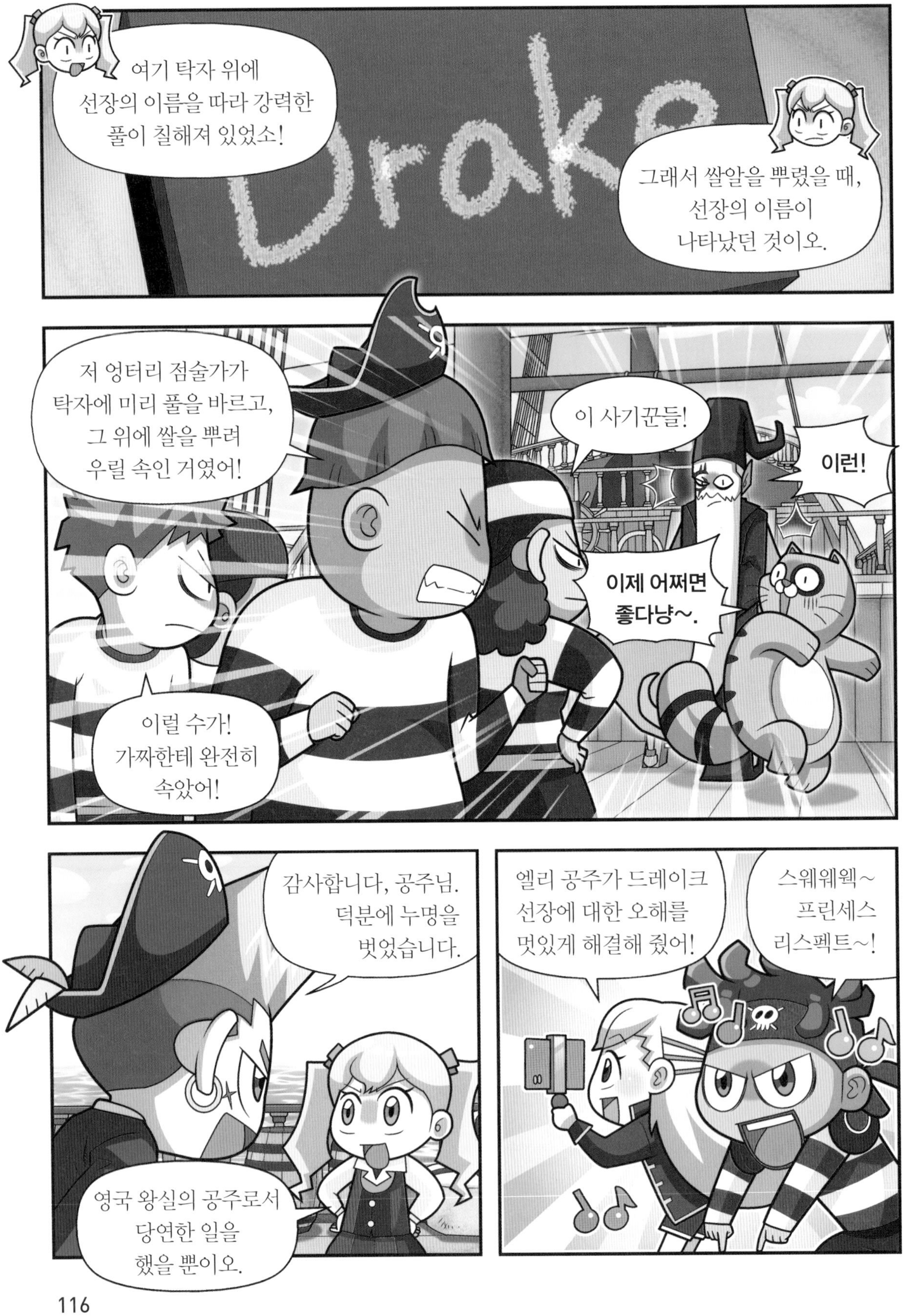
여기 탁자 위에 선장의 이름을 따라 강력한 풀이 칠해져 있었소!
Drake
그래서 쌀알을 뿌렸을 때, 선장의 이름이 나타났던 것이오.
저 엉터리 점술가가 탁자에 미리 풀을 바르고, 그 위에 쌀을 뿌려 우릴 속인 거였어!
이 사기꾼들!
이런!
이제 어쩌면 좋다냥~.
이럴 수가! 가짜한테 완전히 속았어!
감사합니다, 공주님. 덕분에 누명을 벗었습니다.
영국 왕실의 공주로서 당연한 일을 했을 뿐이오.
엘리 공주가 드레이크 선장에 대한 오해를 멋있게 해결해 줬어!
스웨웩웩~ 프린세스 리스펙트~!

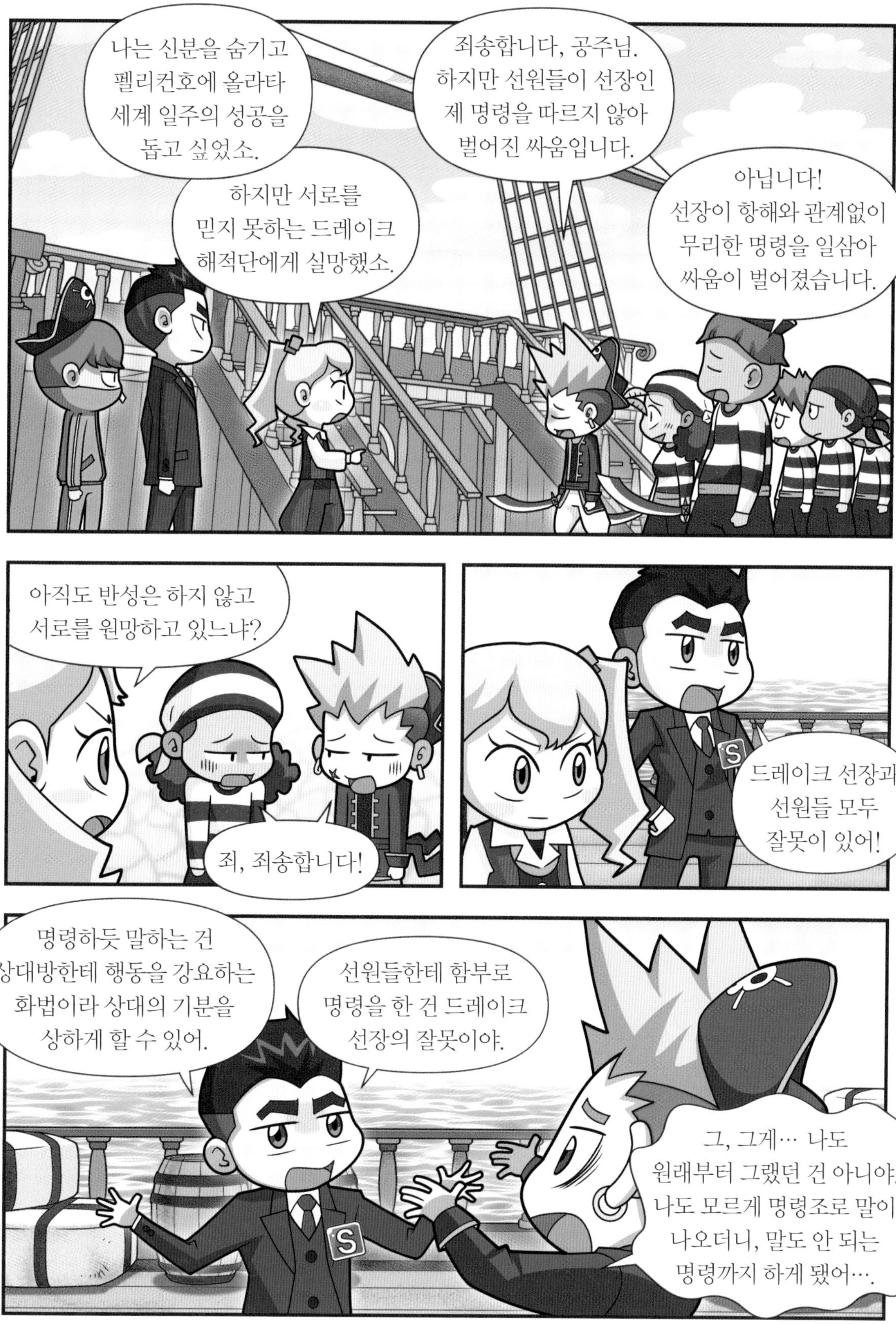
나는 신분을 숨기고 펠리컨호에 올라타 세계 일주의 성공을 돕고 싶었소.
죄송합니다, 공주님. 하지만 선원들이 선장인 제 명령을 따르지 않아 벌어진 싸움입니다.
하지만 서로를 믿지 못하는 드레이크 해적단에게 실망했소.
아닙니다! 선장이 항해와 관계없이 무리한 명령을 일삼아 싸움이 벌어졌습니다.
아직도 반성은 하지 않고 서로를 원망하고 있느냐?
죄, 죄송합니다!
드레이크 선장과 선원들 모두 잘못이 있어!
명령하듯 말하는 건 상대방한테 행동을 강요하는 화법이라 상대의 기분을 상하게 할 수 있어.
선원들한테 함부로 명령을 한 건 드레이크 선장의 잘못이야.
그, 그게… 나도 원래부터 그랬던 건 아니야. 나도 모르게 명령조로 말이 나오더니, 말도 안 되는 명령까지 하게 됐어….

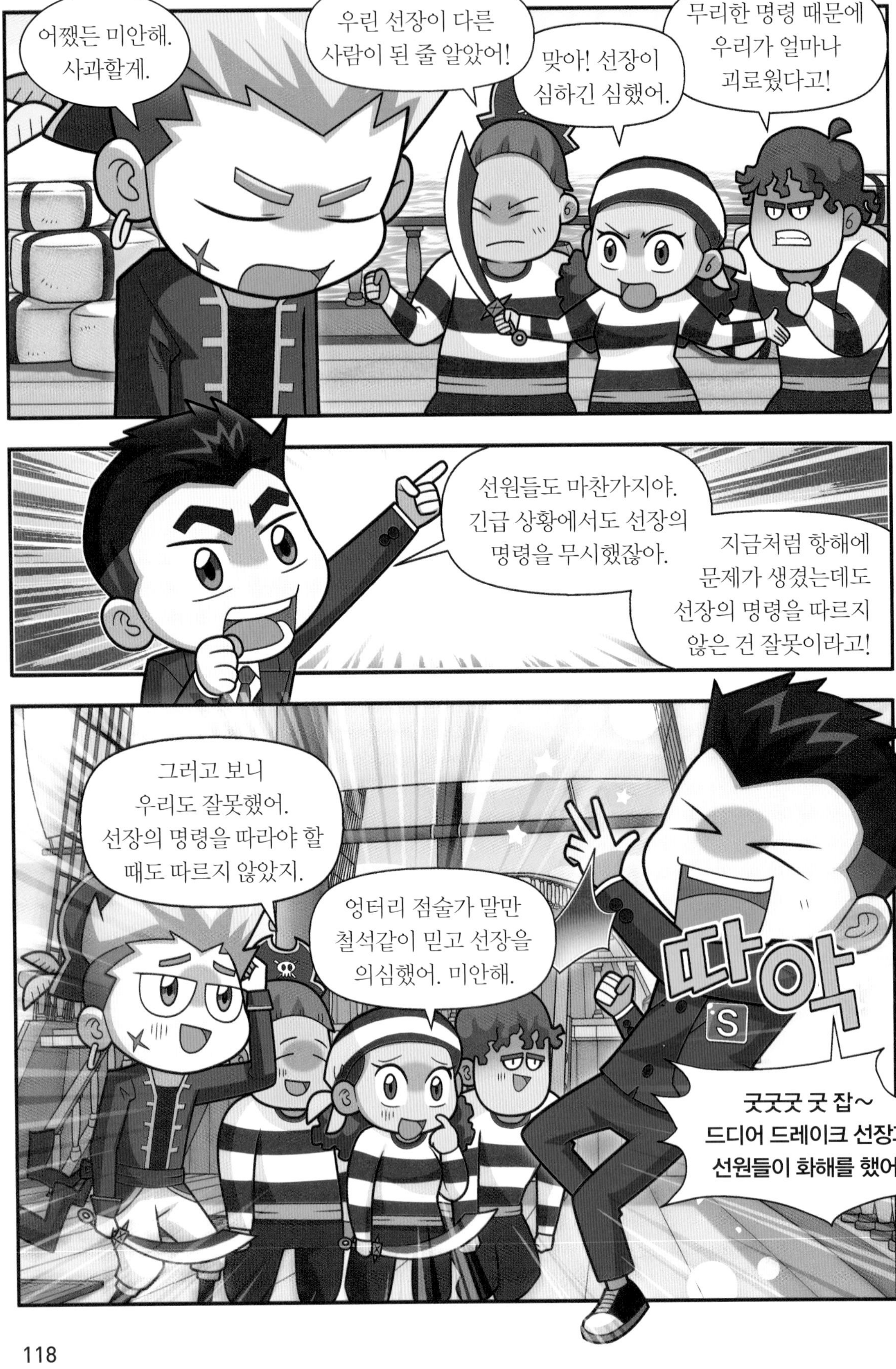

어쨌든 미안해. 사과할게.
우린 선장이 다른 사람이 된 줄 알았어!
맞아! 선장이 심하긴 심했어.
무리한 명령 때문에 우리가 얼마나 괴로웠다고!
선원들도 마찬가지야. 긴급 상황에서도 선장의 명령을 무시했잖아.
지금처럼 항해에 문제가 생겼는데도 선장의 명령을 따르지 않은 건 잘못이라고!
그러고 보니 우리도 잘못했어. 선장의 명령을 따라야 할 때도 따르지 않았지.
엉터리 점술가 말만 철석같이 믿고 선장을 의심했어. 미안해.
따악
굿굿굿 굿 잡~ 드디어 드레이크 선장과 선원들이 화해를 했어!

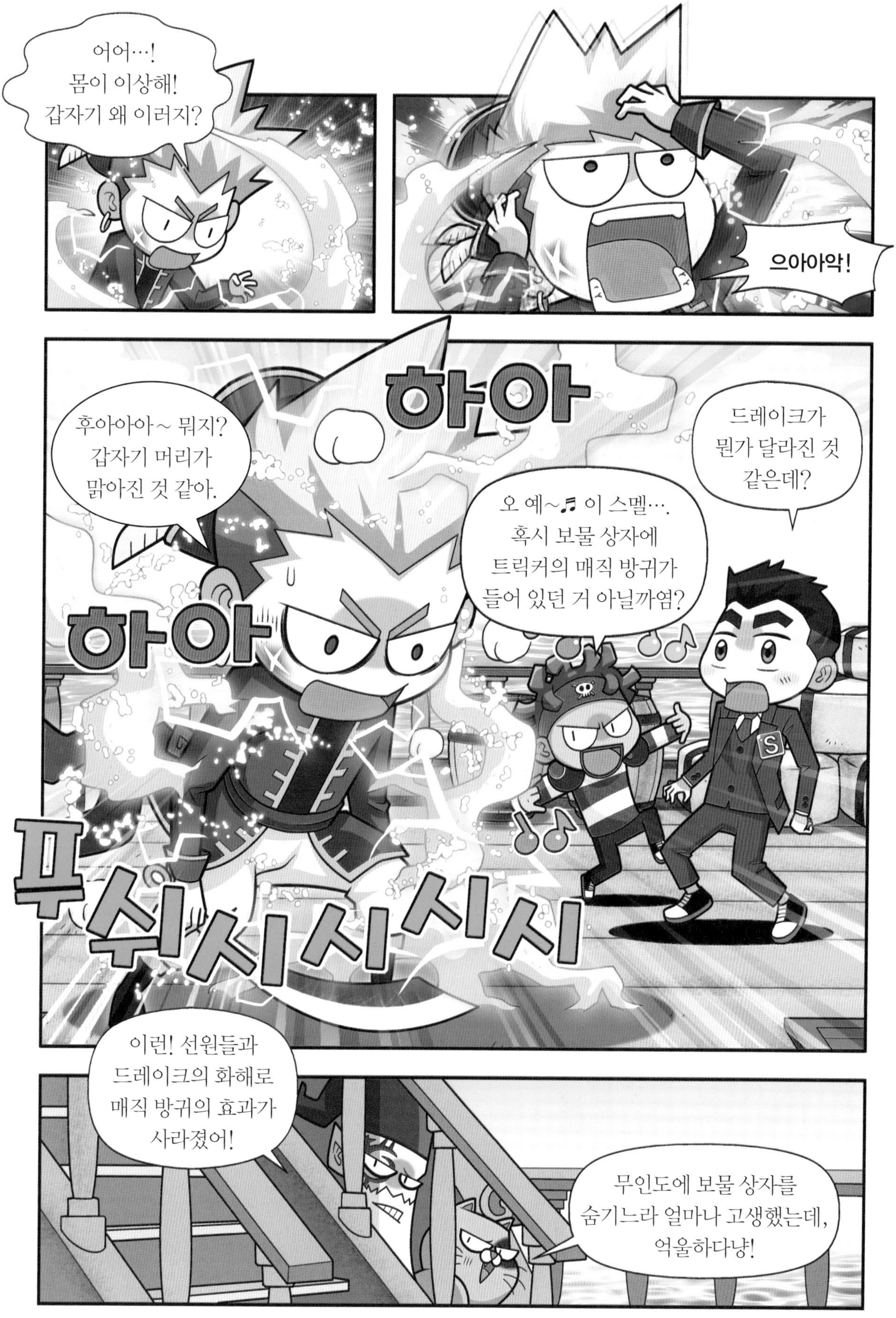

어어…!
몸이 이상해!
갑자기 왜 이러지?
으아아악!
하아
하아
후아아아~ 뭐지?
갑자기 머리가
맑아진 것 같아.
드레이크가
뭔가 달라진 것
같은데?
오 예~♬ 이 스멜….
혹시 보물 상자에
트릭커의 매직 방귀가
들어 있던 거 아닐까염?
푸쉬시시시시
이런! 선원들과
드레이크의 화해로
매직 방귀의 효과가
사라졌어!
무인도에 보물 상자를
숨기느라 얼마나 고생했는데,
억울하다냥!

Chapter 6

형제들의 화해

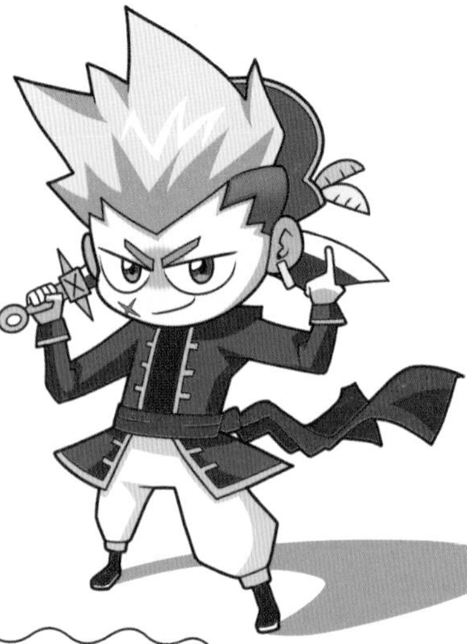

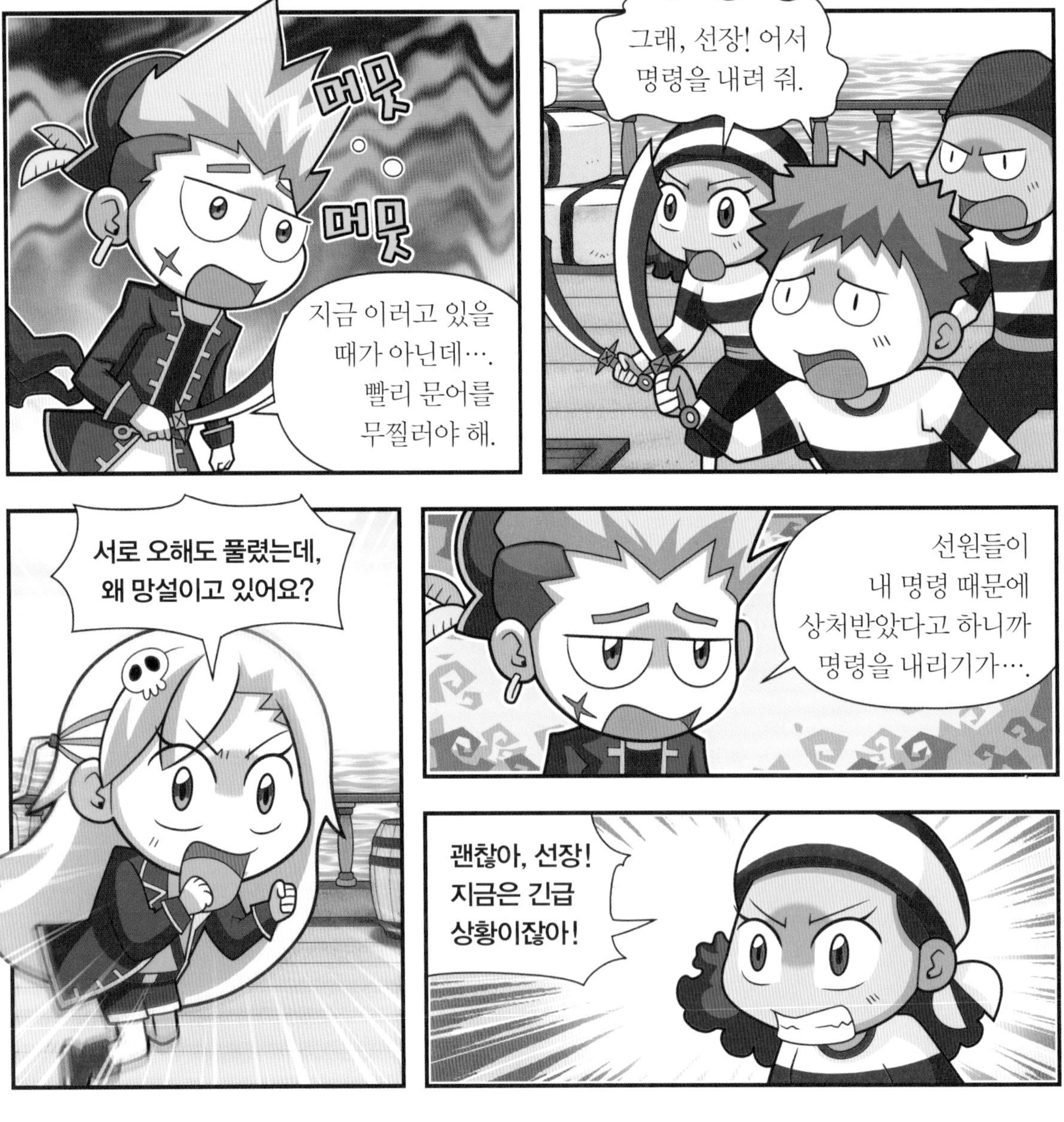

머뭇
머뭇
지금 이러고 있을 때가 아닌데…. 빨리 문어를 무찔러야 해.
그래, 선장! 어서 명령을 내려 줘.
서로 오해도 풀렸는데, 왜 망설이고 있어요?
선원들이 내 명령 때문에 상처받았다고 하니까 명령을 내리기가….
괜찮아, 선장! 지금은 긴급 상황이잖아!

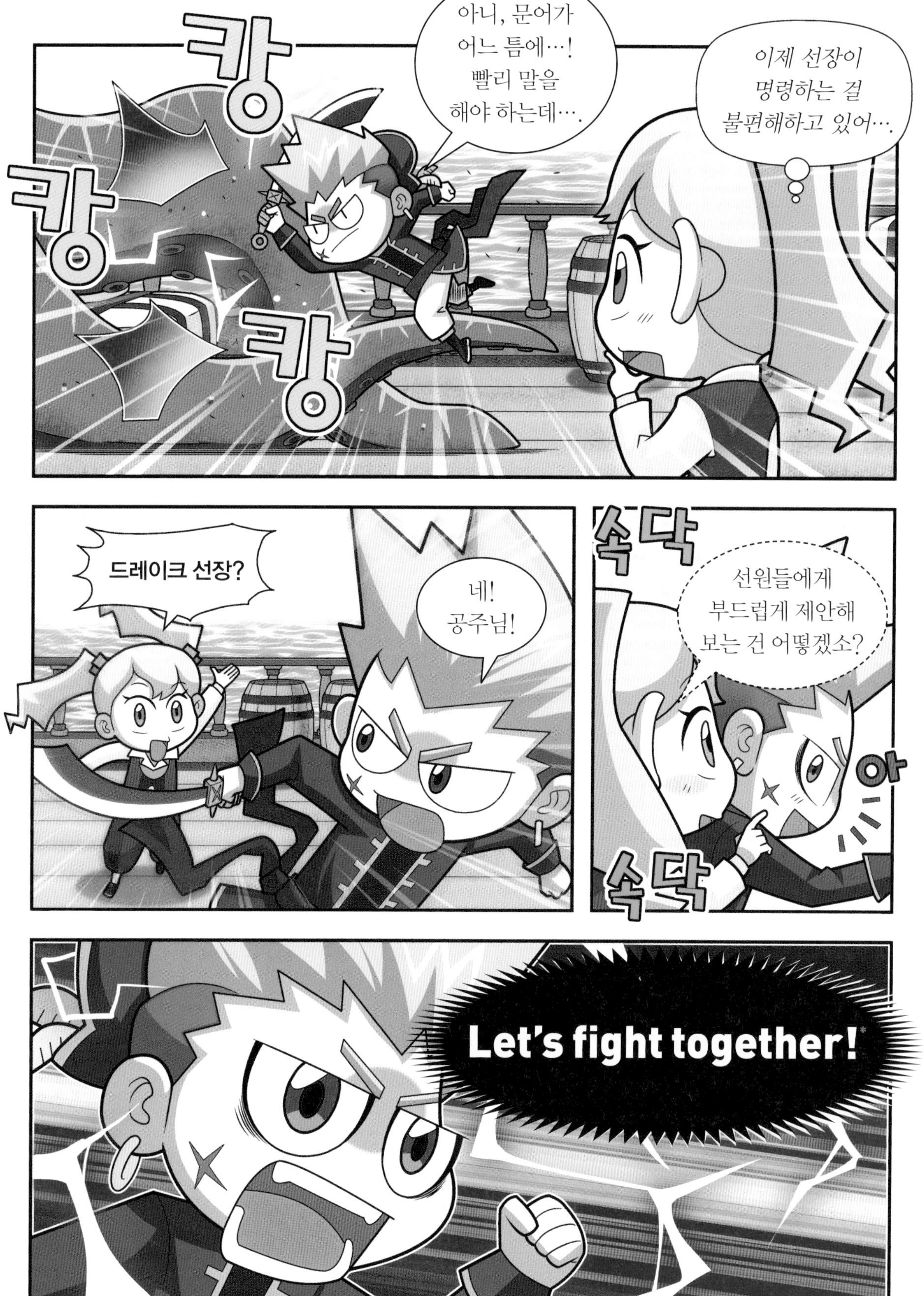
캉
캉
캉
아니, 문어가 어느 틈에…! 빨리 말을 해야 하는데….
이제 선장이 명령하는 걸 불편해하고 있어….
드레이크 선장?
네! 공주님!
속닥
선원들에게 부드럽게 제안해 보는 건 어떻겠소?
아
속닥
Let's fight together!*

* 우리 함께 싸우자!

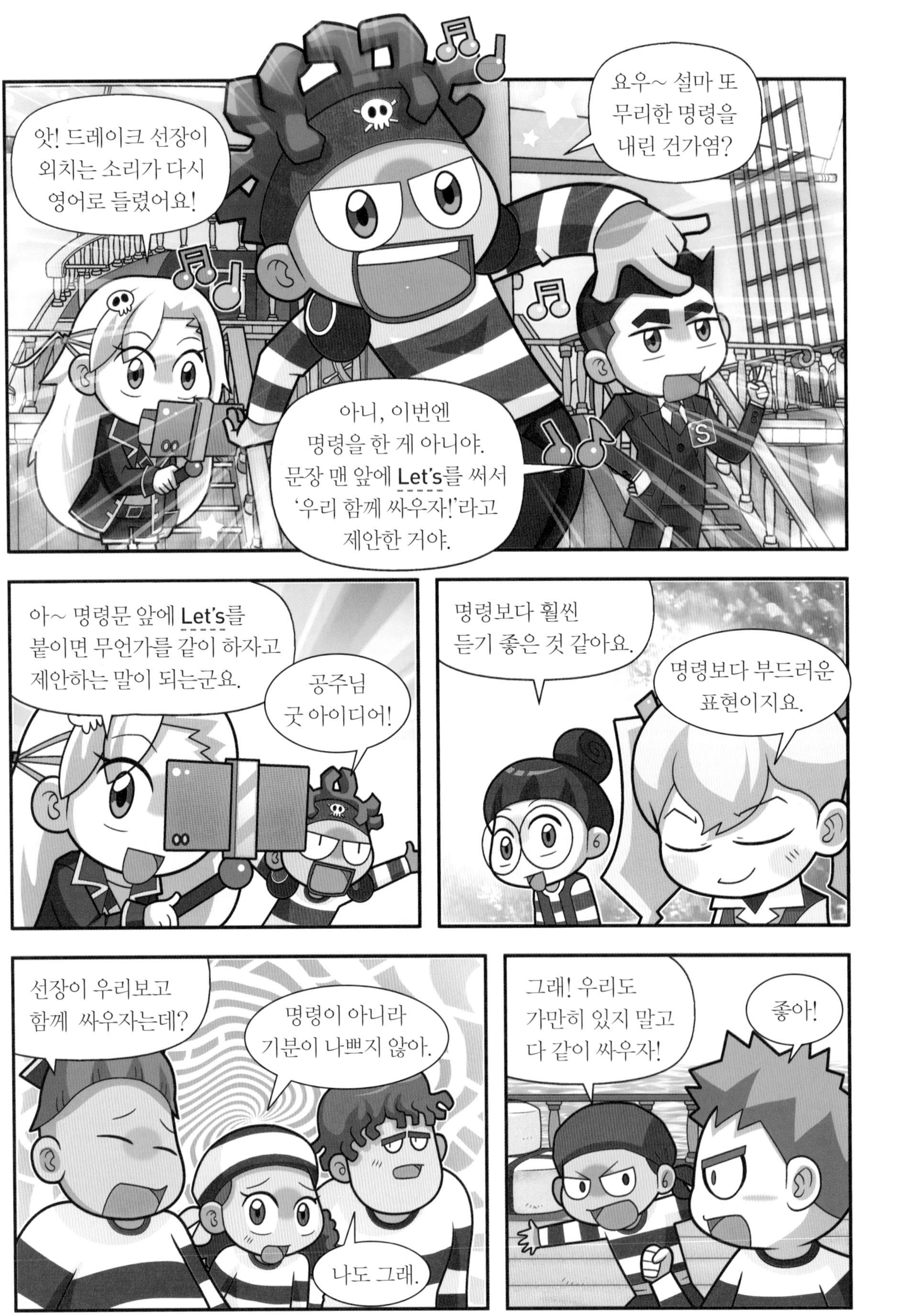
앗! 드레이크 선장이 외치는 소리가 다시 영어로 들렸어요!
요우~ 설마 또 무리한 명령을 내린 건가염?
아니, 이번엔 명령을 한 게 아니야. 문장 맨 앞에 Let's를 써서 '우리 함께 싸우자!'라고 제안한 거야.
아~ 명령문 앞에 Let's를 붙이면 무언가를 같이 하자고 제안하는 말이 되는군요.
공주님 굿 아이디어!
명령보다 훨씬 듣기 좋은 것 같아요.
명령보다 부드러운 표현이지요.
선장이 우리보고 함께 싸우자는데?
명령이 아니라 기분이 나쁘지 않아.
나도 그래.
그래! 우리도 가만히 있지 말고 다 같이 싸우자!
좋아!

* 이시원 선생님이 직접 가르쳐 주는 강의를 확인하고 싶다면 147쪽을 펼쳐 보세요.

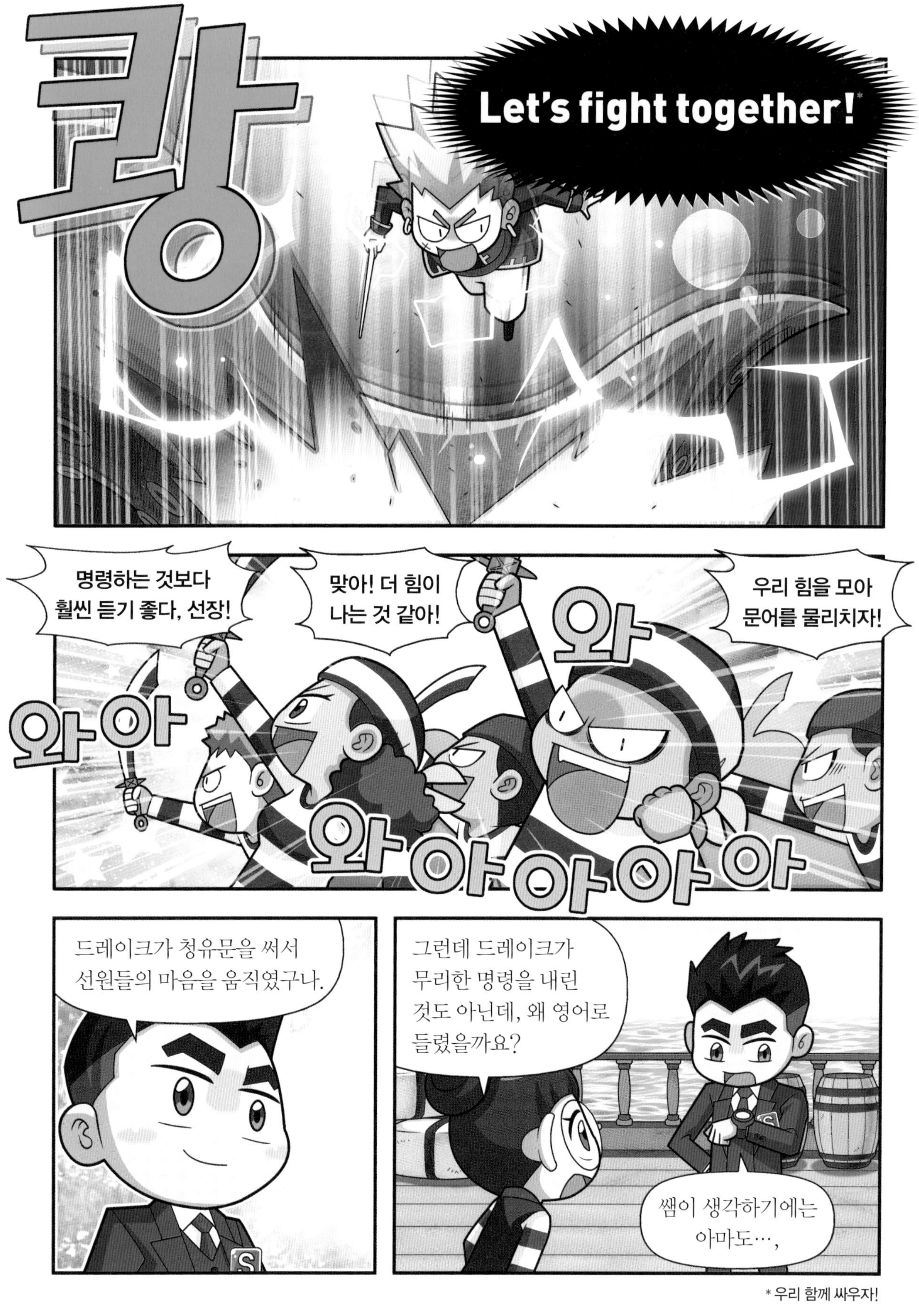
쾅
Let's fight together!*
명령하는 것보다 훨씬 듣기 좋다, 선장!
맞아! 더 힘이 나는 것 같아!
우리 힘을 모아 문어를 물리치자!
와아
와
와아아아아아
드레이크가 청유문을 써서 선원들의 마음을 움직였구나.
그런데 드레이크가 무리한 명령을 내린 것도 아닌데, 왜 영어로 들렸을까요?
쌤이 생각하기에는 아마도…,

* 우리 함께 싸우자!

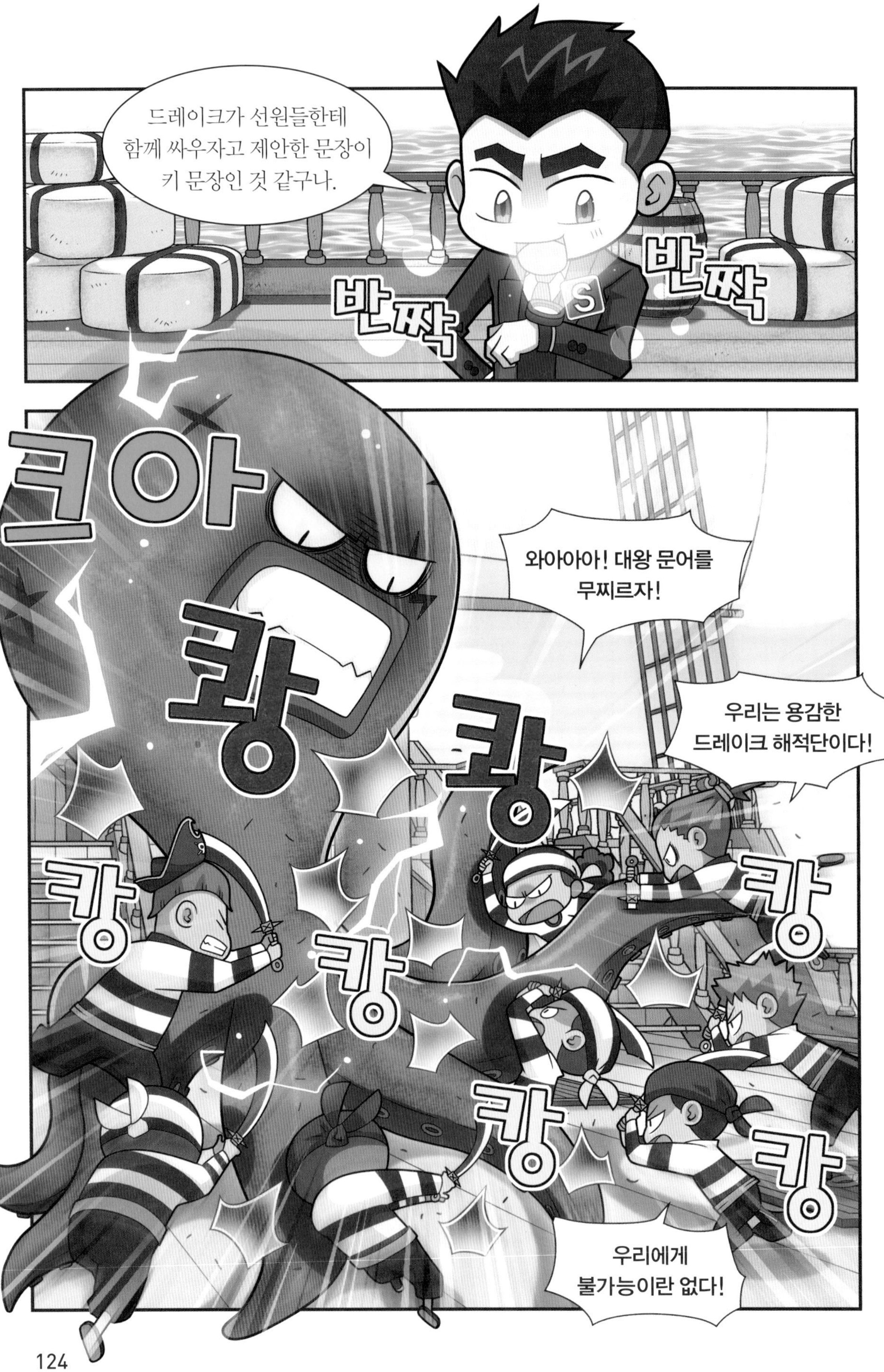
드레이크가 선원들한테 함께 싸우자고 제안한 문장이 키 문장인 것 같구나.
반짝
반짝
크아
쾅
쾅
와아아아! 대왕 문어를 무찌르자!
우리는 용감한 드레이크 해적단이다!
캉
캉
캉
캉
캉
우리에게 불가능이란 없다!

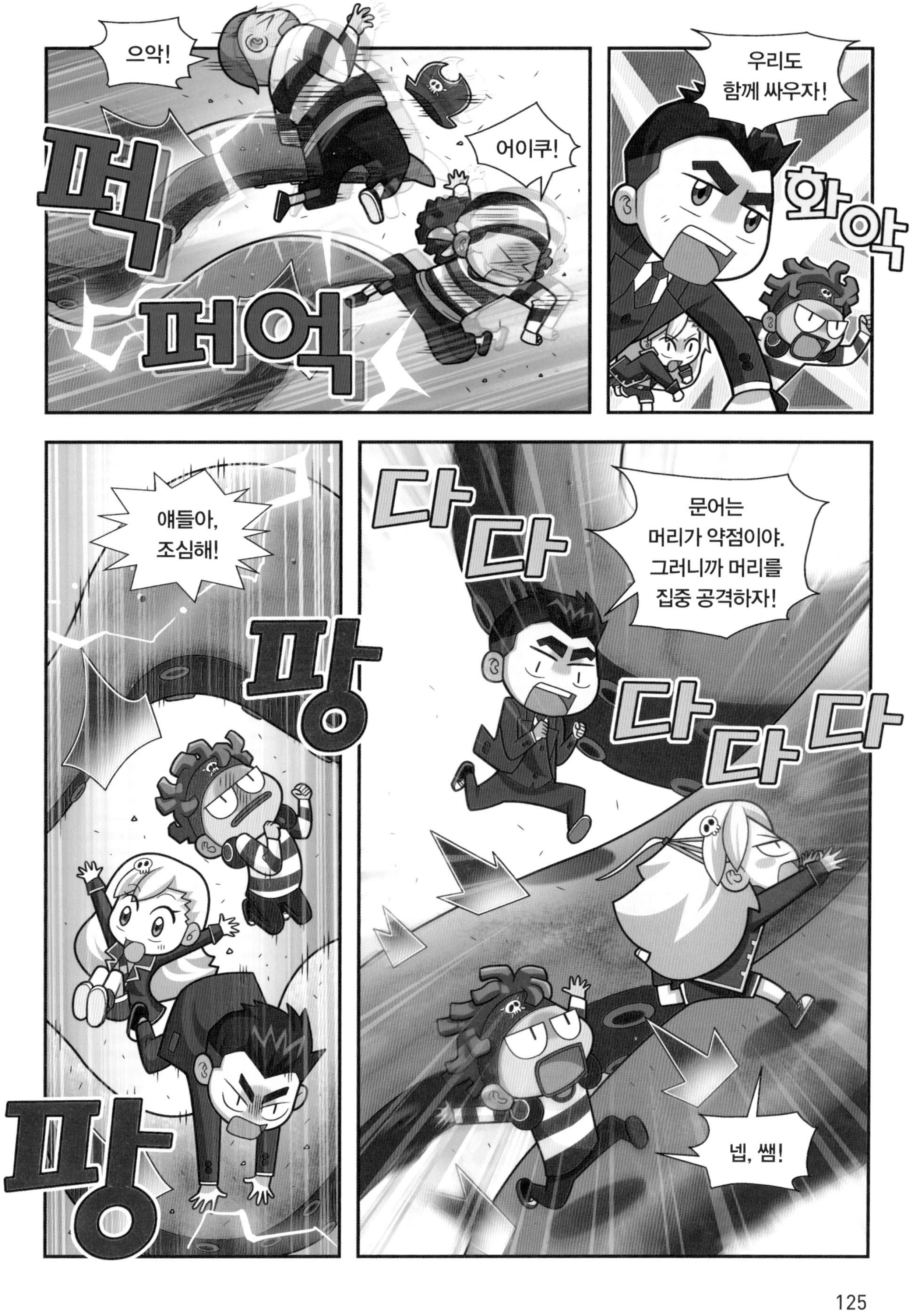

으악!
펵
퍼억
어이쿠!
우리도
함께 싸우자!
화악
얘들아,
조심해!
팡
팡
다다
문어는
머리가 약점이야.
그러니까 머리를
집중 공격하자!
다다다다
넵, 쌤!

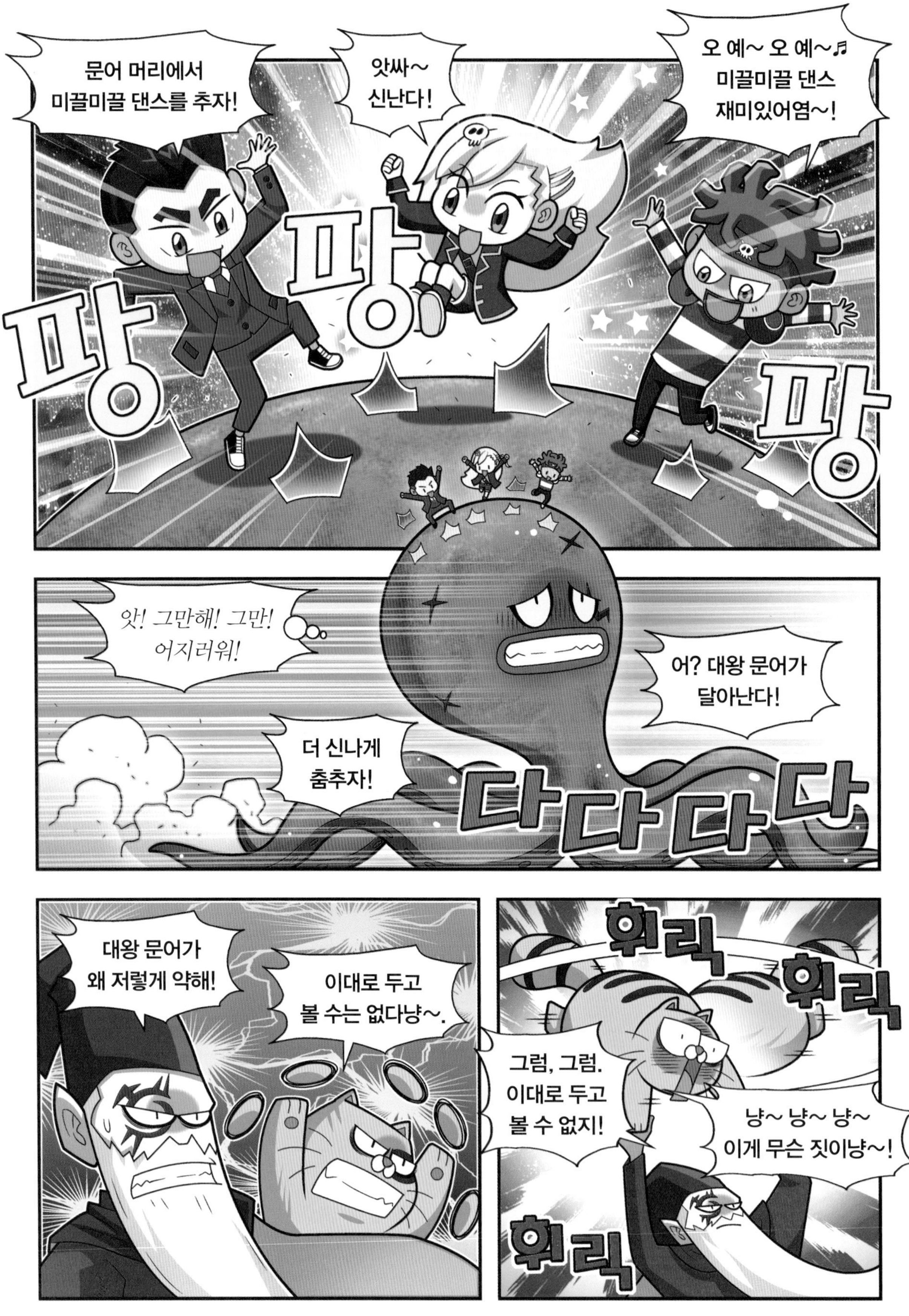
문어 머리에서
미끌미끌 댄스를 추자!
앗싸~
신난다!
오 예~ 오 예~♬
미끌미끌 댄스
재미있어염~!
팡
팡
팡
앗! 그만해! 그만!
어지러워!
어? 대왕 문어가
달아난다!
더 신나게
춤추자!
다다다다
대왕 문어가
왜 저렇게 약해!
이대로 두고
볼 수는 없다냥~.
휘릭
휘릭
그럼, 그럼.
이대로 두고
볼 수 없지!
냥~ 냥~ 냥~
이게 무슨 짓이냥~!
휘릭

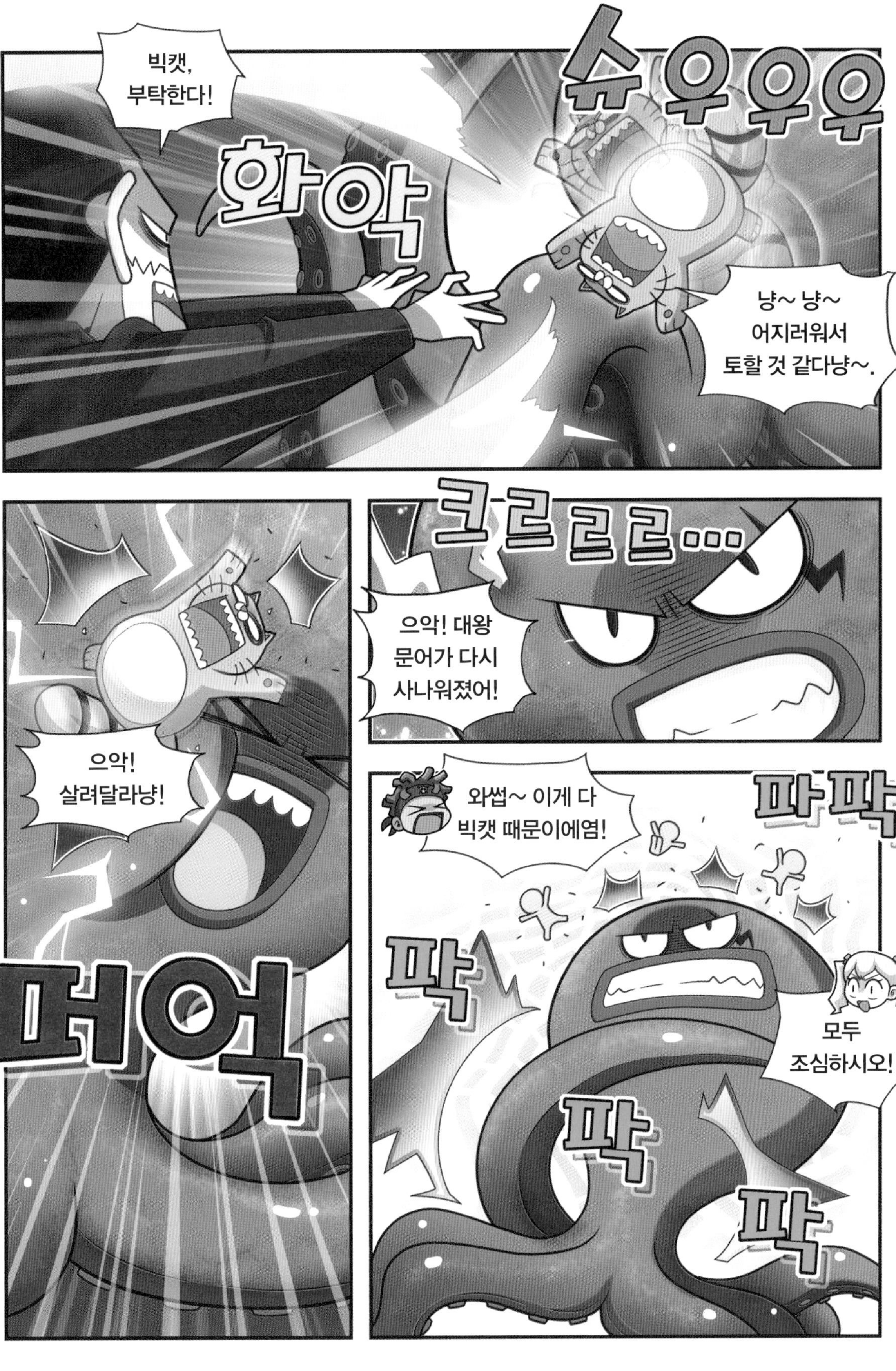
빅캣,
부탁한다!
슈우우우
화악
냥~ 냥~
어지러워서
토할 것 같다냥~.
으악!
살려달라냥!
퍼억
크르르르...
으악! 대왕
문어가 다시
사나워졌어!
와썹~ 이게 다
빅캣 때문이에염!
파팍
팍
모두
조심하시오!
팍
팍

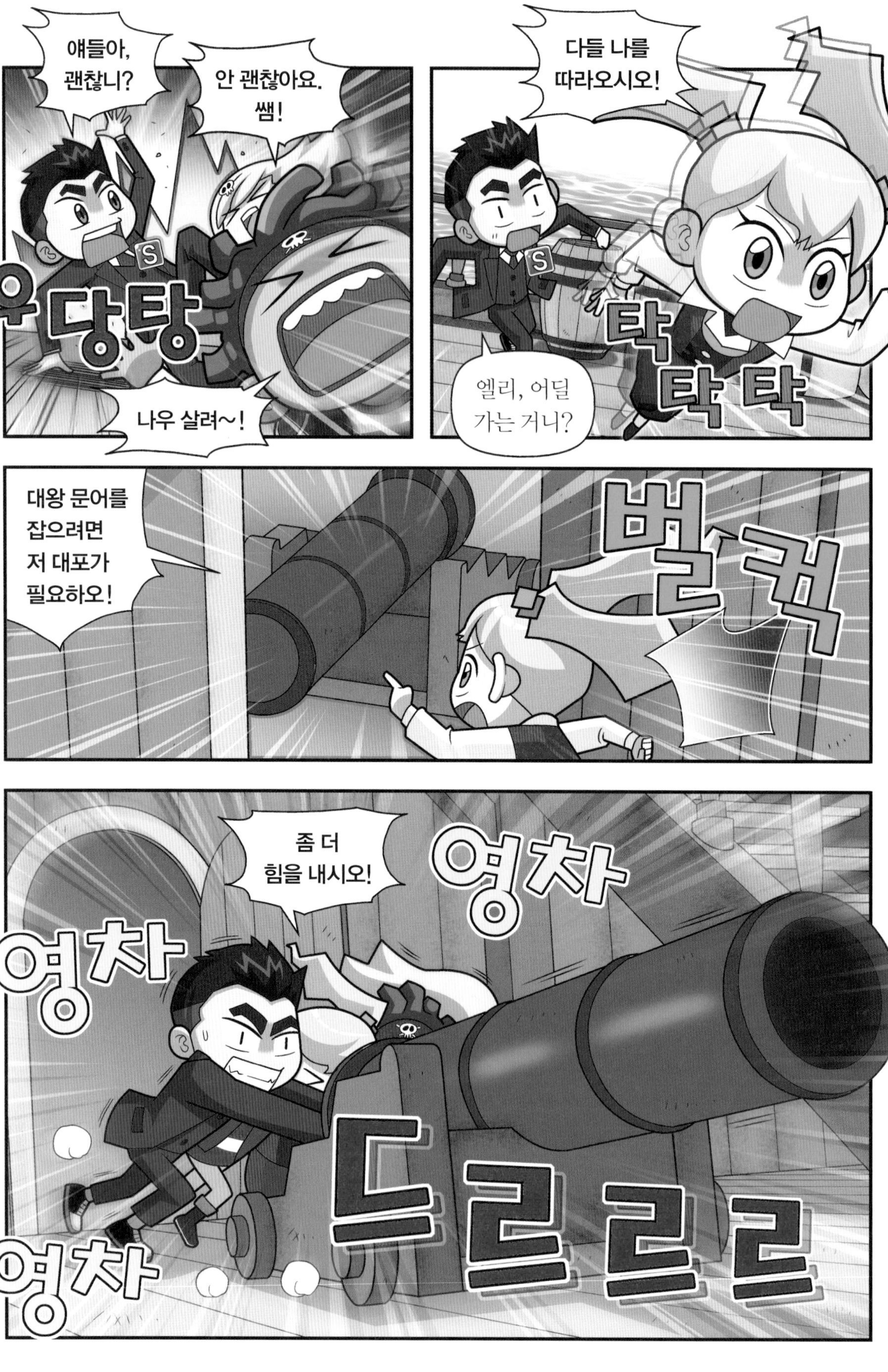
얘들아, 괜찮니?
안 괜찮아요. 쌤!
우당탕
나우 살려~!
다들 나를 따라오시오!
탁 탁 탁
엘리, 어딜 가는 거니?
대왕 문어를 잡으려면 저 대포가 필요하오!
벌컥
좀 더 힘을 내시오!
영차
영차
영차
드르르르

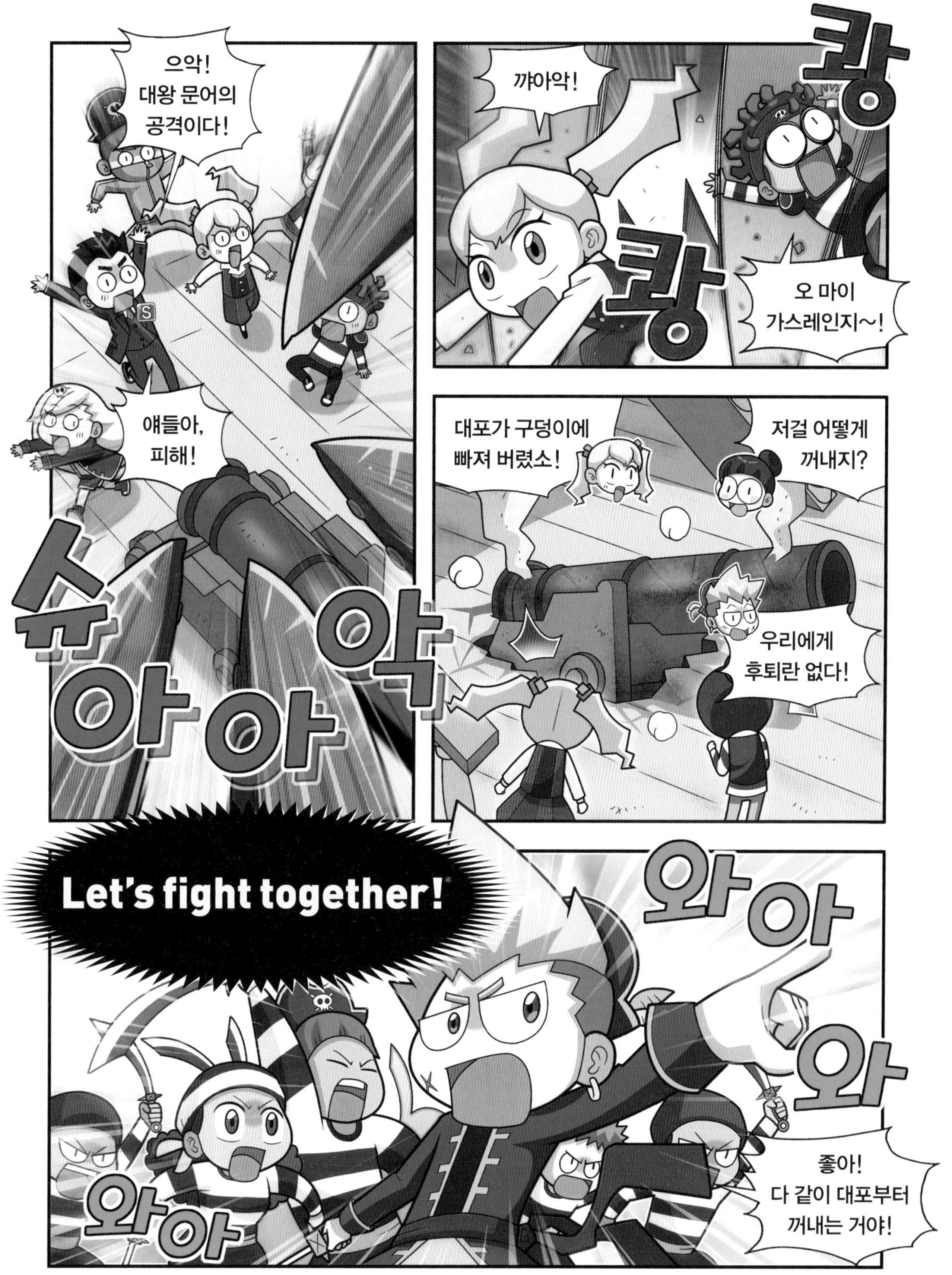

으악!
대왕 문어의
공격이다!
꺄아악!
쾅
쾅
오 마이
가스레인지~!
얘들아,
피해!
슈아아악
대포가 구덩이에
빠져 버렸소!
저걸 어떻게
꺼내지?
우리에게
후퇴란 없다!
Let's fight together!*
와아
와
와아
좋아!
다 같이 대포부터
꺼내는 거야!

* 우리 함께 싸우자!

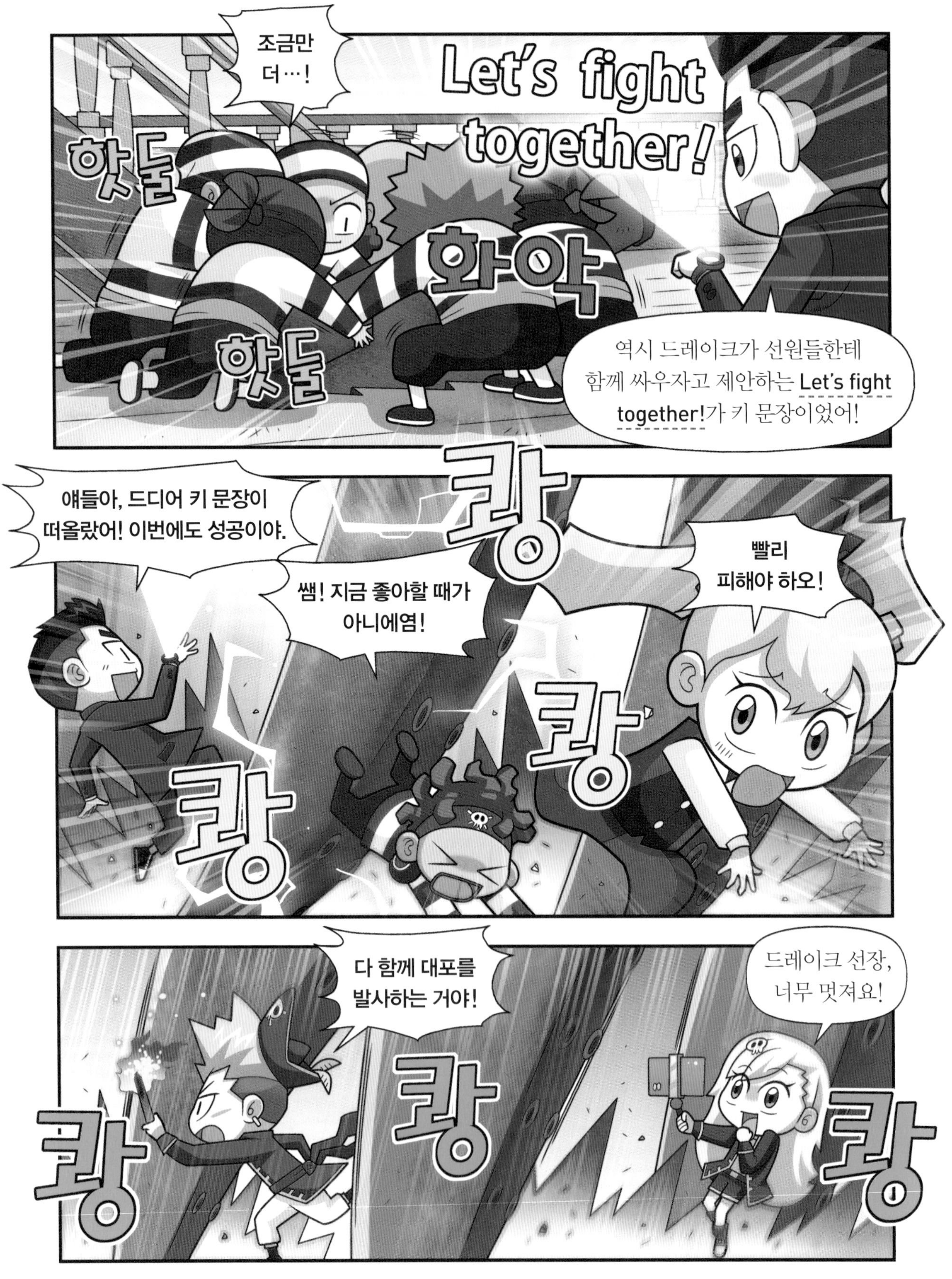
조금만 더…!
Let's fight together!
핫둘
화악
핫둘
역시 드레이크가 선원들한테 함께 싸우자고 제안하는 Let's fight together!가 키 문장이었어!
애들아, 드디어 키 문장이 떠올랐어! 이번에도 성공이야.
쾅
쌤! 지금 좋아할 때가 아니에염!
빨리 피해야 하오!
쾅
쾅
다 함께 대포를 발사하는 거야!
드레이크 선장, 너무 멋져요!
쾅
쾅
쾅

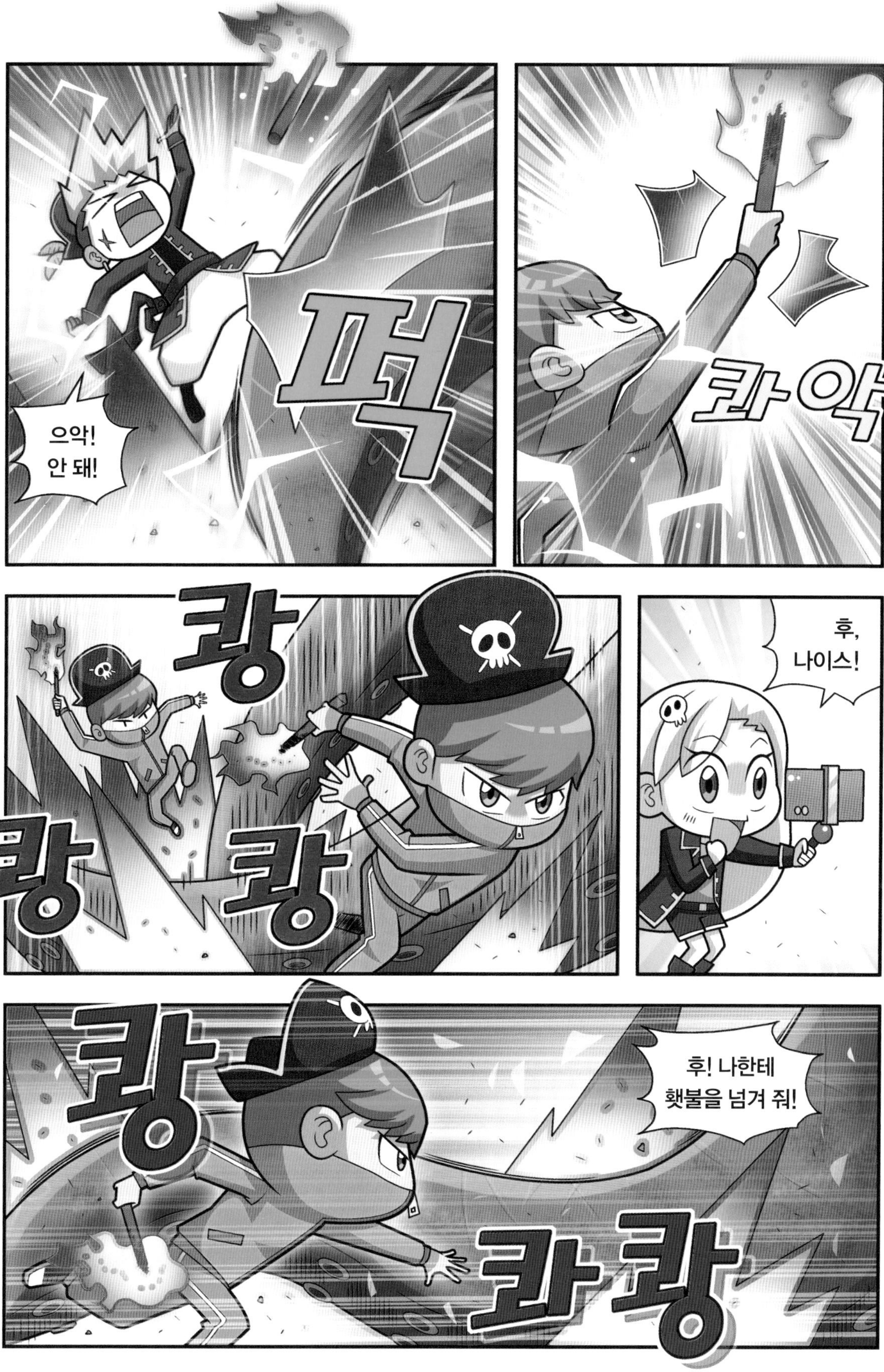
퍽
으악!
안 돼!
콰악
쾅
쾅
쾅
후,
나이스!
쾅
후! 나한테
횃불을 넘겨 줘!
콰쾅

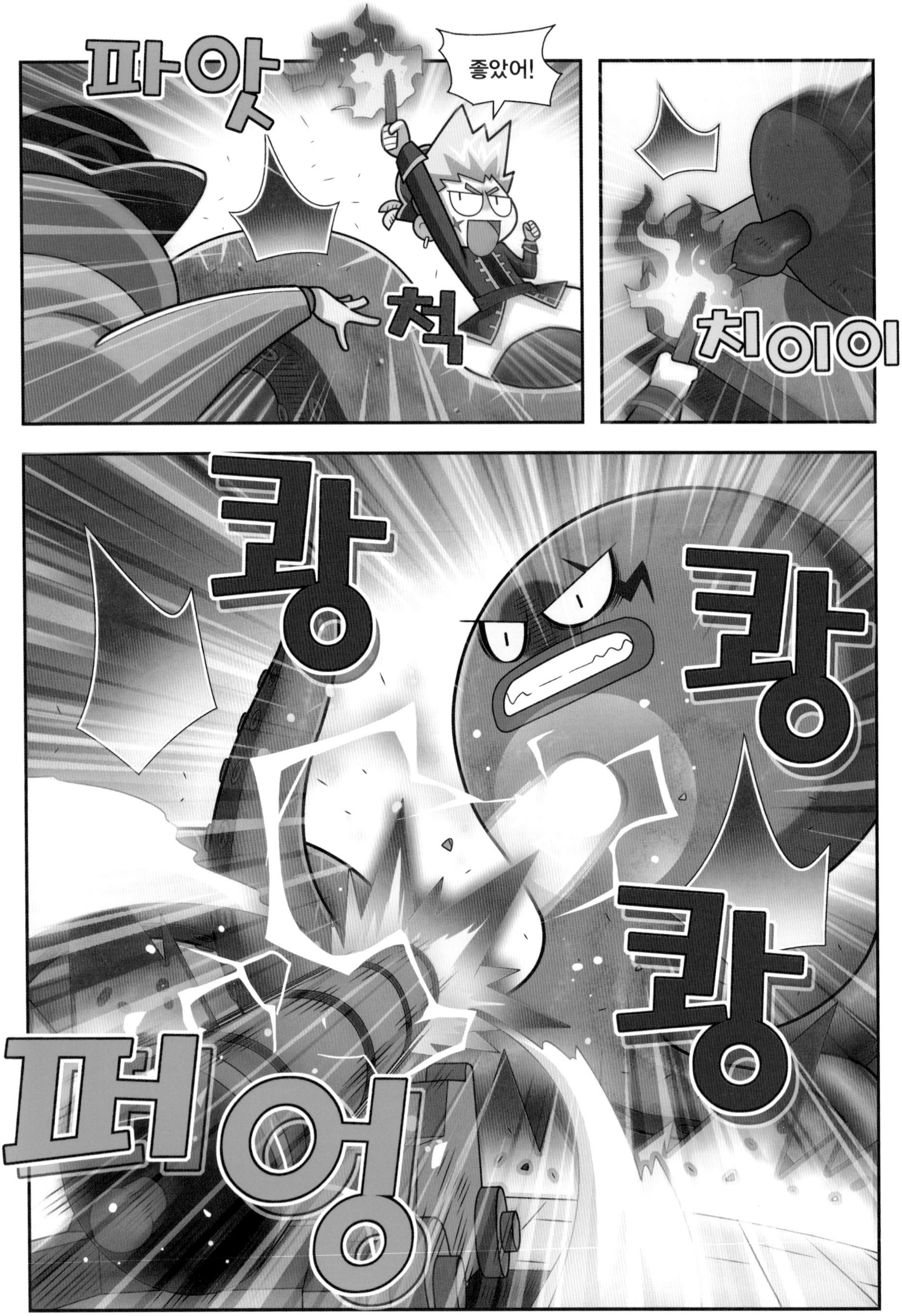
파앗
좋았어!
척
치이이
쾅
쾅
쾅
펴엉

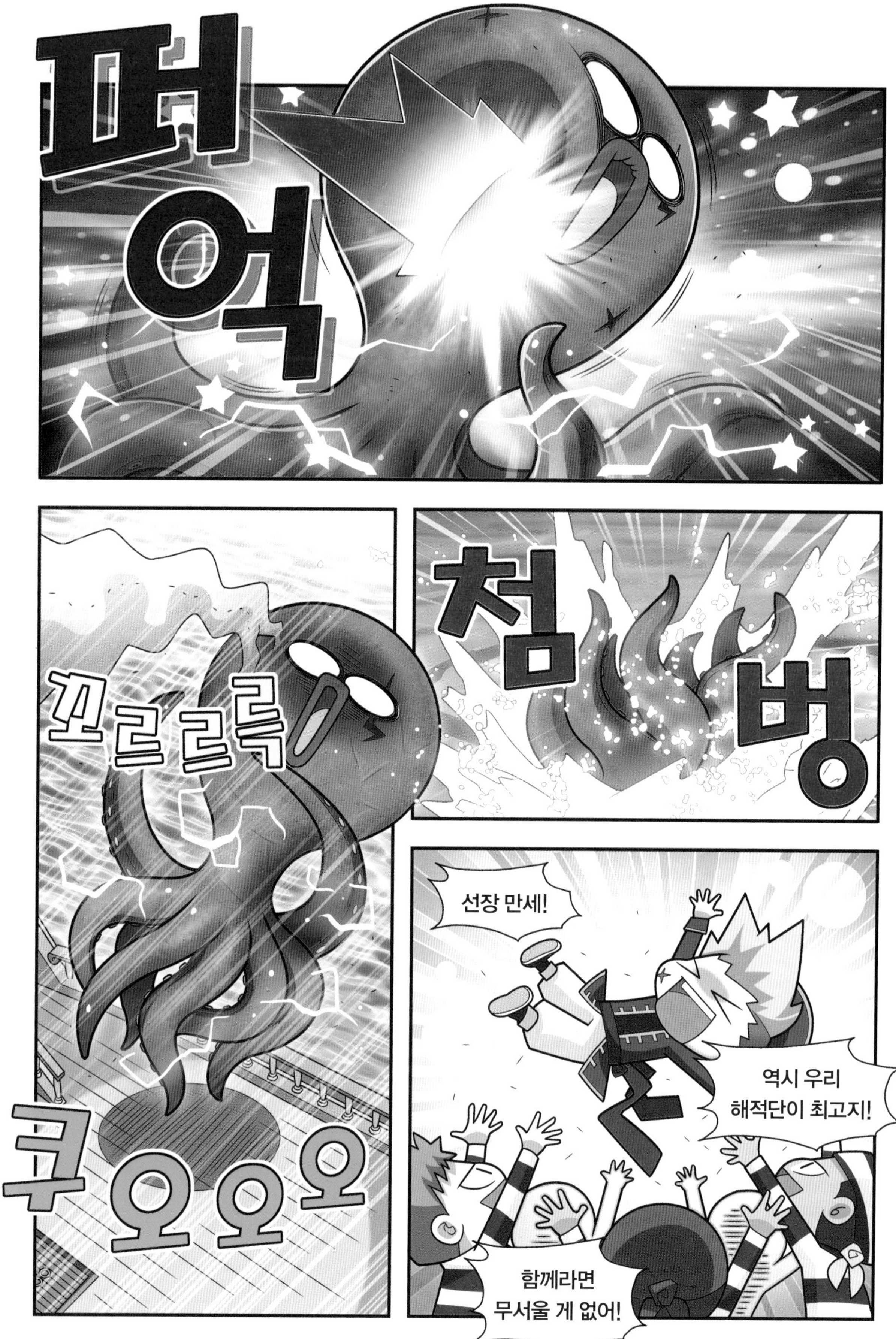

퍼억
꼬르르륵
첨벙
쿠오오오
선장 만세!
역시 우리 해적단이 최고지!
함께라면 무서울 게 없어!

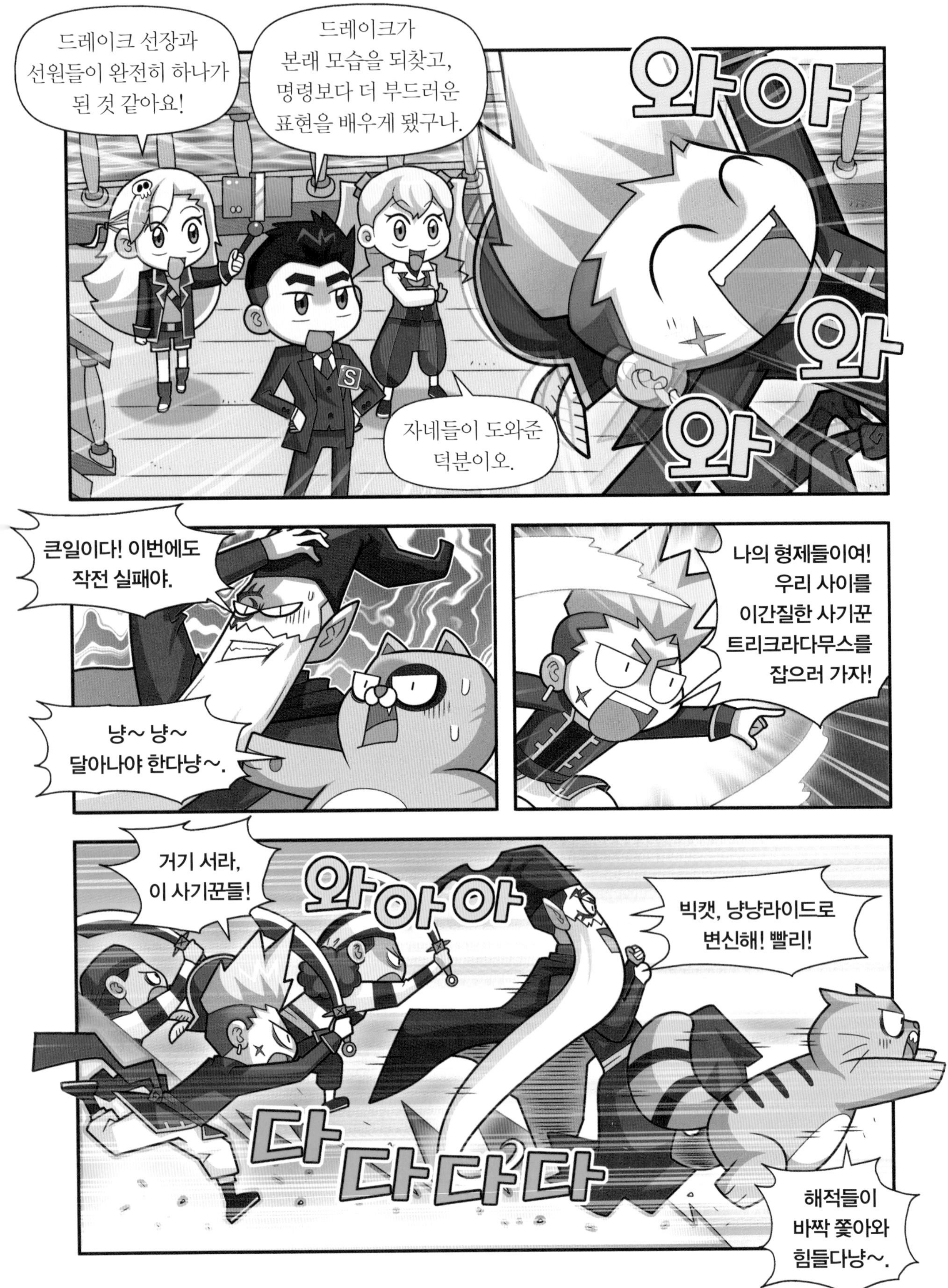
드레이크 선장과 선원들이 완전히 하나가 된 것 같아요!
드레이크가 본래 모습을 되찾고, 명령보다 더 부드러운 표현을 배우게 됐구나.
와아아
와
와
자네들이 도와준 덕분이오.
큰일이다! 이번에도 작전 실패야.
냥~ 냥~ 달아나야 한다냥~.
나의 형제들이여! 우리 사이를 이간질한 사기꾼 트리크라다무스를 잡으러 가자!
거기 서라, 이 사기꾼들!
와아아
빅캣, 냥냥라이드로 변신해! 빨리!
다다다다다
해적들이 바짝 쫓아와 힘들다냥~.

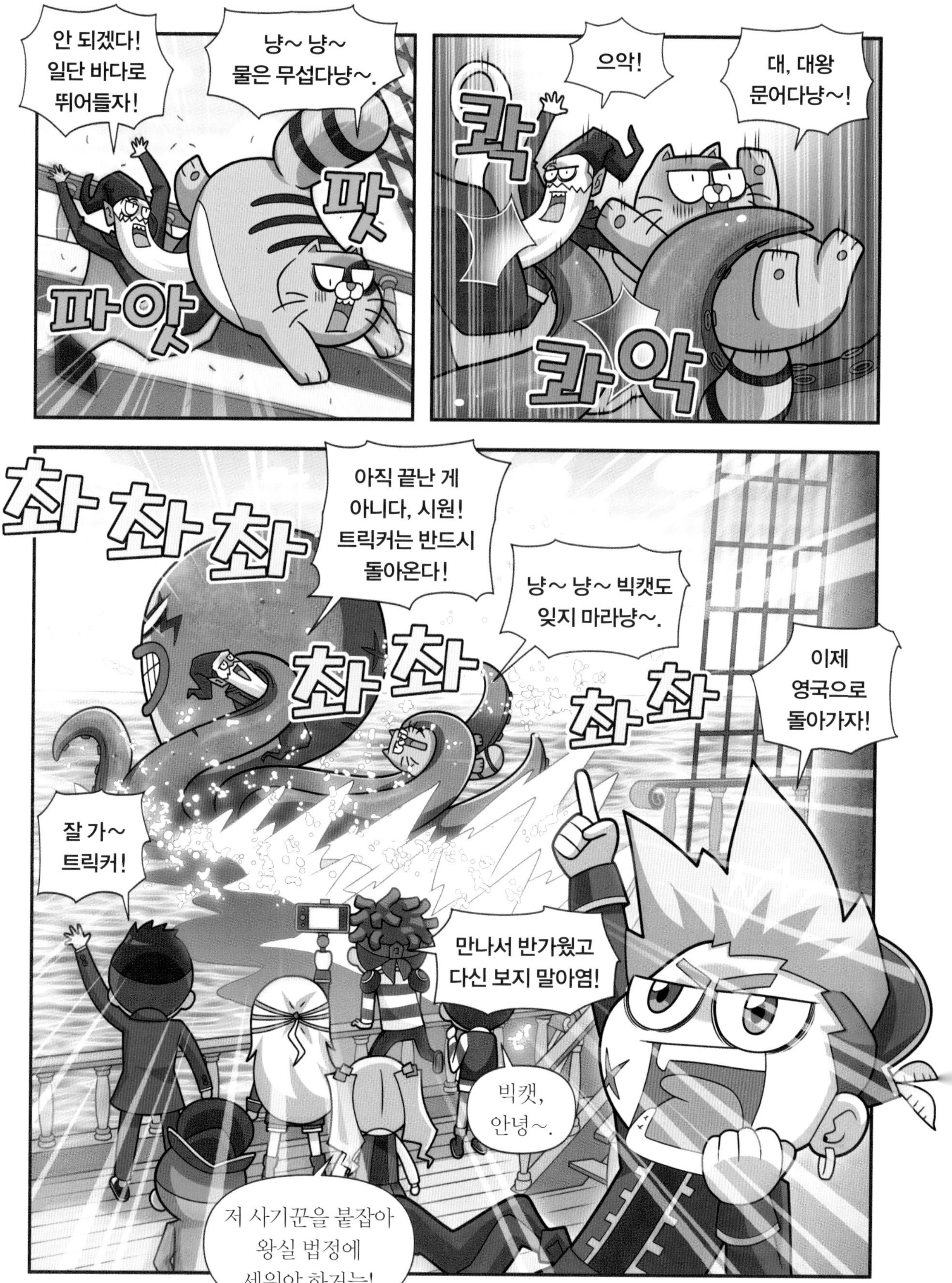
안 되겠다! 일단 바다로 뛰어들자!
냥~ 냥~ 물은 무섭다냥~.
팟
파앗
으악!
대, 대왕 문어다냥~!
콱
콰악
촤 촤 촤
아직 끝난 게 아니다, 시원! 트릭커는 반드시 돌아온다!
냥~ 냥~ 빅캣도 잊지 마라냥~.
촤 촤
촤 촤
이제 영국으로 돌아가자!
잘 가~ 트릭커!
만나서 반가웠고 다신 보지 말아염!
빅캣, 안녕~.
저 사기꾼을 붙잡아 왕실 법정에 세워야 하거늘!

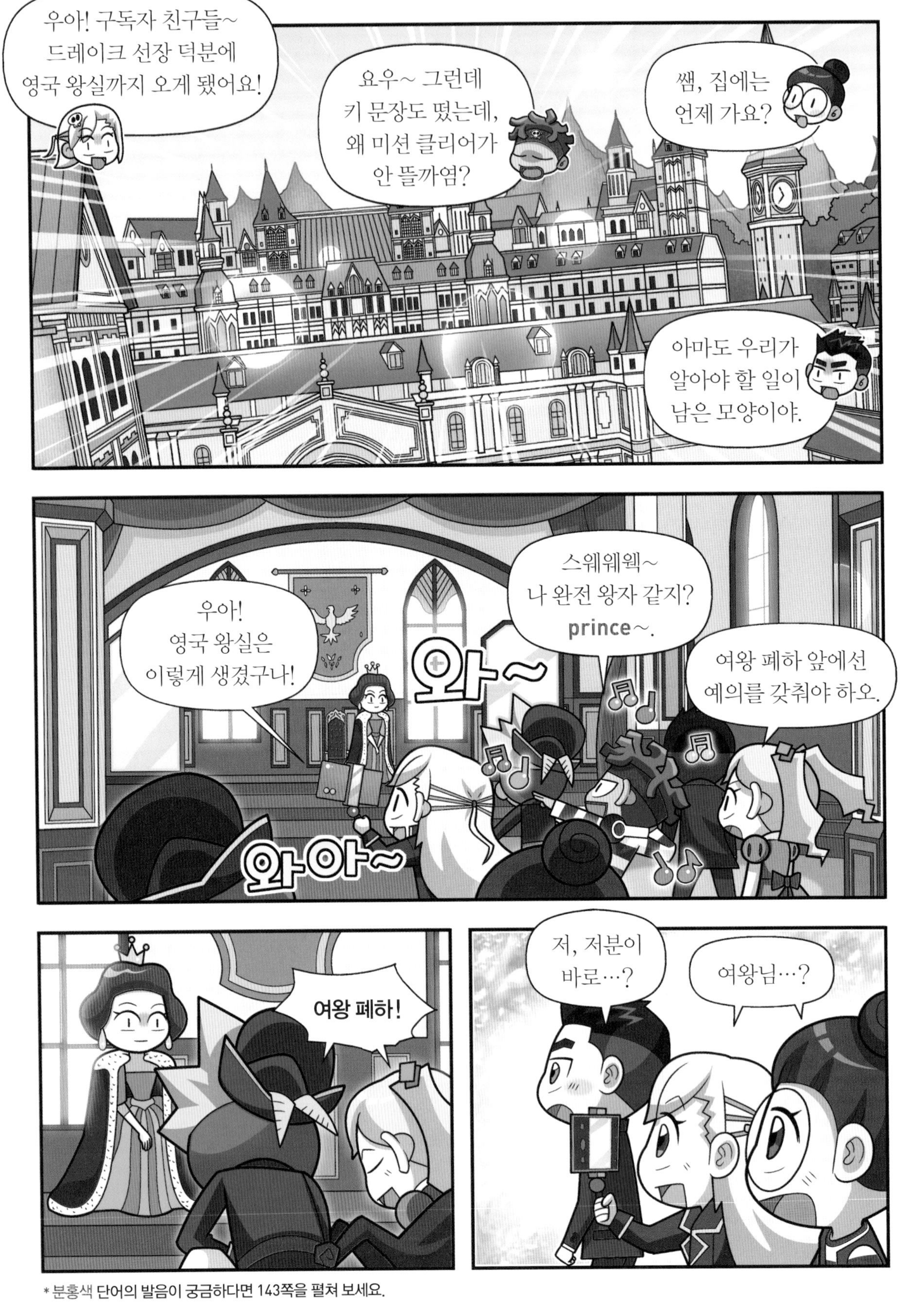

우아! 구독자 친구들~
드레이크 선장 덕분에
영국 왕실까지 오게 됐어요!
요우~ 그런데
키 문장도 떴는데,
왜 미션 클리어가
안 뜰까염?
쌤, 집에는
언제 가요?
아마도 우리가
알아야 할 일이
남은 모양이야.
우아!
영국 왕실은
이렇게 생겼구나!
와~
스웨웨웩~
나 완전 왕자 같지?
prince~.
여왕 폐하 앞에선
예의를 갖춰야 하오.
와아~
여왕 폐하!
저, 저분이
바로…?
여왕님…?

* 분홍색 단어의 발음이 궁금하다면 143쪽을 펼쳐 보세요.

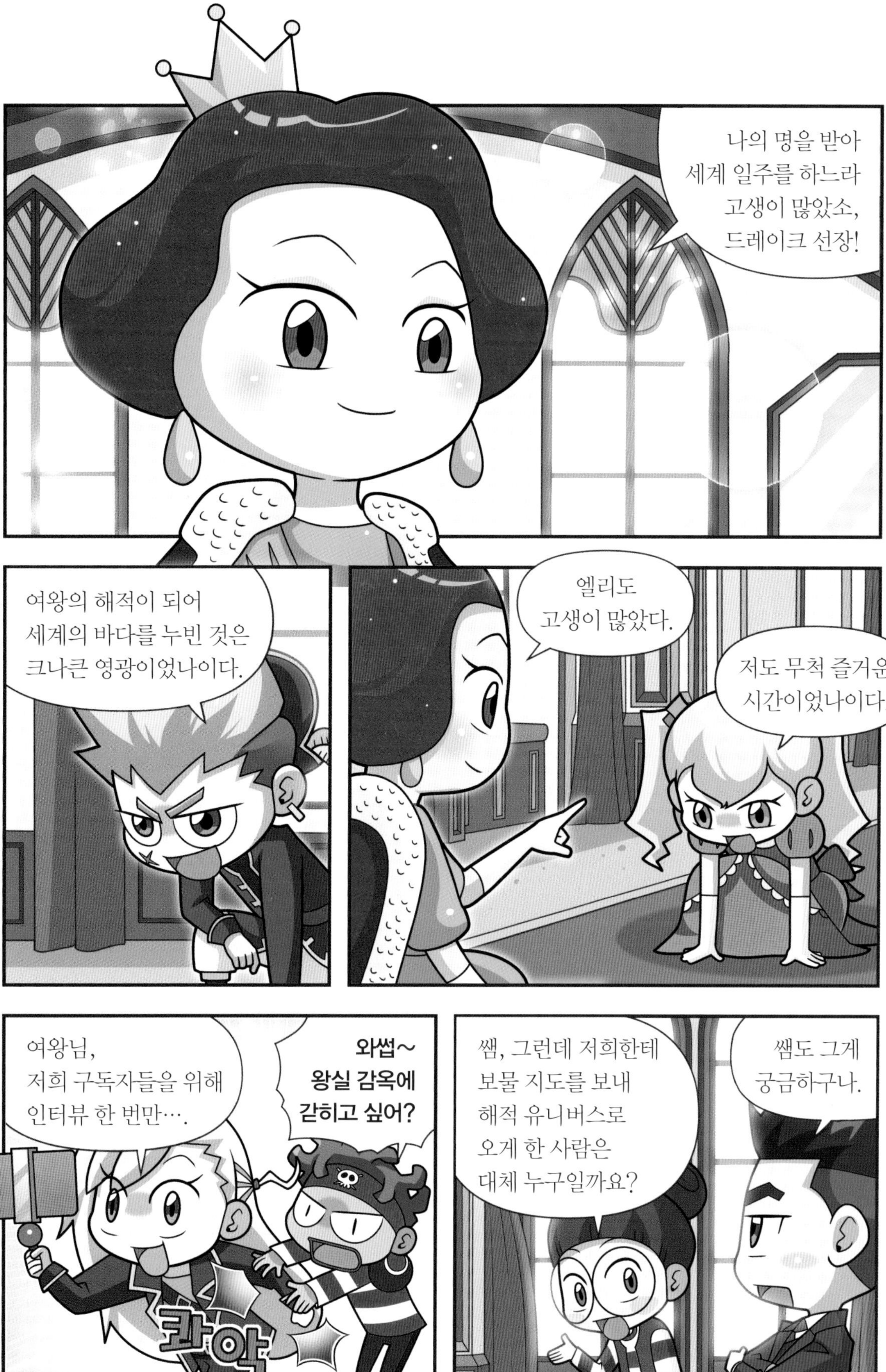

나의 명을 받아 세계 일주를 하느라 고생이 많았소, 드레이크 선장!
여왕의 해적이 되어 세계의 바다를 누빈 것은 크나큰 영광이었나이다.
엘리도 고생이 많았다.
저도 무척 즐거운 시간이었나이다.
여왕님, 저희 구독자들을 위해 인터뷰 한 번만….
와썹~ 왕실 감옥에 갇히고 싶어?
콰악
쌤, 그런데 저희한테 보물 지도를 보내 해적 유니버스로 오게 한 사람은 대체 누구일까요?
쌤도 그게 궁금하구나.

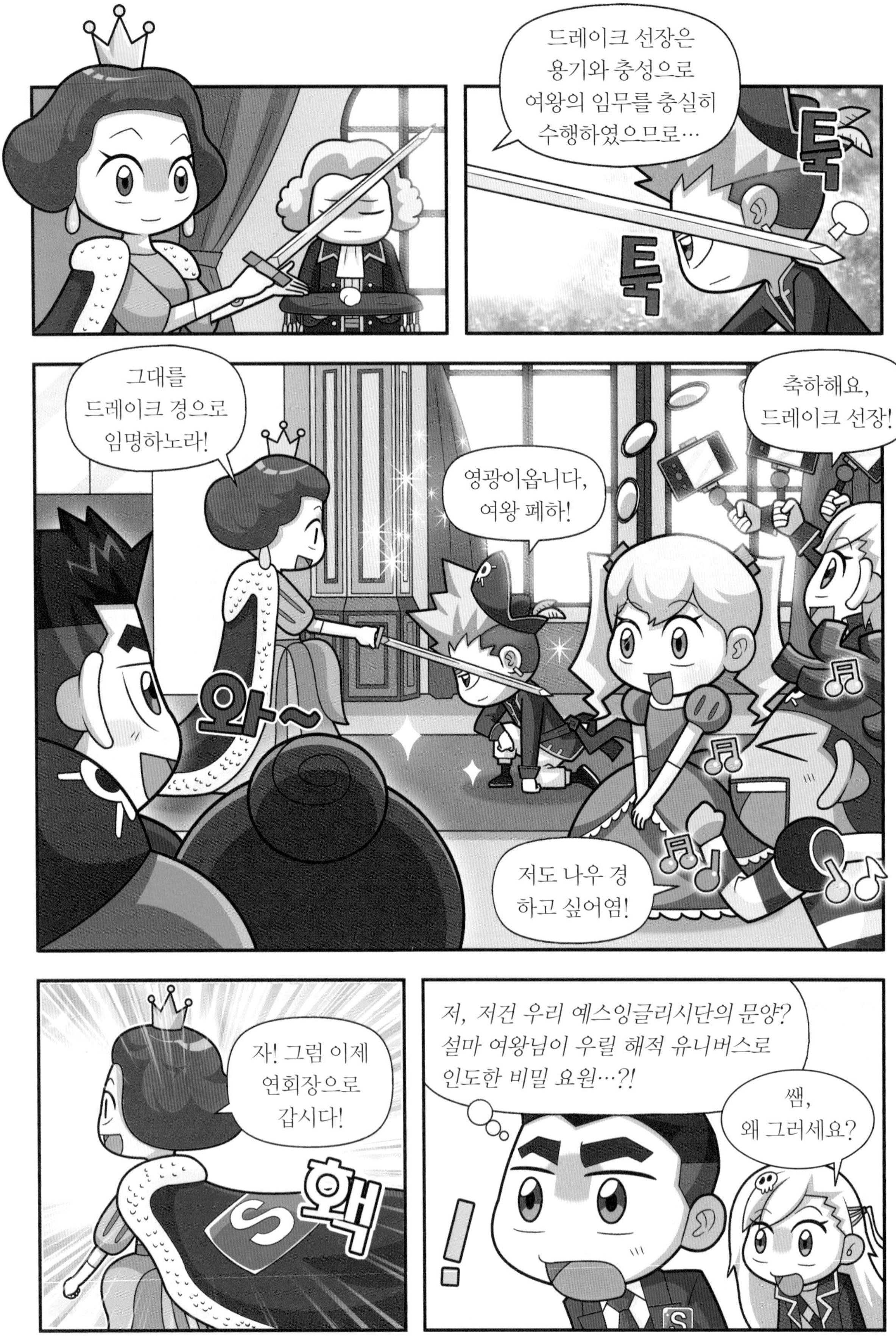
드레이크 선장은 용기와 충성으로 여왕의 임무를 충실히 수행하였으므로…
툭
툭
그대를 드레이크 경으로 임명하노라!
축하해요, 드레이크 선장!
영광이옵니다, 여왕 폐하!
와~
저도 나우 경 하고 싶어염!
자! 그럼 이제 연회장으로 갑시다!
홱
저, 저건 우리 예스잉글리시단의 문양? 설마 여왕님이 우릴 해적 유니버스로 인도한 비밀 요원…?!
쌤, 왜 그러세요?
!

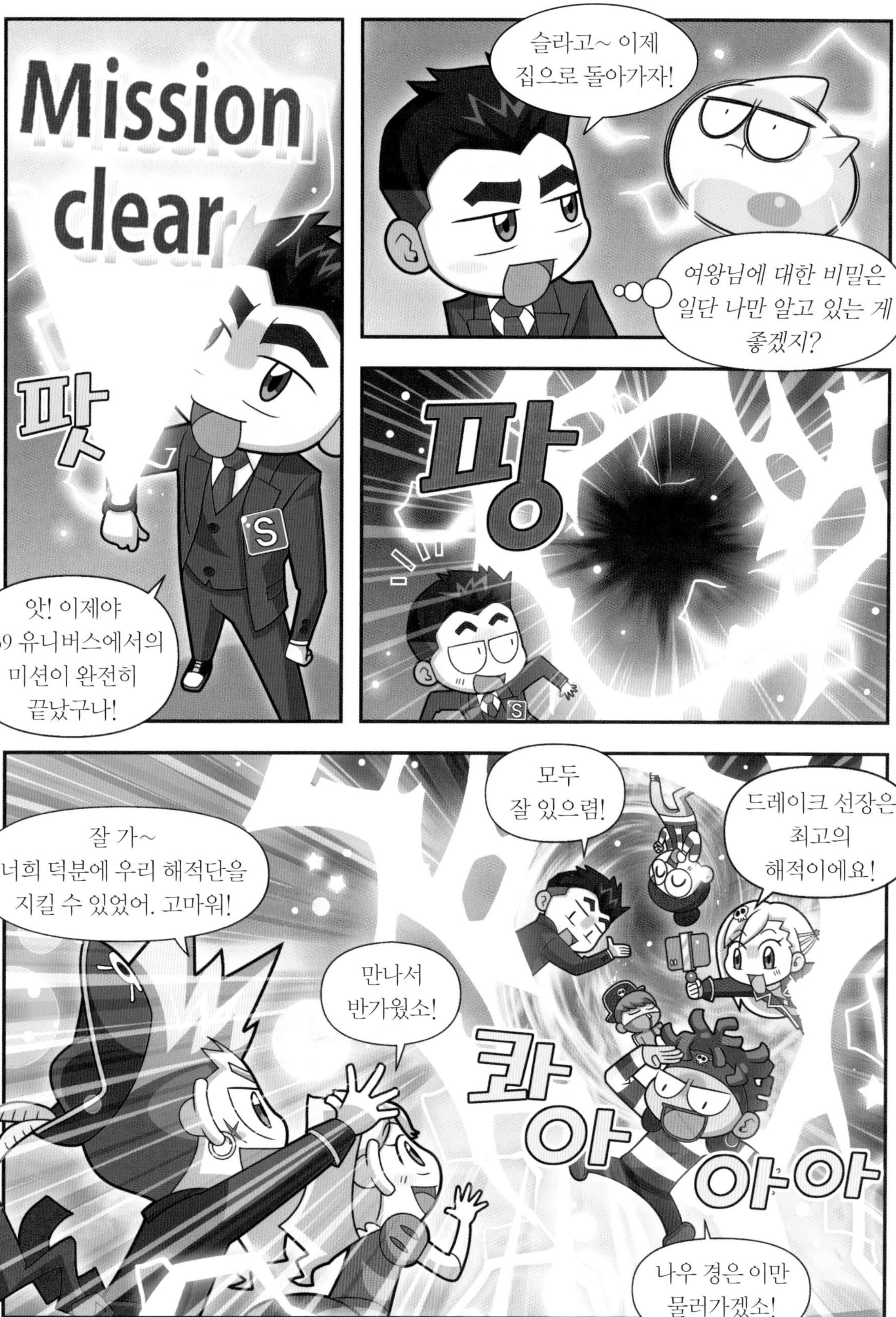
Mission clear
팟
앗! 이제야 339 유니버스에서의 미션이 완전히 끝났구나!
슬라고~ 이제 집으로 돌아가자!
여왕님에 대한 비밀은 일단 나만 알고 있는 게 좋겠지?
팡
모두 잘 있으렴!
드레이크 선장은 최고의 해적이에요!
잘 가~ 너희 덕분에 우리 해적단을 지킬 수 있었어. 고마워!
만나서 반가웠소!
콰아아아
나우 경은 이만 물러가겠소!

예스어학원
수업 시간

 1교시 · **단어** Vocabulary

 2교시 · **문법 1, 2, 3** Grammar 1,2,3

 3교시 · **게임** Recess

4교시 · **읽고 쓰기** Reading & Writing

 5교시 · **유니버스 이야기** Story

 6교시 · **말하기** Speaking

 7교시 · **쪽지 시험** Quiz

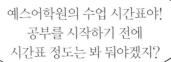
예스어학원의 수업 시간표야!
공부를 시작하기 전에
시간표 정도는 봐 둬야겠지?

예스잉글리시단 훈련 코스
4단계를 통과하면 너희는 예스잉글리시단 단원이 되어 영어를 지키는 유능한 전사가 될 것이다!
1단계 단어 훈련
영어 단어를 확실하게 외운다! 실시!
2단계 문법 훈련
영어 문법을 차근차근 배운다! 실시!
3단계 읽고 쓰기 훈련
영어 문장을 술술 읽고 쓴다! 실시!
4단계 말하기 훈련
영어로 자유롭게 대화한다! 실시!
사실 예스잉글리시단 훈련 코스라는 건 아무도 모르겠지? 큭큭!
TOP SECRET

1교시 단어 • Vocabulary

step 1. 단어 강의

영어의 첫걸음은 단어를 외우는 것에서부터 시작된단다.
단어를 많이 알아야 영어를 잘할 수 있어. 그럼 13권의 필수 단어를 한번 외워 볼까?

No.	옷	Clothes
1	재킷	jacket
2	모자	hat
3	안대	eyepatch
4	두건	bandana
5	조끼	vest
6	부츠	boot*
7	신발, 구두	shoe*
8	장갑	glove*
9	바지	pants
10	치마	skirt

No.	항해	Voyage
11	선장	captain
12	갑판	deck
13	돛대, 기둥	mast
14	돛	sail
15	타륜, 바퀴, 핸들	wheel
16	대포	cannon
17	파도, 물결	wave
18	떨어뜨리다, 떨어지다	drop
19	시작하다, 출발하다	start
20	도착하다, 도달하다	arrive

내 shoes가 제일 예뻐!
무슨 소리! 내 boots가 더 예쁘다고!

* 영어에서 짝을 이루는 단어는 항상 복수로 취급하여 '-s'를 붙여 줌. boots, shoes, gloves와 같이 사용할 수 있음.

원어민 발음 듣기
QR코드를 찍어 봐!

No.	동화	Fairy Tale
21	해적	pirate
22	천사	angel
23	괴물	monster
24	영웅	hero
25	요정	fairy

No.	왕국	Kingdom
26	여왕, 왕비	queen
27	공주	princess
28	왕자	prince
29	왕	king
30	궁전, 왕실	palace

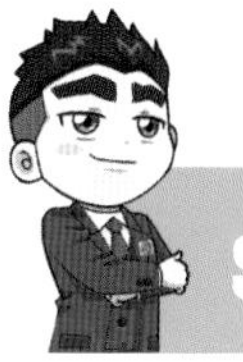

step 2. 단어 시험

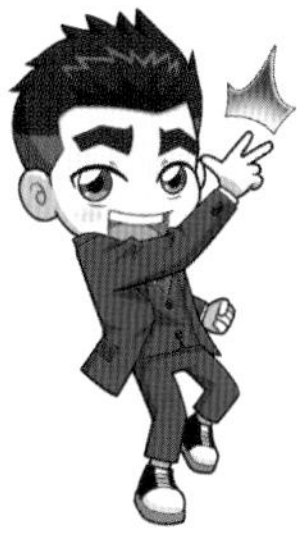
하루에 하나씩 영단어를 외워 보자.
한 달이면 약 30개, 일 년이면
365개의 단어를 익힐 수 있어.

단어를 확실하게 외웠는지 한번 볼까? 빈칸을 채워 봐.

- 재킷 ____________________
- 도착하다, 도달하다 ____________________
- 모자 ____________________
- 천사 ____________________
- 장갑 ____________________
- 요정 ____________________
- 선장 ____________________
- 공주 ____________________
- 돛 ____________________
- 궁전, 왕실 ____________________

* 정답은 162~163쪽에 있습니다.

step 1. 문법 강의

명령문은 상대방에게 어떤 행동을 명령하거나 지시할 때 쓰는 문장으로 '~해라'로 해석할 수 있어. 명령문을 만드는 방법은 아주 간단해. 명령문은 보통 내 앞에 있는 '너(you)'에게 말하는 것이기 때문에 주어를 생략하고, 동사를 문장 맨 앞으로 옮겨 주기만 하면 돼. 이때 주의할 점은 반드시 동사 원형을 써야 한다는 거야.

Be 동사가 쓰인 명령문

주어	동사	나머지	→	동사 원형	나머지
You	are	quiet.	→	Be	quiet.
너는 조용하다.				조용히 해라.	

일반 동사가 쓰인 명령문

주어	동사	나머지	→	동사 원형	나머지
You	wash	your hands.	→	Wash	your hands.
너는 너의 손을 씻는다.				너의 손을 씻어라.	

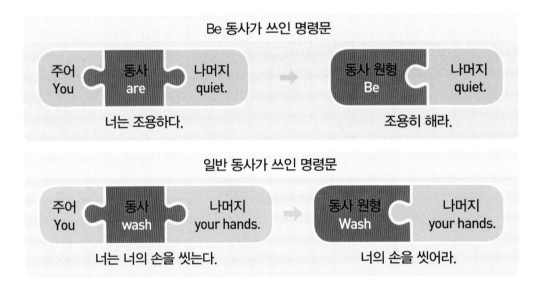

'~하지 마라'라는 뜻의 부정 명령문을 만들 때는 명령문 앞에 Do not만 붙여 주면 돼. Do not은 보통 Don't로 줄여 쓴단다.

부정 명령문

	동사 원형	나머지	
Don't	be	late.	늦지 마라.
Don't	tell	a lie.	거짓말하지 마라.

명령문 앞이나 뒤에 please를 붙이면 좀 더 정중한 표현이 된단다.
그럼 '~해 주세요'라고 말하고 싶을 땐 please를 붙이면 되겠어요.

동영상 강의 보기
QR코드를 찍어 봐!

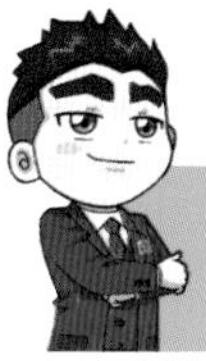

step 2. 문법 정리

명령문과 부정 명령문을 살펴볼까?

명령문

창문을 열어라.	**Open the window.**
일어서라.	**Stand up.**
열심히 공부해라.	**Study hard.**
우유 좀 사라.	**Buy some milk.**

부정 명령문

긴장하지 마라.	**Don't be nervous.**
큰 소리 내지 마라.	**Don't make a loud noise.**
복도에서 뛰지 마라.	**Don't run in the hallway.**
교실에서 축구 경기를 하지 마라.	**Don't play soccer in the classroom.**

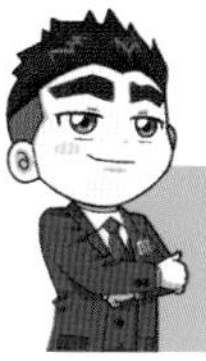

step 3. 문법 대화

명령문이 쓰인 대화를 한번 들어 봐!

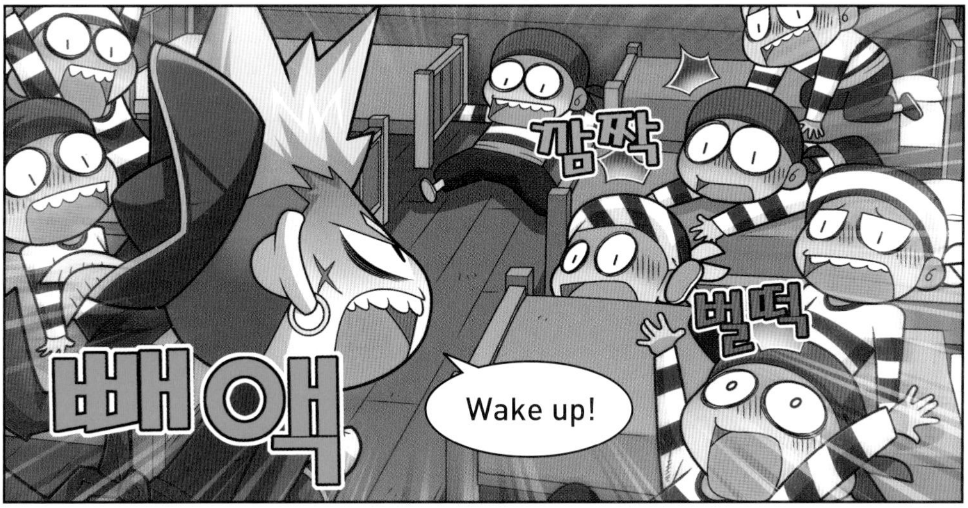
빼액
Wake up!
깜짝
벌떡

step 1. 문법 강의

청유문은 상대방에게 무언가를 같이 하자고 제안하거나 요청할 때 쓰는 문장으로 '~하자'로 해석할 수 있어. 청유문을 만드는 방법도 아주 간단해.
아까 배운 명령문 앞에 Let's만 붙여 주면 돼.

Be 동사가 쓰인 청유문

동사 원형	나머지
Be	careful.

조심해라.

→

	동사 원형	나머지
Let's	be	careful.

조심하자.

일반 동사가 쓰인 청유문

동사 원형	나머지
Study	English.

영어를 공부해라.

→

	동사 원형	나머지
Let's	study	English.

영어를 공부하자.

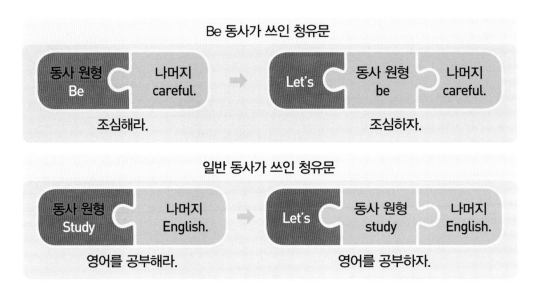

'~하지 말자'라는 부정 청유문을 만들 때는 Let's 뒤에 not만 붙여 주면 돼. 정말 간단하지?

부정 청유문

		동사 원형	나머지
Let's	not	be	late for school.

학교에 늦지 말자.

		동사 원형	나머지
Let's	not	go	there.

그곳에 가지 말자.

쌤, Let's는
무엇의 줄임말이에요?
좋은 질문이야!
Let's는 Let us의 줄임말이야. 하지만
Let us는 '우리가 ~하게 해 주세요'라는
뜻으로 Let's의 뜻과는 전혀 다르단다.

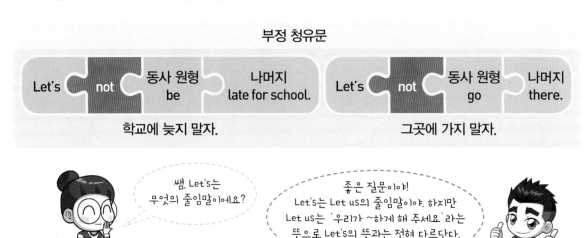

동영상 강의 보기
QR코드를 찍어 봐!

step 2. 문법 정리

청유문과 부정 청유문을 살펴볼까?

청유문

낚시하러 가자.	Let's go fishing.
파티를 하자.	Let's have a party.
작은 배로 이동하자.	Let's move to a small boat.
물 좀 마시자.	Let's drink some water.

부정 청유문

쇼핑하러 가지 말자.	Let's not go shopping.
더 이상 싸우지 말자.	Let's not fight anymore.
지금 포기하지 말자.	Let's not give up now.
그 문제에 대해 얘기하지 말자.	Let's not talk about the issue.

step 3. 문법 대화

청유문이 쓰인 대화를 한번 들어 봐!

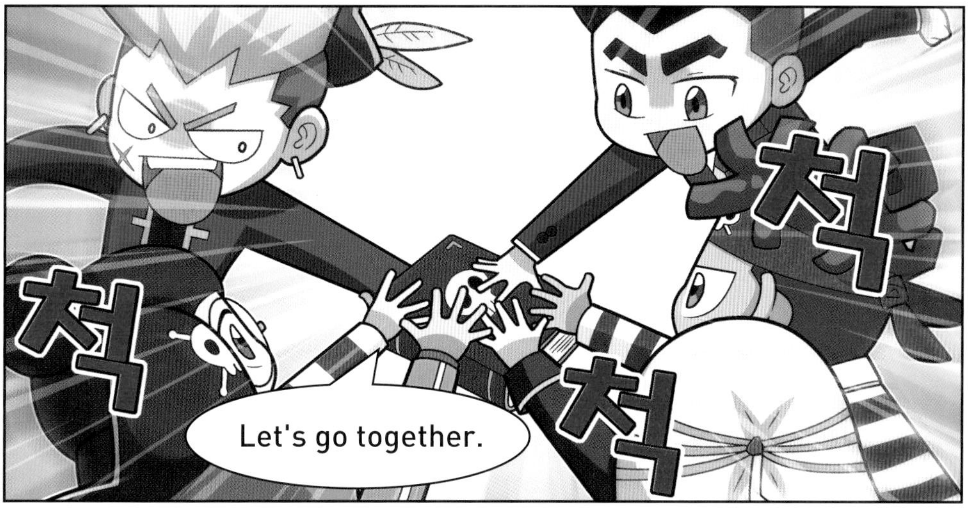
척
척
척
Let's go together.

step 1. 문법 강의

감탄문은 기쁨, 슬픔, 놀라움 등의 감정을 강하게 표현할 때 쓰며, '정말 ~하구나!'로 해석할 수 있어. 크게 How로 시작하는 감탄문과 What으로 시작하는 감탄문이 있는데, 명사가 있는지 없는지에 따라 구분해서 사용할 수 있어.

명사가 없을 때는 How를 이용한 감탄문을 쓰면 돼.

How 감탄문

How	형용사 smart	(주어+동사)! (he is)!

(그는) 정말 똑똑하구나!

How	부사 fast	(주어+동사)! (you are)!

(너는) 정말 빠르구나!

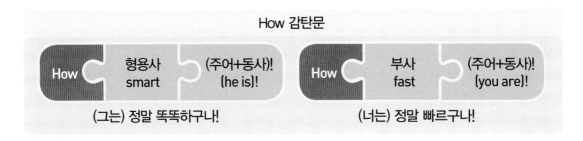

명사가 있을 때는 What을 이용한 감탄문을 쓰면 돼. 이때 명사가 셀 수 없는 명사이거나 복수 명사인 경우에는 a /an을 생략한단다.

What 감탄문

What	(a/an) a	형용사 lovely	명사 girl	(주어+동사)! (she is)!

(그녀는) 정말 사랑스러운 소녀구나!

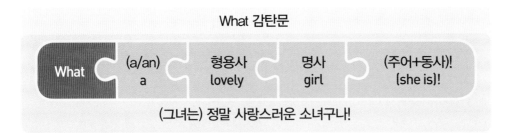

감탄문은 감정을 표현하는 문장이기 때문에 주어가 대명사일 경우 주어와 동사를 생략해도 의미가 통해. 단, 문장 맨 끝에 감탄 부호인 느낌표(!)를 붙여 줘야 한다는 것을 잊지 말자.

What a scary girl!
설마 너 지금 나한테 무서운 소녀라고 한 거야?

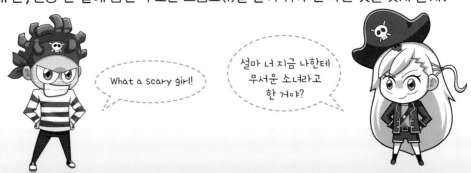

동영상 강의 보기
QR코드를 찍어 봐!

step 2. 문법 정리

How 감탄문과 What 감탄문을 살펴볼까?

How 감탄문

정말 멋지구나!	**How nice (it is)!**
그 차들은 정말 빠르구나!	**How fast the cars are!**
이 재킷은 정말 싸구나!	**How cheap this jacket is!**
아기들이 정말 귀엽구나!	**How cute the babies are!**

What 감탄문

정말 멋진 드레스구나!	**What a nice dress (it is)!**
정말 좋은 생각이구나!	**What a good idea (it is)!**
스미스 씨는 정말 용감한 기사구나!	**What a brave knight Mr. Smith is!**
그녀의 딸들은 정말 똑똑한 학생들이구나!	**What smart students her daughters are!**

step 3. 문법 대화

감탄문이 쓰인 대화를 한번 들어 봐!

낄낄
와
와아
What an amazing man!
와

그림과 어울리는 영어 단어를 찾아볼까? 1교시 때 배운 단어를 기억해 보자.

우아~ 재미있겠다! 저부터 해 볼래요!

·   ·

wave

·   ·

sail

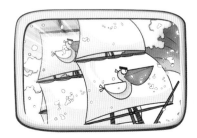

·   ·

wheel

·   ·

captain

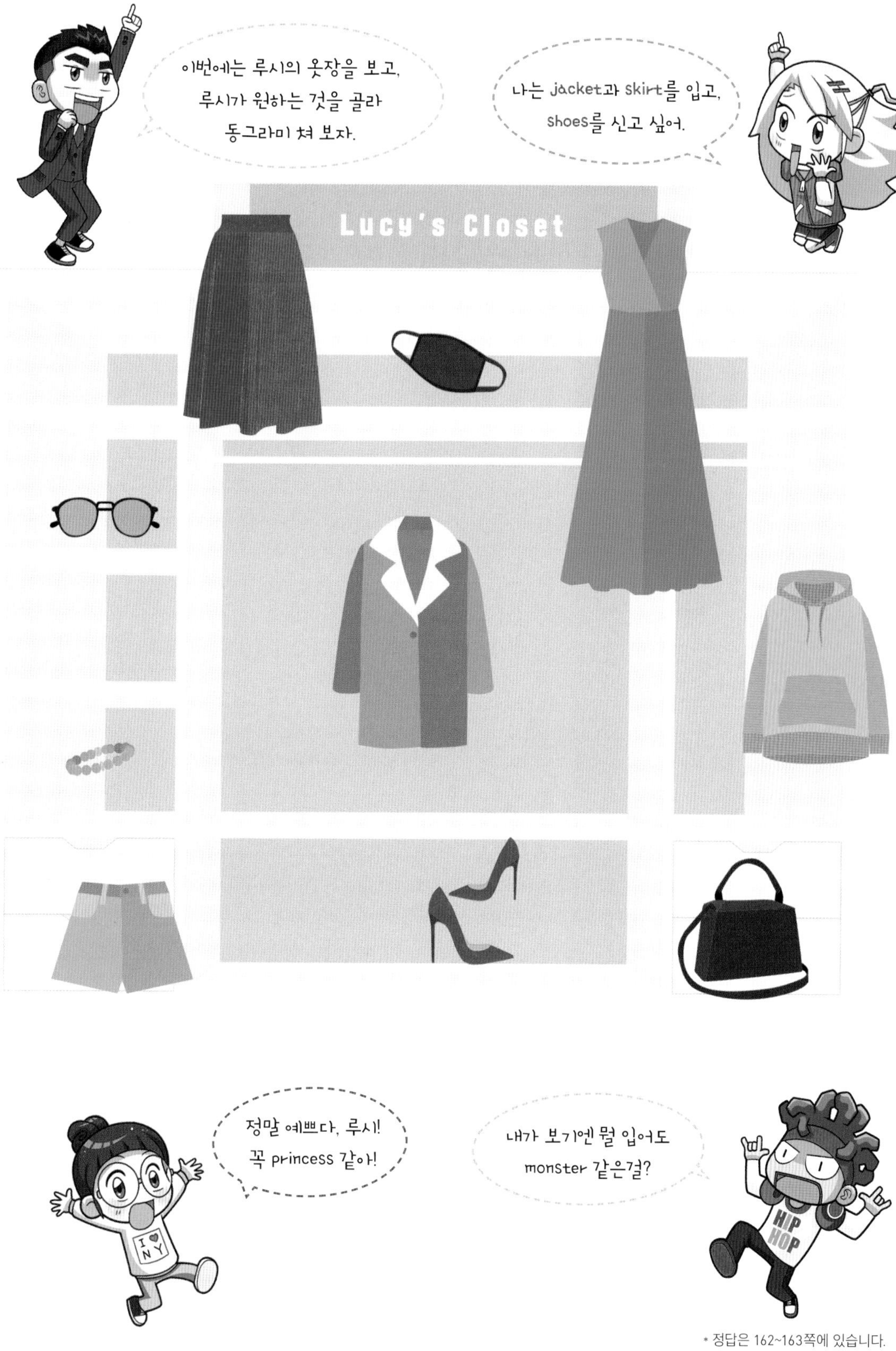
이번에는 루시의 옷장을 보고, 루시가 원하는 것을 골라 동그라미 쳐 보자.
나는 jacket과 skirt를 입고, shoes를 신고 싶어.
Lucy's Closet
정말 예쁘다, 루시! 꼭 princess 같아!
내가 보기엔 뭘 입어도 monster 같은걸?

* 정답은 162~163쪽에 있습니다.

4교시 읽고 쓰기 • Reading & Writing

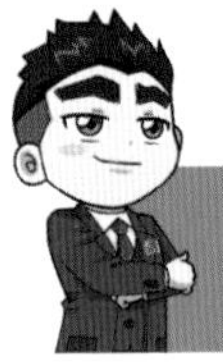

step 1. 읽기

자유자재로 영어를 읽고, 쓰고, 말하고 싶다면, 문장 만들기 연습을 반복해야 하지.
먼저 다음 문장들이 익숙해질 때까지 읽어 볼까?

• 창문을 열어라.	**Open the window.**
• 일어서라.	**Stand up.**
• 열심히 공부해라.	**Study hard.**
• 우유 좀 사라.	**Buy some milk.**
• 이리 와라.	**Come here.**
• 네 방을 당장 청소해라.	**Clean your room right now.**
• 긴장하지 마라.	**Don't be nervous.**
• 큰 소리 내지 마라.	**Don't make a loud noise.**
• 복도에서 뛰지 마라.	**Don't run in the hallway.**
• 교실에서 축구 경기를 하지 마라.	**Don't play soccer in the classroom.**
• 걱정하지 마라.	**Don't worry.**
• 부끄러워하지 마라.	**Don't be shy.**
• 낚시하러 가자.	**Let's go fishing.**
• 파티를 하자.	**Let's have a party.**

문장 만들기 연습

1회 □ 2회 □ 3회 □

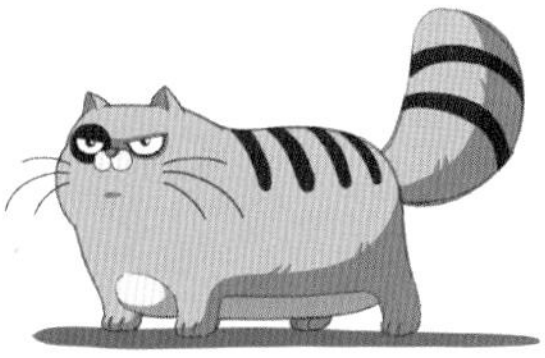

- 작은 배로 이동하자. Let's move to a small boat.
- 물 좀 마시자. Let's drink some water.
- 신선한 공기 좀 마시자. Let's get some fresh air.
- 그곳에 가지 말자. Let's not go there.
- 더 이상 싸우지 말자. Let's not fight anymore.
- 지금 포기하지 말자. Let's not give up now.
- 그 문제에 대해 얘기하지 말자. Let's not talk about the issue.
- 우산 가져오는 거 잊지 말자. Let's not forget to bring an umbrella.
- 정말 멋지구나! How nice (it is)!
- 그 차들은 정말 빠르구나! How fast the cars are!
- 이 재킷은 정말 싸구나! How cheap this jacket is!
- 아기들이 정말 귀엽구나! How cute the babies are!
- 정말 멋진 드레스구나! What a nice dress (it is)!
- 정말 좋은 생각이구나! What a good idea (it is)!
- 스미스 씨는 정말 용감한 기사구나! What a brave knight Mr. Smith is!
- 그녀의 딸들은 정말 똑똑한 학생들이구나! What smart students her daughters are!

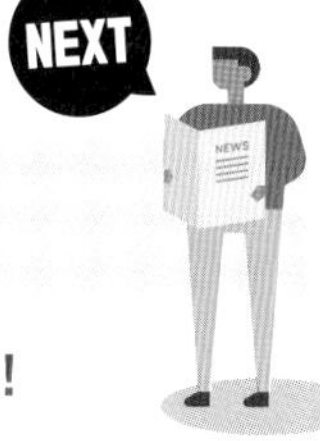
NEXT

step 2. 쓰기

익숙해진 문장들을 이제 한번 써 볼까? 괄호 안의 단어를 보고, 순서에 맞게 문장을 만들어 보자.

❶ 열심히 공부해라. (hard, Study)

_____ .

❷ 네 방을 당장 청소해라. (your, Clean, room, now, right)

_____ .

❸ 긴장하지 마라. (be, Don't, nervous)

_____ .

❹ 교실에서 축구 경기를 하지 마라. (the, Don't, soccer, play, in, classroom)

_____ .

❺ 파티를 하자. (Let's, have, party, a)

_____ .

❻ 그 문제에 대해 얘기하지 말자. (talk, Let's, the, not, about, issue)

_____ .

❼ 이 재킷은 정말 싸구나! (How, jacket, cheap, this, is)

_____ !

❽ 정말 멋진 드레스구나! (dress, What, nice, a)

_____ !

이제 명령문과 청유문 그리고 감탄문을 영어로 써 볼까? 영작을 하다 보면 실력이 훨씬 늘 거야. 잘 모르겠으면, 아래에 있는 WORD BOX를 참고해!

❶ 이리 와라.

_____ .

❷ 우유 좀 사라.

_____ .

❸ 큰 소리 내지 마라.

_____ .

❹ 부끄러워하지 마라.

_____ .

❺ 물 좀 마시자.

_____ .

❻ 그곳에 가지 말자.

_____ .

❼ 그녀의 딸들은 정말 똑똑한
학생들이구나!

_____ !

❽ 아기들이 정말 귀엽구나!

_____ !

WORD BOX

• Come	• Don't	• make	• go	• there	• here
• a	• loud	• drink	• What	• babies	• milk
• noise	• be	• smart	• cute	• the	• Buy
• shy	• Let's	• her	• are	• How	• some
• water	• not	• students	• daughters		

* 정답은 162~163쪽에 있습니다.

5교시 유니버스 이야기 • Story

우리가 열세 번째로 다녀온 곳은 바로 339 유니버스란다. 영국의 유명한 해적, 드레이크가 있는 유니버스이지. 어떤 곳인지 좀 더 자세히 알아볼까?

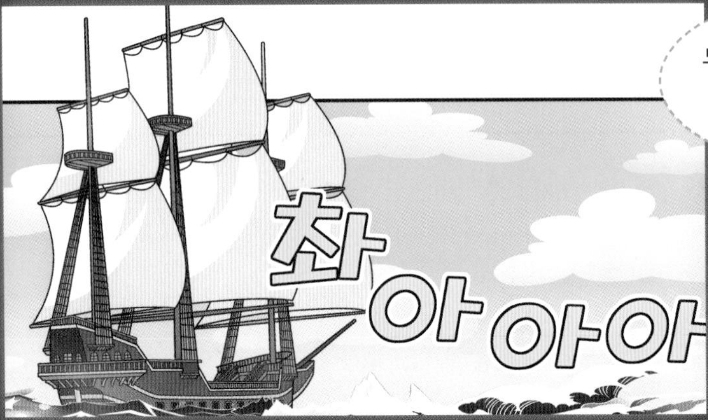

촤아아아

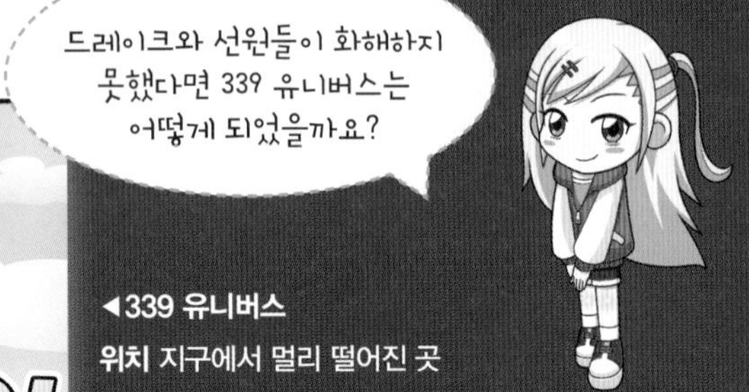

드레이크와 선원들이 화해하지 못했다면 339 유니버스는 어떻게 되었을까요?

◀339 유니버스

위치 지구에서 멀리 떨어진 곳

상황 트릭커와 빅캣의 이간질로 인해 드레이크 해적단의 형제애가 무너지고 항해에 문제가 생김.

키 문장 "Let's fight together!"

339 유니버스 이야기: 명령문과 청유문

339 유니버스는 유명한 해적, 드레이크 선장이 엘리자베스 여왕의 명으로 해적단을 이끌고 세계 일주를 하고 있는 곳이에요. 시원 쌤은 해적과 관련된 영어 수업을 하는 도중, 친구들과 함께 보물 지도 속으로 빨려 들어가게 돼요. 339 유니버스에 도착하자마자 바다에 빠져 버린 예스잉글리시단은 마침 항해 중이던 드레이크 선장의 해적단과 마주치게 되고, 선장의 호의로 해적단에 합류하게 되지요. 그런데 멋진 선장인 줄만 알았던 드레이크는 항해와 관련 없는 일에도 선원들에게 불쑥불쑥 화를 내며 명령을 해, 선원들의 기분을 상하게 만들어요. 그러던 와중에 해적단은 점술가로 변신한 트릭커를 만나게 되고, 트릭커는 드레이크가 선원들을 해치고 혼자 보물을 독차지할 거라는 엉터리 예언을 하지요. 선원들은 처음엔 믿지 않았지만, 자신들에게 함부로 명령하는 드레이크를 보며 의심을 품게 돼요. 결국 트릭커의 이간질로 드레이크 해적단의 형제애가 무너지고, 싸움이 일어나지요. 하지만 막내 해적으로 위장해 있던 엘리 공주와 예스잉글리시단이 트릭커의 엉터리 예언을 밝혀내고, 드레이크와 선원들은 서로의 잘못을 뉘우치며 화해하게 돼요. 드레이크 해적단이 함께 외친 "Let's fight together!"는 339 유니버스의 키 문장이자, 드레이크 해적단의 형제애를 되찾아 준 멋진 명대사예요.

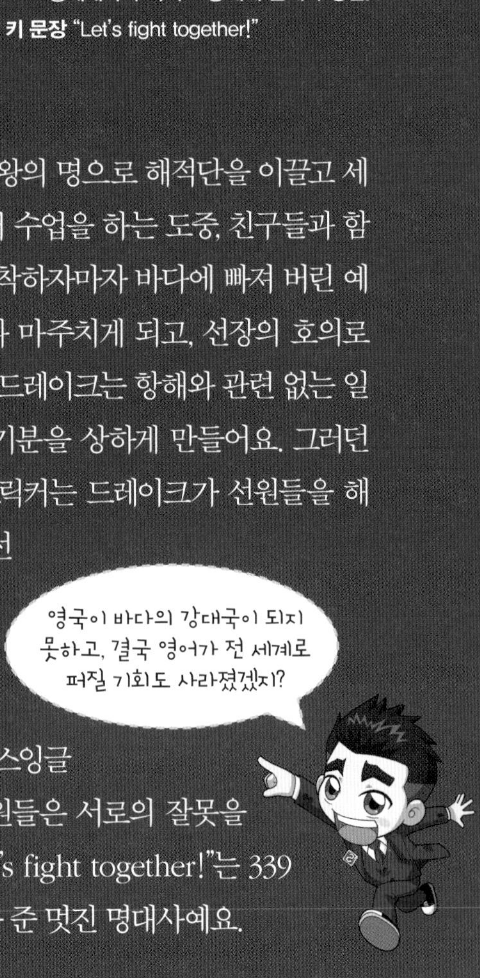

영국이 바다의 강대국이 되지 못하고, 결국 영어가 전 세계로 퍼질 기회도 사라졌겠지?

우리 지구의 실제 이야기: 영국의 영웅, 드레이크

프랜시스 드레이크(Francis Drake)는 영국의 유명한 해적이에요. 당시 해적은 모험가 혹은 개척자의 이미지가 강했어요. 드레이크는 영국의 여왕, 엘리자베스 1세(Elizabeth I)의 명을 받아 세계 일주를 떠나게 돼요. 그리고 마침내 1580년, 영국인 최초로 세계 일주에 성공하게 되지요. 드레이크는 세계 일주 성공 이후, 그 공로를 인정받아 영국 해적 최초로 '기사(knight)'라는 칭호를 받게 돼요. 게다가 1588년에는 한 번도 져 본 적이

▲ 프랜시스 드레이크

없다는 스페인의 무적함대를 격파하며 영국의 영웅으로 떠오르지요. 이를 계기로 영국은 새로운 바다의 강대국으로 떠올랐으며, 세계적인 영향력을 갖게 돼요. 이후 영어가 전 세계로 퍼져 나갈 수 있었답니다. 드레이크의 이야기를 통해 당시 해적이 혁신적이고, 진취적인 모습이었다는 것을 알 수 있어요. 이러한 해적 정신은 현대에도 이어져 애플의 창업자, '스티브 잡스(Steve Jobs)'가 직원들에게 혁신적인 창의성과 개척 정신을 강조하며 '해적이 되자(Let's be pirates)!'라는 말을 하기도 했답니다.

▲ 엘리자베스 1세

엘리자베스 1세(Elizabeth I)

엘리자베스 1세는 영국의 가장 훌륭한 왕 중 한 명으로 알려져 있어요. 그녀가 통치하던 시대의 영국은 지금 우리가 알고 있는 영국과는 많이 다른 모습이었어요. 가난한 섬나라였던 영국은 종교적인 문제로 큰 혼란을 겪고 있었지요. 엘리자베스 1세는 왕의 자리에 오른 후, 나랏일에 해적을 끌어들이는 등 혁신적인 통치로 나라의 힘을 키워 갔고, 이후 영국은 힘없고 가난한 나라에서 유럽 최강국으로 부상하게 되었답니다.

6교시 말하기 • Speaking

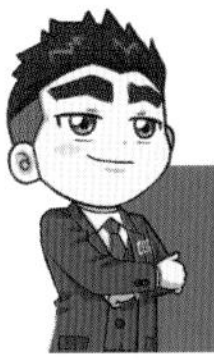

step 1. 대화 보기

만화에서 나오는 대사, '왓 어 피티(What a pity)!'는 어떨 때 쓰는 말일까?

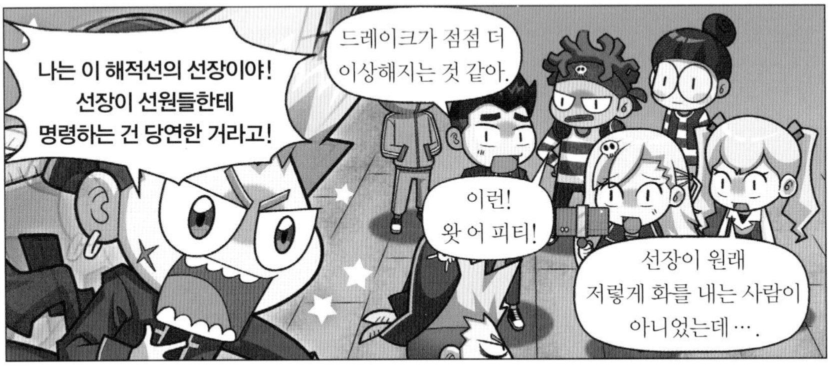

나는 이 해적선의 선장이야! 선장이 선원들한테 명령하는 건 당연한 거라고!
드레이크가 점점 더 이상해지는 것 같아.
이런! 왓 어 피티!
선장이 원래 저렇게 화를 내는 사람이 아니었는데….

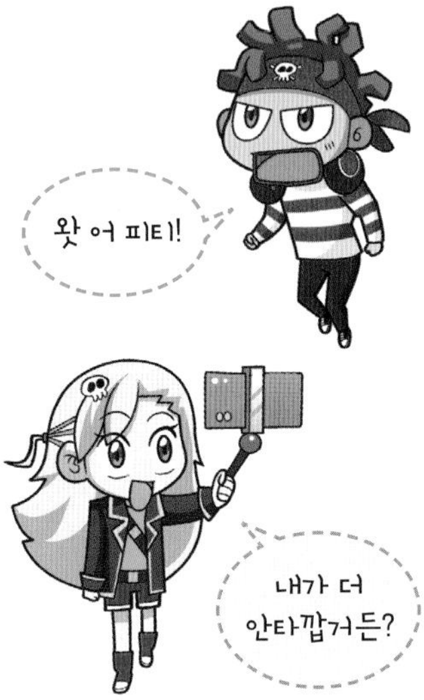

왓 어 피티!
내가 더 안타깝거든?

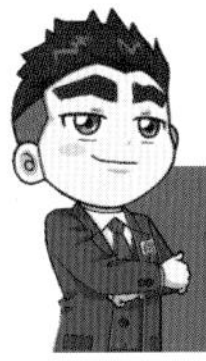

step 2. 대화 더하기

'왓 어 피티(What a pity)!'는 '정말 안타깝구나!'라는 뜻으로 유감을 나타내는 표현 중 하나야. 그렇다면 이와 비슷한 의미로 쓰이는 영어 표현들은 뭐가 있을까? 친구들이 하는 말을 듣고 따라 해 보렴.

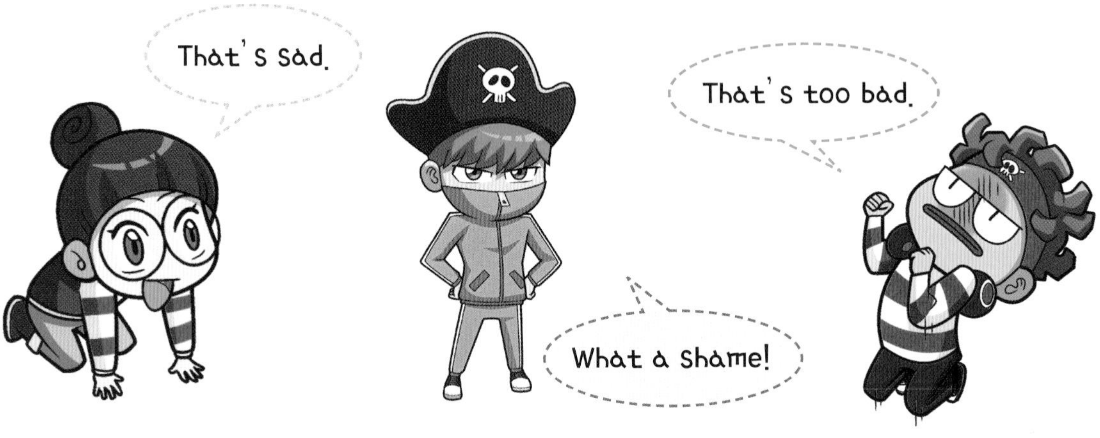

That's sad.
What a shame!
That's too bad.

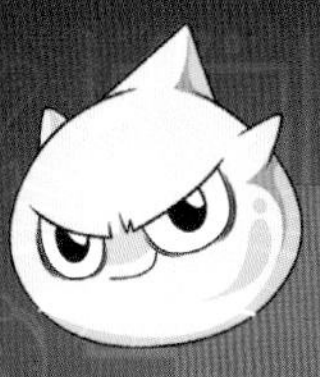

한눈에 보는 이번 수업 핵심 정리

여기까지 열심히 공부한 여러분 모두 굿 잡!
어떤 걸 배웠는지 떠올려 볼까?

1. 명령문을 배웠어.

상대방에게 어떤 행동을 명령하거나 지시할 때는 명령문을 쓰면 돼. 주어를 생략하고, 동사를 문장 맨 앞으로 옮겨 주기만 하면 되는데, 이때 반드시 동사 원형을 써야 해. '~하지 마라'라는 부정 명령문을 만들 때는 명령문 앞에 Don't만 붙여 주면 돼.

2. 청유문을 배웠어.

상대방에게 무언가를 같이 하자고 제안하거나 요청할 때는 청유문을 쓰면 돼. 명령문 앞에 Let's만 붙여 주면 돼.
'~하지 말자'라는 부정 청유문을 만들 때는 Let's 뒤에 not만 붙여 주면 돼.

3. 감탄문을 배웠어.

기쁨, 슬픔, 놀라움 등의 감정을 강하게 표현할 때는 감탄문을 쓰면 돼. 감탄문은 크게 How로 시작하는 감탄문과 What으로 시작하는 감탄문이 있는데, 명사가 있는지 없는지에 따라 구분해서 쓰면 돼.

어때, 쉽지? 다음 시간에 또 보자!

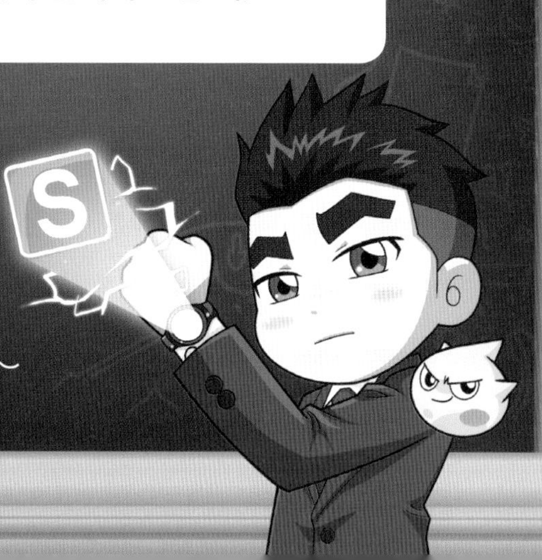
S

쪽지 시험 • Quiz

수업 시간에 잘 들었는지 쪽지 시험을 한번 볼까?

1. 항해와 가장 관련이 없는 단어는 무엇일까요?

sail
deck
captain
angel

2. 옷을 나타내는 단어가 아닌 것은 무엇일까요?

jacket
pants
wheel
vest

3. 다음 중 궁전에서 가장 보기 힘든 존재는 무엇일까요?

queen
king
prince
monster

4. 다음 중 틀린 말은 어느 것일까요?

① 청유문은 명령문 앞에 Let's를 붙여 만들 수 있다.

② 명령문에는 주어가 꼭 들어가야 한다.

③ 감탄문은 주어와 동사를 생략할 때가 많다.

④ 명령문 앞이나 뒤에 please를 붙이면 정중한 표현이 된다.

5. 다음 중 올바른 문장은 무엇일까요?

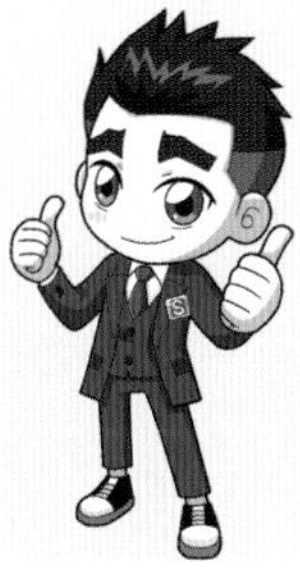

① **Doesn't worry.**
② **Not fight Let's anymore.**
③ **What a nice dress!**
④ **How nice it!**

6. 다음 중 틀린 문장은 무엇일까요?

① **Don't is nervous.**
② **Let's not give up now.**
③ **Let's not talk about the issue.**
④ **Buy some milk.**

7. 문장의 빈칸을 완성해 보세요.

① 창문을 열어라. **(   ) the window.**
② 복도에서 뛰지 마라. **(   ) run in the hallway.**
③ 신선한 공기 좀 마시자. **(   ) get some fresh air.**
④ 정말 멋지구나! **(   ) nice!**

8. 다음 문장을 완성해 보세요.

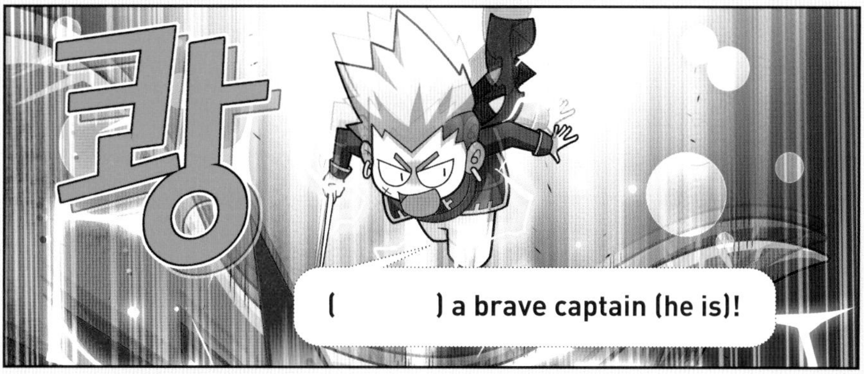
쾅
(   ) a brave captain (he is)!

* 정답은 162~163쪽에 있습니다.

수업 끝! 정답 • Answer

P 143

• 재킷	jacket	• 도착하다, 도달하다	arrive
• 모자	hat	• 천사	angel
• 장갑	glove	• 요정	fairy
• 선장	captain	• 공주	princess
• 돛	sail	• 궁전, 왕실	palace

P 150~151

wave
sail
wheel
captain

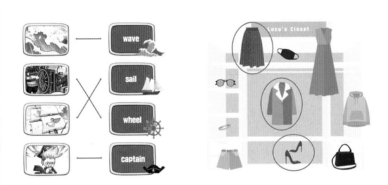

P 154

❶ Study hard

❷ Clean your room right now

❸ Don't be nervous

❹ Don't play soccer in the classroom

❺ Let's have a party

❻ Let's not talk about the issue

❼ How cheap this jacket is

❽ What a nice dress

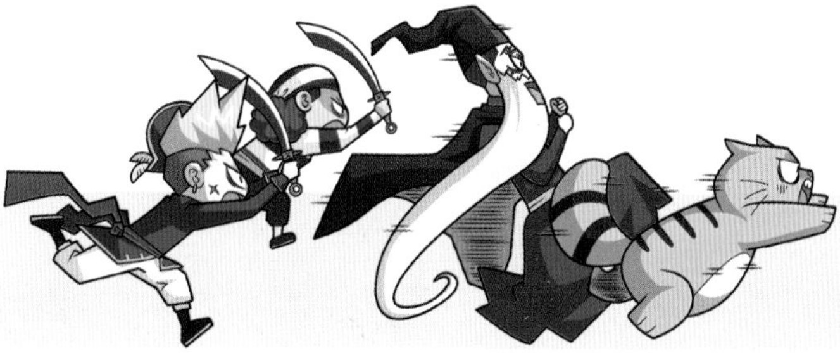

P 155

❶ Come here

❷ Buy some milk

❸ Don't make a loud noise

❹ Don't be shy

❺ Let's drink some water

❻ Let's not go there

❼ What smart students her daughters are

❽ How cute the babies are

P 160

1.

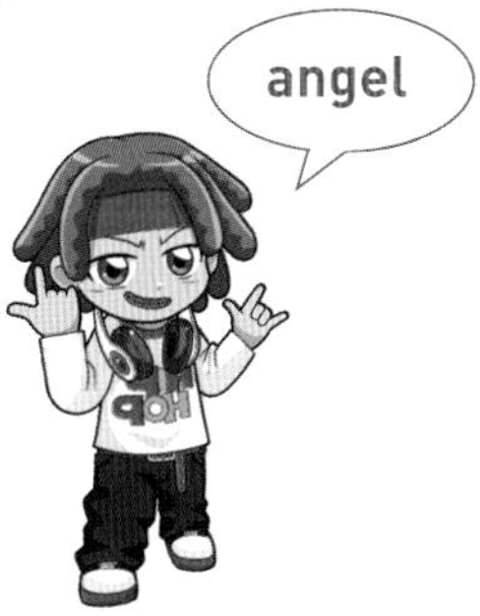
angel

2.

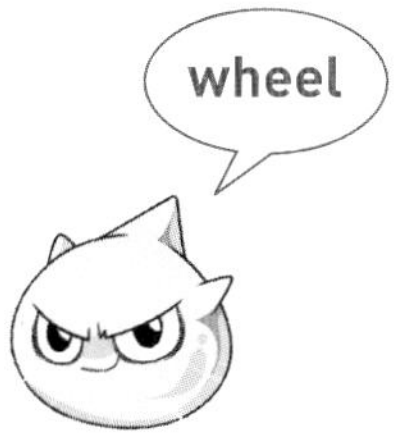
wheel

3.

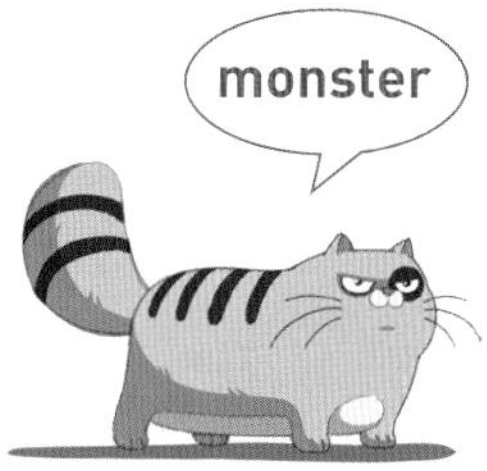
monster

4. ②

P 161

5. ③

6. ①

7. ❶ (Open)
❷ (Don't)
❸ (Let's)
❹ (How)

8. (What)

지령서

노잉글리시단의 중간 보스 스마일!
명청한 트릭커를 대신해 마지막 기회를 주겠다!
다음 목적지는 221 유니버스다! 당장 떠나라!

목적지: 221 유니버스

위치: 지구와 가까운 곳

특징: 탐정 셜록이 왕실 보석 도난 사건을
맡아 추리하고 있다.

보스가 주는 지령

221 유니버스는 탐정 셜록이 각종 사건을 의뢰받아
범인을 찾고 있는 곳이다.
왕실의 보석을 훔쳐 셜록을 사건에 끌어들인 후
셜록의 추리를 방해해라! 사건이 미궁에 빠지게 되면
셜록은 탐정으로서 좌절을 맛보게 될 것이다.
그럼 지구에서 탐정 관련 영어도 큰 타격을 받겠지!
반드시 성공해서 네가 우리를 배신한 게 아니라는 걸
증명해 보여라!

추신: 정체가 탄로 나지 않게 특급 변장술을
사용하도록! 정신 바짝 차리는 게 좋을 것이다!

노잉글리시단
Mr. 보스

사건 의뢰.jpg

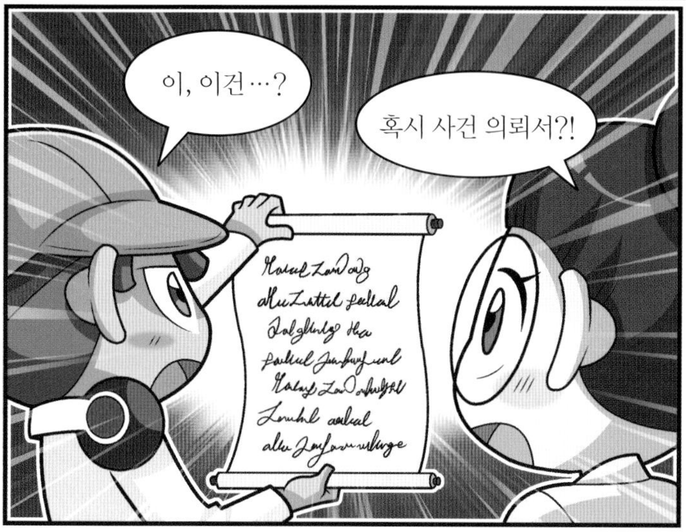

이, 이건…?
혹시 사건 의뢰서?!

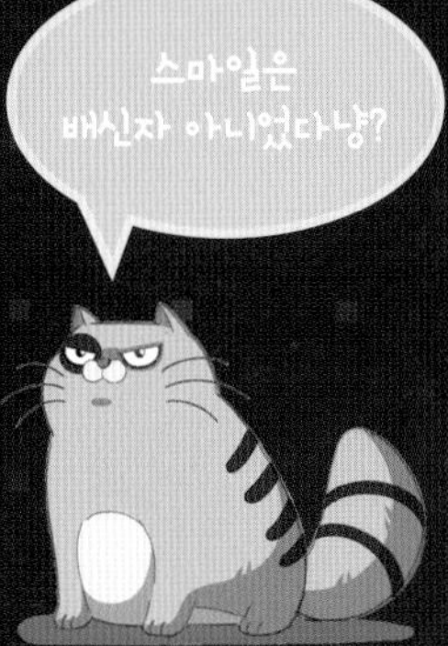

스마일은 배신자 아니었다냥?

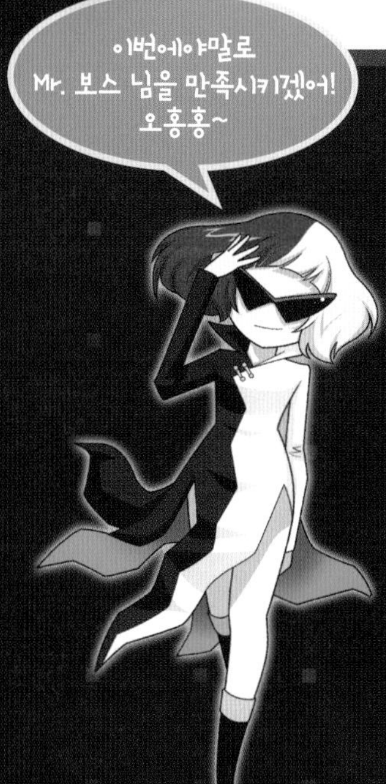

이번에야말로 Mr. 보스 님을 만족시키겠어! 오홍홍~

탐정으로 변신.jpg

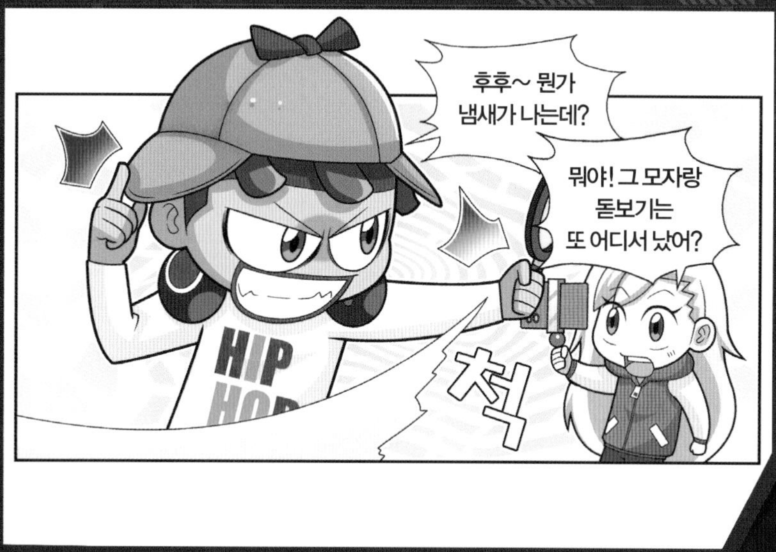

후후~ 뭔가 냄새가 나는데?
뭐야! 그 모자랑 돋보기는 또 어디서 났어?
척

만화로 읽는 초등 인문학
그리스 로마 신화

1. 신들의 대전쟁
2. 신들의 왕, 제우스
3. 새로운 신들의 탄생
4. 올림포스 십이 신
5. 인간들의 왕, 프로메테우스
6. 제우스의 심판
7. 새로운 인간의 시대
8. 영광을 건 신들의 대결
9. 에우로페의 위대한 운명
10. 영웅의 전설, 카드모스의 대가

11. 에로스의 탄생과 아폴론의 눈물
12. 에로스와 프시케의 진정한 사랑
13. 도도한 여신, 아르테미스의 원칙
14. 인간들의 무모한 소원
15. 신에 도전한 인간들
16. 페르세우스, 영웅 신화의 시작
17. 페가수스를 길들인 영웅, 벨레로폰테스
18. 아르고호 원정대의 용감한 모험
19. 스핑크스를 물리친 오이디푸스의 지혜
20. 아테네를 구한 영웅 테세우스

21. 신이 선택한 인간, 헤라클레스의 탄생
22. 헤라클레스의 열두 과업
23. 거신족의 역습
24. 헤라클레스의 마지막 원정
25. 파리스의 심판
26. 아킬레우스와 헥토르의 운명을 건 대결

글 박시연 | 그림 최우빈 | 정보 글·감수 김헌

1~23권 12,000원 | 24~26권 14,000원

신화는 계속 됩니다!

신들의 왕 제우스, 올림포스 십이 신과 영웅 등이 펼치는
흥미진진한 대모험!

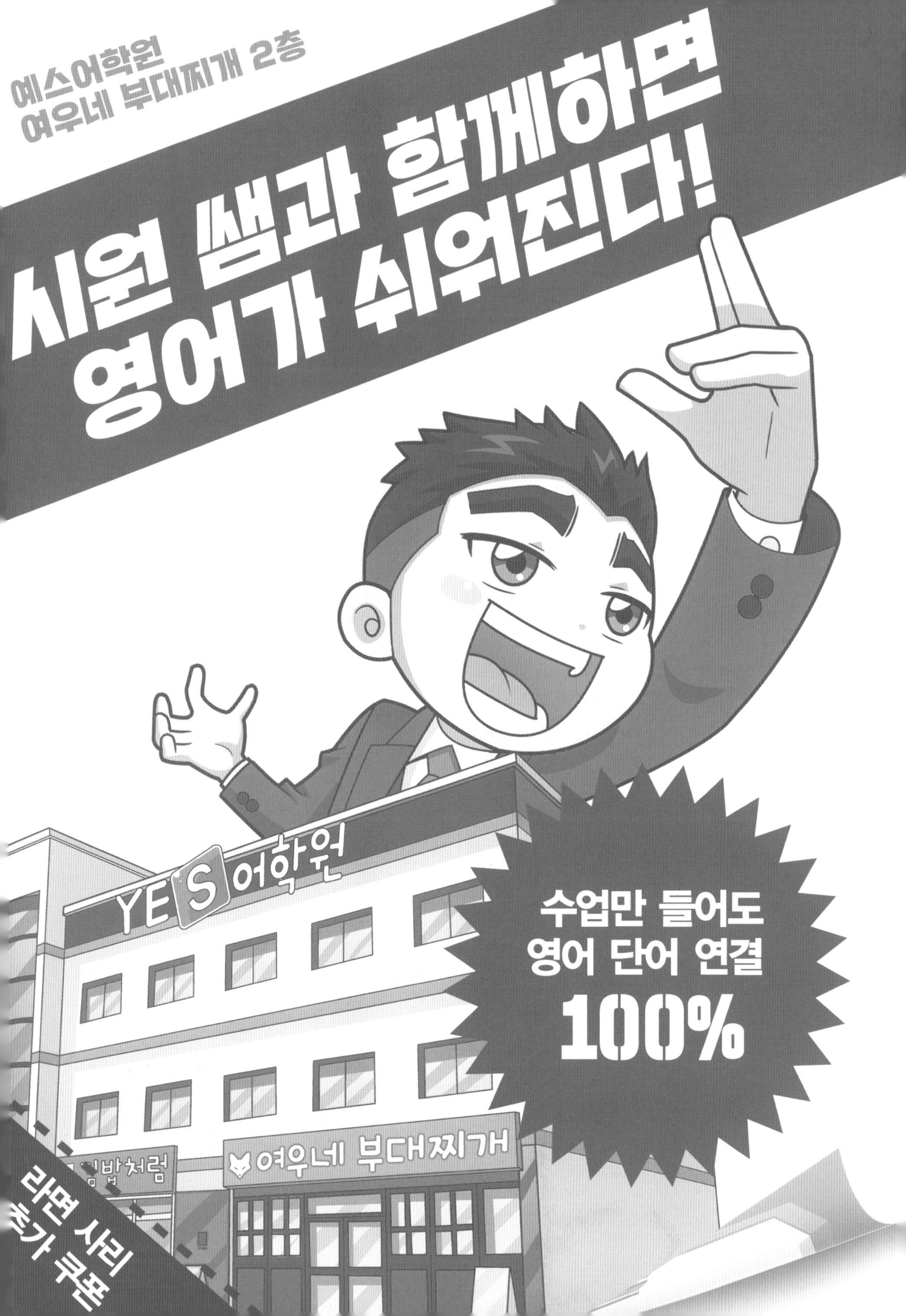

예스어학원
여우네 부대찌개 2층
시원 쌤과 함께하면
영어가 쉬워진다!
YES 어학원
수업만 들어도
영어 단어 연결
100%
여우네 부대찌개
라면 사리
추가 쿠폰

예스잉글리시 신입 단원 모집

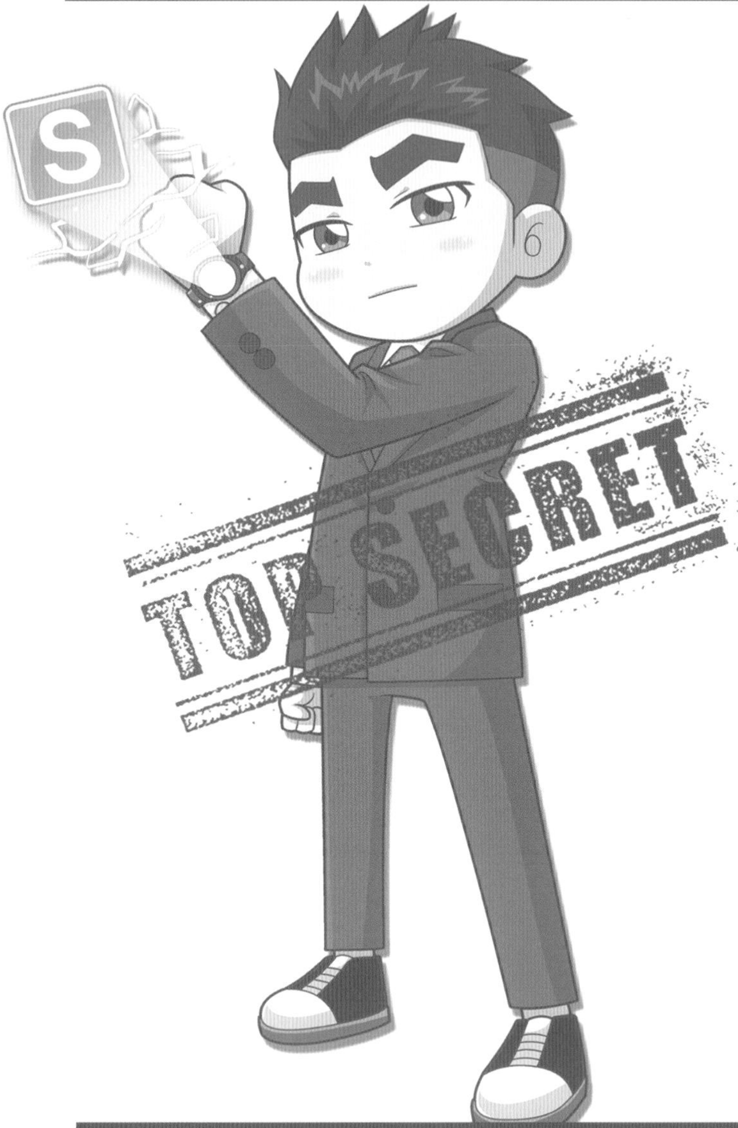
S
TOP SECRET

코드 네임 : 에스원 요원과 영어 유니버스를 구하라!